동양철학사를 보다

동양철학사를 보다

1판 1쇄 발행 2014년 11월 26일
1판 3쇄 발행 2023년 3월 2일

지은이 강성률 **펴낸이** 박찬영 **편집** 최현영, 문성환, 안주영
그림 문수민 **디자인** 이재호 **마케팅** 조병훈, 박민규, 최진주, 김도언
발행처 (주)리베르스쿨 **주소** 서울특별시 성동구 왕십리로58 서울숲포휴 11층
등록번호 제2013-16호 **전화** 02-790-0587, 0588 **팩스** 02-790-0589 **홈페이지** www.liber.site
커뮤니티 blog.naver.com/liber_book(블로그), www.facebook.com/liberschool(페이스북)
e-mail skyblue7410@hanmail.net **ISBN** 978-89-6582-068-0(세트), 978-89-6582-069-7(44100)

리베르(Liber 전원의 신)는 자유와 지성을 상징합니다.

동양철학사를 보다

(주)리베르스쿨

머리말

답을 찾아 떠나는 철학 여행

어린 시절, 여름 방학이 시작되는 날이면 뒤도 돌아보지 않고 고향으로 달려갔습니다. 손이 시릴 만치 차가운 지하수에 몸을 담근 후, 친구와 나는 모래밭에 누웠어요. 그곳에서 별이 총총한 밤하늘을 마주했지요. 처음에는 북극성, 북두칠성, 사자자리, 물고기자리 등을 찾다가 나중에는 깊은 상념에 잠기곤 했습니다. '저 별은 내가 있는 곳에서 얼마나 떨어져 있을까? 커다란 우주 가운데 내 존재는 얼마만큼이나 될까? 나는 왜 이 세상에 태어나 지금 저 별을 바라보고 있을까?' 등 헤아릴 수 없이 많은 궁금증에 사로잡혔답니다.

시선이 하늘에서 앞산으로 내려올 때쯤이면 앞산 골짜기에 묻힌 큰아버지 생각이 났어요. 나를 그토록 사랑해 주던 큰아버지께서 왜 그곳에 묻혀야 했는지, 왜 사람은 죽어야 하는지, 죽으면 어디로 가는 것인지 궁금했습니다. 일 년에 딱 한 번, 성탄절 전야에 들르던 동네 교회의 덩치 큰 전도사는 사람이 죽으면 천국이나 지옥에 간다고 말했지요. 하지만 묘지를 옮길 때 보았던 큰아버지의 흔적은 앙상한 뼈, 그뿐이었습니다. 과연 해답은 무엇일까요?

이런 고민을 뒤로 한 채, 또래와 마찬가지로 일류 중학교, 일류 고등학교를 목표로 공부하게 되었습니다. 밤샘 공부를 하면서도 자꾸 이게 아니라는 생각이 머릿속에서 떠나지 않았어요. 먹고 노는 일보다 더 가치 있는 무엇인가가 있을 것 같았습니다. 보란 듯 일류 대학에 진학하고, 대학 졸업과 동시에 취직해 돈을 벌고, 선거에 나가 이름을 떨치는 일보다 더 의미 있는 무엇인가가 있을 것 같았지요. 학벌과 돈과 명예와 권력을 다 가진다 해도, 죽

음보다 더 진한 사랑을 한다 해도, 가슴 한쪽은 채워지지 않을 것만 같았습니다.

나는 누구인가, 나는 어디에서 왔으며 어디로 가는가, 부모와 형제는 나와 필연적인 관계여야 하는가, 나는 생물학적 조합에 의해 우연히 태어났는가 아니면 신적인 존재에 의해 이 세상에 보내졌는가, 나를 둘러싼 이 세계의 끝은 어디인가, 이 우주는 나에게 어떤 의미가 있는 것인가, 인간은 왜 죽어야 하며 죽어서 가는 곳은 어디인가, 어떻게 살아야 후회 없는 인생이 될 것인가 등등. 고등학생이 되어 철학을 공부하기로 마음먹은 것은 이런 궁금증에 대해 답변을 들어야만 숨을 쉴 수 있을 것 같아서였습니다. 세상의 이치와 원리를 알지 않고는 견딜 수 없을 것 같았어요.

어렸을 적 품었던 의문들은 우주론, 형이상학, 윤리학, 종교론 등을 배우면서 조금씩 풀렸습니다. 어느덧 대학에서 철학을 강의한 지 26년이 흘렀는데, 아직도 해답을 명쾌하게 얻은 것 같지는 않아요. 나에게 철학서를 내는 일은 아직 찾지 못한 답을 구해 가는 과정이랍니다.

다소 투박하긴 하지만 철학의 개념은 다음과 같이 정리할 수 있습니다. 첫째, 철학은 눈앞의 이해타산을 떠나 진리 그 자체를 사랑하고 탐구하는 것입니다. 철학(philosophy)이라는 용어 자체가 사랑한다는 의미의 Philos와 지혜를 의미하는 Sophia의 합성어거든요. 철학이란 지혜를 사랑하는 것, 즉 애지(愛智)라는 의미가 됩니다. 어떤 대가도 요구하지 않고 그저 모든 것을 알고

자 하는 순수한 지적 열정을 뜻하지요.

둘째, 철학은 개별적 지식이 아니라 인생 전반에 적용되는 원리 · 법칙이자 지혜입니다. 고대 철학은 '학문'을 의미할 정도로 범위가 넓었어요. 오늘날에도 철학의 고유 영역으로 남아 있는 인식론, 형이상학은 물론이고 수학, 천문학, 논리학, 물리학, 동식물학, 윤리학, 정치학 등도 포함되어 있었지요. 경제학, 사회학, 미학뿐 아니라 종교 역시 넓은 의미에서는 모두 철학의 영역에 속한다고 볼 수 있어요. 다만 지식의 범위가 넓어짐에 따라 각 학문이 독자적으로 연구되었고, 해당 분야에 전문가가 생겨났다고 보는 것이 옳을 것입니다.

셋째, 세계와 인간에 대해 끊임없이 물음을 던지고 사색하는 것이 철학입니다. 철학은 '완성된 지식'을 의미하는 것이 아니라 '참다운 지식을 탐구해 가는 과정'을 의미해요. 독일의 철학자인 칸트는 첫 강의 시간에 "나는 제군들에게 철학(Philosophie)이 아니라 철학하는 것(Philosophieren)을 가르치고 싶다."라고 말했지요.

마지막으로 철학은 모든 학문의 궁극적 목적을 제시해 줄 수 있어야 합니다. 목표를 향해 나아갈 때 거리보다 더 중요한 것은 방향이에요. 방향이 잘못되어 있으면 열심히 가더라도 목표에서 멀어지기만 하지요. 인간은 편리한 생활을 누리기 위해 과학을 연구했어요. 하지만 기계 문명이 발달하면서 인간의 존엄성은 상실되었고, 핵무기를 통한 대량 살상이 벌어졌습니다. 과학이 잘못된 방향으로 발전하면서 몰아온 인류의 불행이지요. 따라서 철학자는 학문의 궁극적 목적에 대해 끊임없이 물어야 합니다.

이 밖에도 철학에 대한 정의는 얼마든지 있을 수 있어요. 대통령의 국정 철학이 있고, 평범한 주부의 상품 구매 철학도 있을 수 있습니다. '하이데거 철학 세미나'를 홍보하는 소책자가 보이는가 하면, 사주나 관상을 봐 주는 철학관의 간판도 눈에 띄지요. 많은 사람의 입에 오르내리는 철학은 가까이 있으면서 어렵게 느껴지는 묘한 학문이랍니다.

이 책에서는 청소년들의 눈높이에 맞춰 철학에 접근했습니다. 사진과 그림을 통해 쉽게 철학을 이해할 수 있도록 꾸몄지요. 너무 쉽거나 뻔한 내용은 아니에요. 이 책을 읽으면서 지적 호기심을 채울 수도 있고, 누구에게도 물어볼 수 없었던 문제에 대해 해답을 얻을 수도 있을 것입니다. 성공만이 능사가 아니라는 것을, 한두 번 실패했다고 함부로 목숨을 끊어서는 안 된다는 것을 알아 갈 수도 있겠지요. 잘 먹고 잘 사는 일보다 더 중요한 것이 있음을 새삼 확인하는 시간일 수도 있겠고요. 덤으로 자연스럽게 철학적 · 논리적 사고를 익힐 수 있을 것입니다. 이 작은 작업이 사는 동안 도움을 주신 모든 분에게 조금이나마 보은의 몸짓이 될 수 있기를 바랍니다.

광주교육대학교 연진관에서 강성률

차례

2장 인도 철학

3장 한국 철학

1 중국 철학

함께 알아볼까요

4대 문명의 발상지 가운데 하나였던 중국은 사상적으로도 동아시아 문명에 깊은 영향을 끼쳤어요. 그 중심에 공자라는 인물이 있습니다. 공자, 맹자, 순자가 활동한 춘추 전국 시대는 정치적 · 사회적 혼란기였어요. 이들 유가는 뒤죽박죽인 사회를 바로잡기 위해 인의(仁義) 도덕을 부르짖었지요. 그러나 유가가 지향했던 사회는 부작용을 낳기도 했어요. 이를 바로잡기 위해 노자와 장자 등 도가 사상가들은 무위자연(無爲自然)을 내세웠습니다. 묵가는 모든 인간을 똑같이 사랑하라는 겸애(兼愛)를 주장했고, 법가는 나라를 강력한 법으로 통치할 것을 제안했지요. 1세기 무렵 불교가 전파된 후, 중국에서는 불교와 도가가 합쳐져 중국 특유의 선종이 형성되었습니다. 송(宋) 대에는 중국 철학이 성리학으로 통일되었어요. 주희는 주돈이의 이학을 바탕으로 성리학을 집대성해 중국 사상계에 큰 영향을 끼쳤지요. 심학은 육구연과 왕수인에 의해 양명학으로 자리 잡게 되었답니다.

한반도는 대륙과 연결되어 예로부터 한국과 중국은 긴밀한 관계를 유지해 왔어요. 오늘날에는 새로운 한 · 중 시대를 열어 가고 있지요. 따라서 중국의 사상과 문화를 살펴보는 일은 매우 중요하답니다.

오늘날의 중국

하얼빈
우루무치
카스
선양
둔황
다롄
타클라마칸 사막
베이징
텐진
중국
서안
난징
우한
상하이
라싸
충칭
항저우
광저우
홍콩
타이완

1 춘추 전국 시대를 뒤흔든 삼총사 | 선진 유학

고대 중국에서는 기원전 1050년경에 주(周)가 세워졌어요. 주는 봉건 제도를 통해 나라를 다스렸지요. 그런데 왕 밑에 있던 제후가 왕의 권위를 등에 업고 천하를 지배하려고 하면서 봉건 제도가 흔들리기 시작했어요. 약 300년에 걸쳐 혼란기가 이어졌는데, 이를 춘추 시대라고 합니다. 춘추 시대가 끝나갈 무렵에는 일곱 명의 제후가 자신을 왕이라 부르며 치열한 세력 다툼을 벌였어요. 이 시기는 전국 시대라고 부르지요. 춘추 시대와 전국 시대를 합쳐 춘추 전국 시대라고 불러요. 공자는 춘추 시대에, 맹자와 순자는 전국 시대에 활동했답니다. 기원전 221년에는 진(秦)이 중국을 통일합니다. 진이 중국을 통일하기 전에 나타났던 유학을 가리켜 선진(先秦) 유학이라고 하지요.

- 공자는 인(仁)을 이루기 위해 끊임없이 노력해야 한다고 주장했다.
- 맹자는 인간의 착한 본성을 유지하기 위해 인의예지(仁義禮智)라는 덕을 쌓아야 한다고 주장했다.
- 순자는 악한 인간의 본성대로 살아가면 무질서한 세상이 되기 때문에 예(禮)를 배워야 한다고 주장했다.
- 모든 사람의 인을 모아 커다란 인, 즉 "대동인(大同仁)"을 이루는 것이 유가의 궁극적인 목표다.

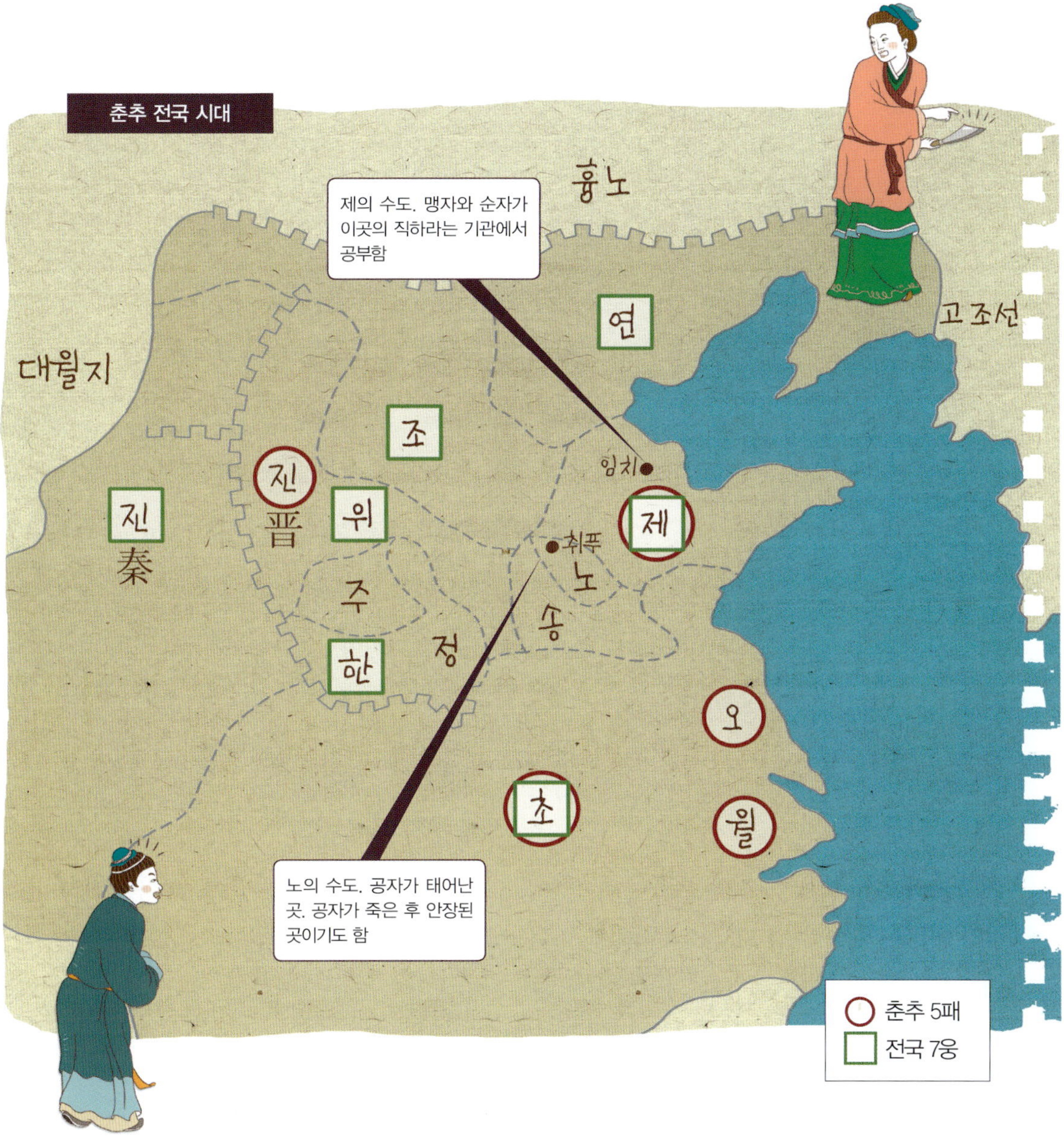

1 덕을 갖춘 군자, 위대한 성인 – 공자

떠돌던 '상갓집 개', 『논어』로 길이 남다

공자는 노(魯) 때 지금의 산둥 성에 있는 취푸라는 마을에서 태어났어요. 딸만 아홉 명을 두었던 숙량흘은 나이가 들어 안징재라는 젊은 여인을 만나 공자를 낳았다고 합니다. 공자가 3세 때 숙량흘이 세상을 떠나고, 공자는 어머니의 슬하에서 성장했어요. 공자는 제사를 지낼 때 쓰는 그릇을 늘어놓고 제사 지내는 흉내를 내며 놀곤 했는데, 늘 예절을 갖추어 매우 어른스럽게 보였다고 합니다. 공자는 19세 때 혼인했으나 아내가 공자의 까다로운 성미를 견디지 못하고 도망쳐 버렸다는 이야기가 전해지지요.

공자는 오늘날의 법무부 장관에 해당하는 대사구의 자리까지 올랐어요. 하지만 무능한 통치자를 보고 실망한 데다 반대파의 방해도 있어 56세 때 벼슬을 버리고 떠나지요. 그 후 공자는 14년 동안이나 여러 나라를 돌아다녔습니다. 사마천은 『사기』에서 중국 천하를 떠돌며 유세하는 공자를 가리켜 '상갓집 개'라고 불렀어요. 이 말은 밥을 주는 사람은 있어도 돌아

공자(孔子, BC 551~BC 479)
독일의 베를린에 위치한 공자의 석상이다. 공자는 중국 춘추 시대의 교육자 · 철학자 · 정치 사상가다. 유교의 시조로 알려져 있으며 그의 철학은 동아시아 문명에 깊은 영향을 끼쳤다.

갈 집이 없다는 뜻이랍니다. 이후 고향으로 돌아온 공자는 제자들을 가르쳤어요. 그러면서 유가의 경전을 정리하고 편찬하는 데 온 힘을 기울였지요. 공자는 3,000명이 넘는 제자를 길러 냈는데, 그 가운데 육예에 통달한 제자만 해도 72명이었다고 합니다. 육예(六藝)란 당시 지배 계급의 자녀들이 반드시 배워야 했던 여섯 가지 교과목입니다. 예절을 가르친 예(禮), 음악을 가르친 악(樂), 활쏘기를 가르친 사(射), 승마술을 가르친 어(御), 수학을 가르친 수(數)가 육예에 해당하지요.

공림(孔林)
중국의 취푸에 위치한 공자의 무덤이다. 공자 묘역에는 공자와 그의 아들인 공리, 공자의 손자이자 맹자의 스승이기도 한 공급의 무덤이 같이 있다.

공자는 집필에 전념하다가 73세의 나이로 숨을 거두었어요. 공자의 시체는 성대한 장례 절차를 거쳐 취푸 북쪽에 안장되었지요.

공자가 지었다고 알려진 책으로는 이른바 삼경(三經)이라고 불리는 『시경』·『서경』·『역경』이 있습니다. 여기에 『춘추』와 『예기』를 합쳐 오경(五經)이라고 부르지요. 오경은 2,000년 이상의 세월 동안 중국인의 정신생활의 기반이 되어 왔습니다. 뿐만 아니라 우리나라를 비롯한 한자 문화권에 속하는 모든 나라에 큰 영향을 끼쳤지요. 한편, 공자와 제자들의 언행을 적은 『논어』는 공자와 관련된 책 가운데 가장 유명하답니다.

휴머니스트 공자, 휴머니즘을 부르짖다

흔히 석가모니와 예수, 소크라테스, 공자를 세계 4대 성인이라고 합니다. 석가모니는 자비를, 예수는 사랑을, 소크라테스는 진리를, 공자는 인(仁)을 강조했지요. 그렇다면 과연 인이란 무엇일까요?

첫째, 인은 인간 중심의 사상입니다. 인간을 인간답게 하려는 휴머니즘이지요. 둘째, 인은 진실함과 성실성에 바탕을 두고 있습니다. 공자는 "기교 있는 말이나 좋은 낯을 꾸미는 자는 인이 적다."라고 말했어요. 이를 '교언영색 선의인(巧言令色鮮矣仁)'이라고 하지요. 셋째, 인

효(孝)
송(宋) 때 그려진 효에 관한 그림이다. 공자는 인을 실천하는 방법의 근원을 효라고 보았다. 『효경』에는 효에 관한 공자의 훈육 내용이 담겨 있다.

이란 극기복례(克己復禮)를 말합니다. 욕망에 빠지기 쉬운 자기 자신을 극복하고 예절로 돌아간다는 뜻이지요.

인을 이루기 위해서는 끊임없는 노력이 필요합니다. 이와 관련해 공자는 자신이 걸어온 깨달음의 과정을 이렇게 말했어요. "나는 15세에 학문에 뜻을 두고, 30세에 바로 서고, 40세에 의혹하지 않고, 50세에 하늘의 법칙을 깨닫고, 60세에는 어떤 말을 들어도 귀에 거슬리지 않았으며, 70세에는 마음이 움직이는 대로 행동해도 법도에 어긋남이 없었다."

공자의 이 말에 따라 15세를 지학(志學), 30세를 이립(而立), 40세를 불혹(不惑), 50세를 지천명(知天命), 60세를 이순(耳順), 그리고 70세를 종심(從心)이라고 부르게 되었어요. 종심은 공자가 도달한 성인(聖人)의 경지를 이른다고 볼 수 있습니다. 공자는 언제, 어디서나, 어떻게 행동하든 세상의 어떤 규율이나 원리에도 어긋나지 않았다고 하지요.

한편, 70세를 고희라고도 합니다. "사람이 70세까지 사는 일은 예부터 드물었다."라는 **두보**의 시구절 "인생칠십고래희(人生七十古來稀)"에서 나온 말이랍니다. 당(唐)의 시인인 두보는 이 구절이 담긴 「곡강시」를 47세 때 썼다고 하지요.

두보(杜甫, 712~770) 중국의 청두에 위치한 두보의 동상이다. 두보는 당(唐)의 수도였던 장안의 동남쪽에 있는 연못을 보고 「곡강시」를 지었다. 두보는 70세까지 살지 못하고 59세에 죽었다.

통치자라면 군자답게

공자가 이상으로 삼은 통치자상은 군자(君子)였어요. 군자는 모든 일에 절도를 지킬 줄 아는 명석한 판단력의 소유자입니다. 그러나 한 사람이 도덕적으로 완전하다고 해서 진정한 의미의 인이 이루어지는 것은 아니에요. 모든 사람의 인을 모아 커다란 인, 곧 "대동인(大同仁)"을 이루는 것이 유가의 궁극적인 목표지요. 공자는 "대동인"을 실현하려면 통치자가 올바른 정치를 해야 한다고 주장했습니다. 공자가 바란 통치자는 어떤 모습일까요?

첫째, 통치자는 나라를 다스리기 전에 먼저 자신부터 다스릴 줄 알아야 합니다. 자기 몸과 마음을 가다듬고 나서 집안을 다스리고, 집안을 다스리고 난 뒤에 나라를 다스리고, 그런 후에야 온 세상을 평안하게 할 수 있지요. 이를 수신제가 치국평천하(修身齊家治國平天下)라고 해요.

둘째, 통치자는 백성의 마음을 얻어야 합니다. 민심을 얻으면 나라를 얻게 되고, 민심을 잃으면 나라를 잃게 되기 때문이지요.

셋째, 임금과 신하, 윗사람과 아랫사람이 자신의 책임을 다해야 합니다. 임금은 임금답게, 신하는 신하답게, 아버지는 아버지답게, 아들은 아들답게 행동해야 한다는 것이지요. 이를 군군 신신 부부 자자(君君 臣臣 父父 子子)라고 하는데, 『논어』에 나오는 구절이랍니다.

넷째, 통치자는 정의 실현을 위해 노

『논어』
공자와 제자들의 대화를 기록한 책이다. 저자는 명확히 알려져 있지 않으나 공자의 제자들과 그 문하생들이 편찬한 것으로 추정된다.

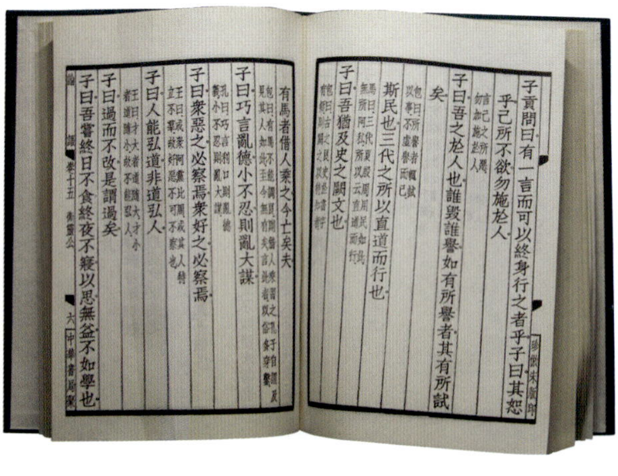

력해야 합니다. 물질적으로 얼마나 풍요로운가가 사회 발전을 가늠하는 기준이 되어서는 안 된답니다. 정의가 실현되는 사회야말로 진정으로 발전한 사회지요.

위대한 별은 떨어지지 않는다

공자가 68세 때 하나뿐인 아들 공리가 죽었어요. 그다음 해에는 제자 안회가 죽었는데, 공자는 자기 아들이 죽었을 때보다 더 슬퍼했다고 합니다. 안회는 공자가 가장 믿었던 제자이기 때문이에요. 안회는 가난한 생활을 이겨 내며 도(道)를 행했는데 공자는 이를 높이 샀다고 합니다. 안회는 학덕이 남보다 월등히 훌륭했지만 이름을 떨치려 하지 않고 세상을 피해 살았답니다. 이후에는 공자의 제자 재여가 제(齊)에서 죽임을 당했고, 공자를 믿고 따르던 제자 **자로**마저 전쟁의 희생양이 되고 말았어요. 잇따른 슬픔으로 공자는 양팔이 잘린 듯 몸부림을 쳤습니다. 살을 베는 것 같은 마음의 상처와 물거품처럼 꺼진 이상을 마주하자니 괴로울 수밖에 없었지요. 결국 아들이 죽은 지 6년 만에 공자도 숨을 거두고 맙니다.

자로(子路, BC 543~BC 480)
달빛 아래서 책을 읽는 자로를 묘사한 작품이다. 자로는 공자의 핵심 제자 가운데 한 사람으로, 공자와 여행을 함께했다. 공자의 호위를 자처하며 공자를 반대하는 무리로부터 스승을 여러 번 지켜 내기도 했다.

공자의 장례는 장엄했어요. 많은 제자가 3년 동안 무덤 옆에 조그만 집을 짓고 거처했다고 합니다. 공자가 살던 집에 생전에 쓰던 옷, 관(冠), 거문고, 수레, 책 등을 갖추어 놓았는데, 이를 공묘라고 해요. 오

공묘(孔廟)
중국의 취푸에 위치한 공자를 모신 사당이다. 중국, 한국을 비롯한 동아시아 여러 나라에 남아 있는 수많은 공묘 가운데 가장 오래된 곳이며 규모 또한 가장 크다.

늘날은 공자를 모신 사당을 통틀어 **공묘**라고 부르지요.

공자는 죽은 뒤에 사람들에게 성인으로 받들어졌습니다. 그를 모신 사원이 곳곳에 세워지더니 12세기 초에는 신으로까지 떠받들어졌어요. 단순한 인간이기를 원했던 공자가 신격화된 것이지요.

20세기가 되자 유가를 봉건사상으로 보는 시각이 생겼고, 아편 전쟁 이후에는 "공자의 교를 타도하자."라고 외치는 목소리도 있었어요. 그런데도 공자의 사상은 오랜 세월 동안 중국뿐만 아니라 동양, 더 나아가 전 세계에 큰 영향을 끼치고 있답니다. 공자의 사상을 덮어놓고 믿는 것도 문제지만 무조건 물리치는 것은 더 문제예요. 공자의 사상을 현재에 맞게 되살리는 것이 중요하지요.

2 맹모삼천지교가 만든 성인 – 맹자

자식을 보기 전에 어머니를 보랬다

맹자는 추(鄒)에서 태어났습니다. 3세 때 아버지를 여의고 공자처럼 홀어머니 밑에서 성장했지요. 조숙했던 공자와는 달리 맹자는 말썽꾸러기였다고 해요. 맹자는 주변의 풍습을 곧잘 흉내 냈기 때문에 그의 어머니가 세 번 이사하며 가르쳤다고 합니다. 맹모삼천지교(孟母三遷之敎)에 관한 이야기는 유명하지요. 맹자의 집 근처에 공동묘지가 있었습니다. 어린 맹자가 장사(葬事) 지내는 모습과 상여꾼들을 흉내 내자 맹자 어머니는 시장 근처로 이사했어요. 이번에는 맹자가 물건 파는 시늉을 하며 놀자 맹자 어머니는 다시 서당 근처로 집을 옮겼지요. 그제야 맹자는 예절과 학문을 배우게 되었답니다.

단기지교(斷機之敎)에 관한 이야기도 널리 알려졌어요. 맹자가 노의 수도인 취푸에서 공부하다가 학업을 마치지 않은 채 집으로 돌아왔습니다. 맹자를 본 어머니는 짜고 있던 베를 칼로 끊으며 "공부하다가 중단하는 것은 지금까지 애써 짜던 베를 칼로 끊는 일과 같다."라고 말했어요. 맹자는 어머니의 가르침을 듣고 크게 깨달아 발길을 돌렸다고 합니다.

맹자가 살았던 전국 시대에는 유가 외에도 도가, 묵가, 법가, 병가 등이 유행했고, 황당무계하거나 괴기스러운 학설도 더러 나타났어요. 이 가운데 유가의 이름을 크게 떨친 인물이 바로 맹자였지요. 맹자는 자사의 제자로부터 정통 유학을 배운 후

맹자(孟子, BC 372~BC 289)
맹자는 공자의 사상을 발전시켜 유학을 후세에 전하는 데 큰 영향을 끼쳤다. 그는 어릴 때부터 공자를 숭배했다고 한다.

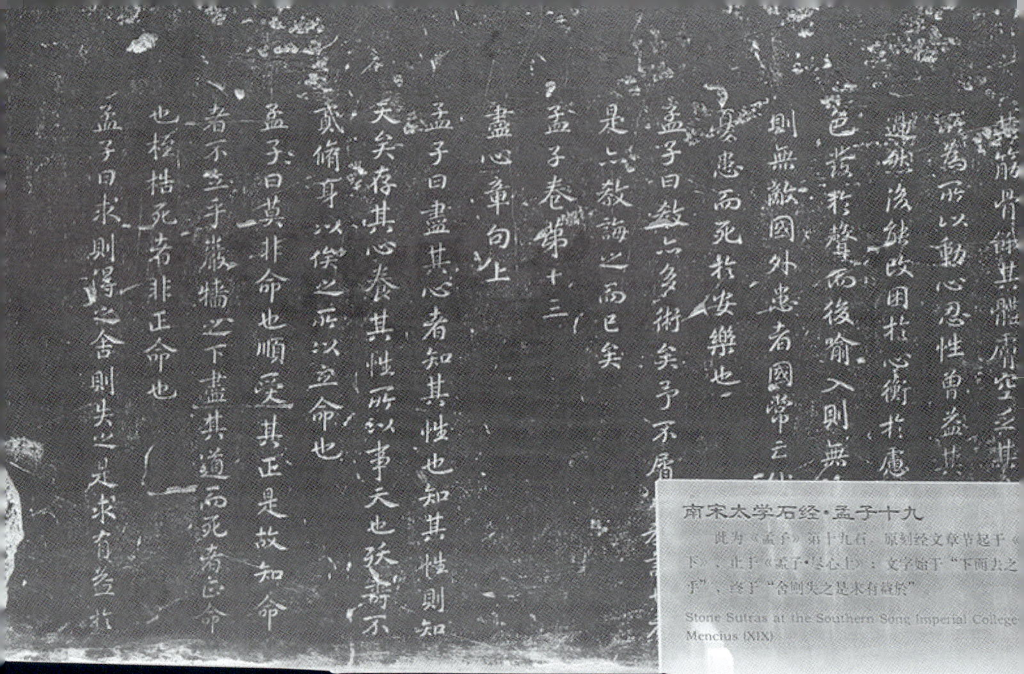

맹자』 석경(石經)

맹자』의 내용 가운데 일부를 돌에 새긴 비석이다. 인간이 실천해야 할 도리를 짧은 문체에 담은 진심장 상편 등이 새겨져 있다. 진심장 상편에는 선의 선비들이 늘 외우고 다녔던 명문장이 수록되어 있다. 조선의 향교나 서당에서는 여기 수록된 문장을 가지고 시험을 보기도 했을 정도로 명한 문장이다. 이 석경은 중국 항저우에 위치한 공묘에 있다.

『맹자집주대전』

주자의 『맹자집주』와 이에 대한 학자들의 풀이를 담아 엮은 책이다. 1820년(순조 20)에 규장각에서 간행된 것으로 보인다. 『맹자』의 본문은 큰 글자로 하고 주자의 해석은 중간 글자로 실었다. 다른 여러 학자의 해석은 작은 글자로 덧붙였다.

국립중앙박물관 소장

제자들과 함께 여러 나라를 다니며 유가의 이상을 달성하고자 했습니다. 맹자는 40세 때 추에서 벼슬길에 올랐으나 혼란한 세태에 실망해 자리에서 물러났어요. 이후 84세까지 제자들과 함께 공부했고, 자신의 사상을 전하기 위해 『맹자』 7편을 썼답니다.

인의예지(仁義禮智)
맹자는 인간 본성의 구체적인 내용을 인의예지로 파악했다. 이는 어질고, 의롭고, 예의 바르고, 지혜로움을 뜻한다.
기당 미술관 소장

사람은 본래 착하다

맹자는 인간의 본성은 착하다는 성선설(性善說)을 주장했습니다. 맹자는 인간이 네 가지 착한 마음을 지니고 태어난다고 보았어요. "한 어린아이가 우물에 빠지려는 급박한 상황을 보았다고 하자. 누구든지 깜짝 놀라며 어린아이를 건지려고 할 것이다. 이렇듯 측은한 마음이 없으면 사람이 아니다. 그러므로 측은하게 여기는 마음은 어짊의 시작이요, 부끄러워하는 마음은 의로움의 시작이요, 사양하는 마음은 예절의 시작이요, 옳고 그름을 가리는 마음은 지혜의 시작이다."

맹자는 이 네 가지 착한 마음을 시작으로 **인의예지**라는 덕이 쌓여야 선한 사람이 될 수 있다고 보았습니다. 아무리 착한 마음을 가졌어도 어떻게 다스리는가에 따라 달라질 수 있기 때문이지요. 마음은 불을 일으키는 불씨나 물의 원천인 샘과 같아서 그것을 바르게 이끌면 벌판의 불길이나 큰 강을 이룰 수 있어요. 하지만 그것을 잘 이끌지 못하면 불씨는 금방 꺼지고, 샘은 순식간에 말라 버리지요.

공명정대한 도덕적 용기를 길러라

『맹자』의 진심장 상편에는 존심양성(存心養性)이라는 수양법이 담겨 있어요. 존심양성은 본래의 마음을 잘 보존하고 본래의 심성을 잘 키운다는 뜻이지요. 본래의 마음을 지키면서 외부의 충동에 흔들리지 않으려면 어떻게 해야 할까요?

먼저 참된 용기를 길러야 합니다. 참된 용기란 씩씩한 기운이 지나치거나 모자라지 않은 것을 말해요. 중용(中庸)의 도리라고 할 수 있지요. 둘째, 호연지기(浩然之氣)를 길러야 합니다. 호연지기란 모든 일에 공명정대한 도덕적 용기를 뜻하지요. 이를 기르기 위해서 밖으로는 의리에 맞는 행동을 하고, 안으로는 의리를 쌓도록 노력해야 돼요.

『맹자』
사서오경에 속하는 유교 경전으로, 맹자가 정계를 은퇴한 후 말년에 쓴 책이다. 『맹자』에는 백성이 나라에서 가장 귀하고, 학문을 갈고닦는 데는 순서가 있어야 한다는 내용이 담겨 있다.

맹자는 호연지기를 설명하고 나서 이야기 하나를 들려주었어요. 송(宋)의 한 농부가 논에 정성스레 모를 심었는데 모가 잘 자라지 않았습니다. 걱정이 된 농부는 모의 뿌리를 일일이 손으로 뽑아 올렸지요. 농부는 일을 마치고 피곤한 모습으로 집에 돌아와 아들에게 "내가 논의 모를 빨리 자라게 해 주고 왔다."라고 말했어요. 놀란 아들이 논으로 달려가 보니 모들은 이미 말라 죽어 있었답니다. 순리를 거스르고 일을 억지로 한 결과였지요. 호연지기를 기르는 것은 작물을 재배하는 것과 같아서 인위적으로 해서는 안 된답니다.

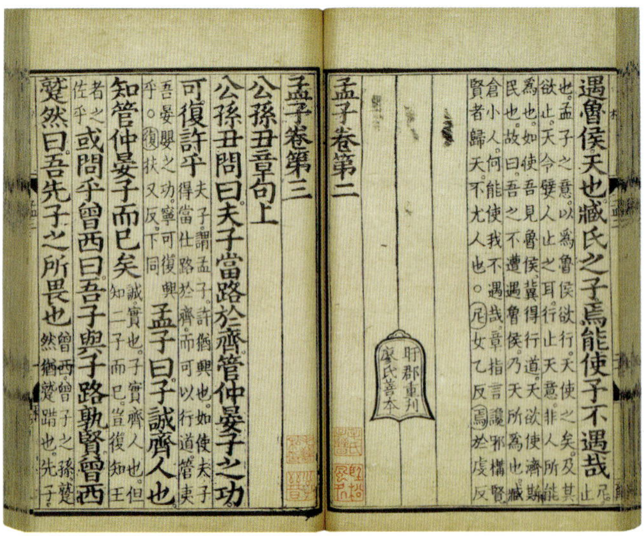

맹자는 수양을 통해 본래의 마

음을 잘 다스린 사람에 대해 이렇게 말했어요.

"아무리 부귀해도 음탕한 데 빠지지 않고, 아무리 가난하고 천해도 주체 없이 이리저리 움직이지 않으며, 아무리 무력으로 위협하더라도 굴복하지 않는다."

벤담(Bentham, 1748~1832)
영국의 철학자이자 법학자인 벤담은 공리주의를 주장했다. 그는 "인생의 목적은 최대 다수의 최대 행복을 실현하는 데 있다."라고 주장했다.

군주가 잘못하면 백성은 군주를 바꿀 수도 있다

맹자는 성선설을 바탕으로 왕도 정치론(王道政治論)을 주장했어요. 왕도는 덕을 본위(本位, 판단이나 행동에서 중심이 되는 기준)로 인의를 숭상하는 정치사상입니다. 힘을 본위로 이(利)를 숭상하는 패도 정치(霸道政治)보다 우월하지요. 왕도 정치는 개인의 이익만을 추구하는 공리주의(功利主義)와 달라요. 신하가 자기 이익을 생각해서 임금을 섬기고, 자식이 자기 이익을 생각해서 어버이를 섬기며, 동생이 자기 이익을 생각해서 형을 섬긴다면 그것은 인의가 아니라 이익 때문에 서로 만나는 일이 되겠지요.

왕도는 백성들의 먹고사는 문제를 해결하고자 하는 정치사상입니다. 사람은 일정한 수입이 있어야 영원히 변치 않는 착한 마음을 지닐 수 있기 때문이에요. 맹자는 백성들의 생업을 보장해 주어야 그들을 도덕적인 생활로 이끌 수 있다고 보았습니다. 반면 지도층은 생업에 구애받지 않으면서 도덕적으로 솔선수범할 수 있어야 한다고 생각했지요. 이를 위해 맹자는 정전제(井田制)를 실시하자고 주장했어요. 정전제란 여덟 가구가 "일정(一井)"이 되어 집집이 100무의 토지

정전제(井田制)
정전제 하에서는 토지를 우물 정(井) 자 모양으로 나누어 경작하게 한다. 사진은 광주 민속 박물관 야외에 전시된 우물 정(井) 자 모양의 우물이다.

를 받아 농사를 짓되, 한가운데 있는 공동밭은 함께 경작해 그 수확물을 나라에 세금으로 바치도록 하는 제도입니다. 조선 정조 때 정약용도 **정전제**를 주장했지요.

맹자는 왕도 정치의 최고 책임자는 백성들의 신뢰를 받는 현자 가운데서 선양(禪讓)에 의해 추대되어야 한다고 주장했습니다. 또한 추대된 군주가 중대한 잘못을 저지른 경우에 백성들은 이의를 제기할 수 있고, 군주가 백성들의 말에 귀를 기울이지 않을 때는 다른 군주를 세울 수도 있다고 말했어요. 심지어 잘못을 저지른 군주를 살해해도 좋다고 했답니다. 이런 과격한 주장 때문에 맹자의 초상화와 글이 공묘에서 제거된 일도 있었다고 해요. 하지만 맹자의 정치사상은 오늘날의 민주주의 원리와 들어맞는 면도 있답니다.

3 냉철한 현실주의자 – 순자

단순하고 수수하게 살았노라

순자는 공자, 맹자와 함께 고대 중국의 3대 유학자로 꼽혀요. 같은 시대를 살았던 순자와 맹자는 사상적으로 비교되곤 합니다. 맹자가 성선설에 따라 덕치주의(德治主義)를 주장했다면, 순자는 성악설(性惡說)에 근거해 예치주의(禮治主義)를 주장했어요.

제주(祭主)
제사의 책임자를 의미할 뿐만 아니라 학문에 있어 최고의 권위와 존경을 받는 사람을 일컫는 말이다.

순자는 조(趙)에서 태어났습니다. 15세쯤부터 재능을 인정받은 순자는 제(齊)의 수도인 임치로 유학을 갔어요. 임치에는 학자들이 거주하며 학문의 대향연을 벌이던 직하라는 유명한 기관이 있었습니다. 순자도 이곳에서 공부했지요. 순자는 비교적 단순하고 수수하게 살았고 공자나 맹자처럼 여러 지방을 돌아다니지 않았어요. 제(齊)가 주변의 여러 나라로부터 공격을 받기 시작할 무렵, 순자는 잠시 초(楚)로 건너갔다가 다시 직하로 돌아왔습니다. 이때부터 제주라는 벼슬을 세 번이나 지냈다고 하지요. 순자는 53세 때 초로 가서 란링 지방의 현령이 되었습니다. 하루는 어떤 사람이 초의 재상인 춘신군 앞에서 순자를 모함했어요. 이 소식을 들은 순자는 곧바로 벼슬을 버리고 조로 돌아왔지요. 춘신군이 순자를 다시 초로 불렀지만 순자는 한 통의 편지를 보내 이를 정중히 거절했습니다. 그런데도 춘신군의 부탁이 계속되자 순자는 란링으로 돌아갔어요. 순자가 다시 현령을 맡고 얼마 지나지 않았을 때 초에서 정변이 일어났습니다. 춘신군이 복병에게 살해되는 바람에 춘신군의 후원을 받던 순자도 관직에서 물러나게 되었지요. 이후 순자는 란링에서 계속 살다가 그곳에 묻혔어요.

순자(荀子, BC 298~BC 238)
순자는 유학이 2,000년 이상 이어지는 데 큰 역할을 했다. 그러나 후대의 일부 유학자는 순자가 주장한 성악설만을 부각시키고 그의 다른 많은 업적을 소홀히 여기기도 했다.

충(忠)

송(宋) 때 그려진 충에 관한 그림이다. 충은 군주에 대한 도덕적 의무를 가리키는 개념이다. 순자는 도덕규범 가운데 가장 중요한 두 가지 덕목으로 충과 효를 꼽았다. 그는 『순자』의 예론 편에서 "충신효자(忠臣孝子)"라며 충과 효를 대칭적으로 사용하기도 했다. 충은 원래 마음을 다해 자기와 다른 사람을 대하는 자세를 뜻했으나 그 의미가 좁아져 군주에 대한 신하의 도덕적 의무만을 뜻하게 되었다.

사람은 본래 악하다

순자는 인간의 본성은 악하다고 주장했습니다. 사람은 이익을 좋아하고, 남을 시기하며, 귀에 즐거운 소리나 눈에 아름다운 색채를 좋아한다고 보았지요. 사람들이 악한 본성에 따라 살아간다면 결국에는 서로 다투고 가진 것을 빼앗는 어지러운 사회가 될 거예요. 이러한 혼란을 막기 위해서는 규범이 필요하겠지요? 순자는 사회 질서를 유지하기 위한 규범으로써 예(禮)를 배워야 한다고 주장했어요.

순자의 성악설을 살펴보니 인간의 본성은 착하다고 주장했던 맹자가 떠오르지 않나요? 맹자와 비교하면 순자는 인간을 몹시 나쁘게 보는 것처럼 느껴질 수 있습니다. 하지만 두 사람이 말하는 본성에는 미묘한 차이가 있답니다. 맹자가 말하는 본성은 인간의 '이성'을 가리키지만, 순자가 말하는 본성은 인간의 저급한 '본능'과 '욕망'을 가리킨다고 볼 수 있어요. 이런 차이를 알아야 교육에 대한 두 사람의 주장을

성악설
바티칸 시국의 시스티나 성당에 있는 미켈란젤로의 〈천지 창조〉 가운데 일부다. 아담과 하와가 에덴동산에서 추방되는 장면을 묘사했다. 인간의 본성이 근본적으로 악하다는 것을 보여 주는 작품이다.

이해할 수 있답니다. 맹자는 타고난 본성, 즉 이성을 잘 보존하기 위해 교육이 필요하다고 했고, 순자는 타고난 본성, 즉 욕망을 고치기 위해 교육이 필요하다고 했어요.

음양오행설(陰陽五行說)
전국 시대 말기의 사상가인 추연이 제창했다. 추연은 세상의 모든 사상은 토(土) · 목(木) · 금(金) · 화(火) · 수(水)의 오행 상승 원리에 따라 일어난다고 보았다.

사람은 하늘을 정복해야 한다

공자의 손자인 자사나 맹자는 하늘의 명을 도덕의 최고 원리로 삼았고, 노자와 장자는 천인합일(天人合一), 즉 하늘과 인간이 하나가 되는 것을 이상적으로 보았어요. 묵자나 **음양오행설**을 주장한 학자들은 하늘이 인간의 길흉화복을 이끈다고 생각했지요.

그러나 순자에게 하늘은 어디까지나 자연적인 대상에 지나지 않았습니다. 신이나 귀신도 그의 관심 밖에 있었어요. 밤낮이 바뀐다거나 사계절이 변화하는 일은 그저 자연의 법칙에 따른 움직임이라고 생각했지요. 그래서 순자는 "사람은 반드시 하늘을 정복해야 한다."라고 말했어요. 이를 인정승천(人定勝天)이라고 하는데, 사람이 노력하면 하늘을 이기고 운명을 극복할 수 있다는 뜻이랍니다.

순자의 주장은 서양의 자연 과학 정신과 견줄 만한 놀라운 생각이에요. 순자야말로 고대에는 보기 드문 냉철하고 현실적인 인물이었다고 할 수 있지요.

생각해 보세요

공자와 맹자, 순자 세 사람은 어떤 점이 다를까요?

공자가 강조한 인(仁)은 물에, 맹자가 말한 의(義)는 바다에, 순자가 주장한 예(禮)는 강에 비유할 수 있어요. 물은 실체를 파악하기 힘들지만 어느 곳에나 있고, 우리에게 큰 도움을 줍니다. 인(仁) 역시 개념을 구체적으로 알기는 어려워도 우리에게 많은 이로움을 주지요. 바다는 끝없이 넓지만 우리는 밀물이나 썰물, 파도 등으로 바다를 느낄 수 있어요. 의(義) 또한 매우 크고 넓은 개념이지만 우리에게 의로움이 무엇인지 그 실체를 깨닫게 해 주지요. 강에는 강둑이 있어 물이 넘치지 않고, 강은 항상 위에서 아래로 흐릅니다. 예(禮) 역시 사람의 마음이 그릇된 방향으로 흐르지 않도록 막아 주고 위아래를 구분하게 해 주지요. 또한 공자는 서양의 소크라테스에, 맹자는 플라톤에, 순자는 아리스토텔레스에 해당한다고 볼 수 있습니다. 공자와 소크라테스는 정치적으로 매우 혼란한 시기에 살았어요. 하지만 당시의 위기를 극복할 해법을 제시하려고 애를 쓰며 제자들을 가르쳤지요. 맹자와 플라톤은 이상적인 부분에만 치중했어요. 이들의 철학은 시와 같아서 관찰보다는 상상의 요소가 더 많았지요. 순자와 아리스토텔레스는 현실에 대한 관찰을 중요하게 생각했어요. 따라서 순자는 맹자의 사상에, 아리스토텔레스는 플라톤의 사상에 비판적일 수밖에 없었지요.

소크라테스의 석상

2 도가와 도교는 어떻게 다를까? | 도가, 청담, 도교

도(道)는 '세계를 지배하는 법칙과 원리'라는 의미를 지니고 있습니다. 같은 글자 '도'가 쓰이지만 도가와 도교는 엄연히 달라요. 도가는 자연의 명령에 따르며 욕심 없이 살아야 한다는 노자와 장자의 사상을 가리키지요. 도교에서는 '모든 인간은 자연 그대로 놓아둘 경우 반드시 죽게 되므로 자연을 거슬러 운명을 개조해야 한다.'는 종교적 태도를 보이고 있습니다. 도교 신도들은 늙지도 죽지도 않는다는 신선이 되고 싶어 했어요. 그래서 불로장생을 위해 금단이라는 신비의 약을 먹기도 했지요. 하지만 당 태종은 금단을 잘못 먹어 죽었고, 그의 아들인 고종 역시 금단에 중독되어 죽었답니다.

- 노자는 사람의 힘을 더하지 않은 그대로의 자연 상태, 즉 무위자연(無爲自然)에 머물 것을 주장했다.
- 양주는 살아 있을 때 최대한 즐거움을 찾고 죽은 후의 일에 대해서는 생각하지 말아야 한다고 주장했다.
- 장자는 속세를 벗어나 조용하고 편안하게 살고자 했다.
- 도가에서는 자연의 명령에 따라 담백하고 청정한 삶을 살라고 권유한다.

1 꾸미지 않아 소박한 노인 – 노자

늙어서 태어난 아이, 늙어서도 죽지 않아

노자(老子)
황소 위에 올라탄 노자를 묘사한 작품이다. 그는 학자들에게 존경받는 철학자였고 일반인들에게는 성현(聖賢)으로 공경받았다. 도교 신도들에게는 위대한 신 가운데 하나로 숭배되었다.

초(楚)에서 한 여인이 자두나무에 기대어 한 아이를 낳았습니다. 아이의 어머니는 떨어지는 별을 보며 찬양하는 노래를 불렀는데, 그 후 62년 동안 임신해 있었다고 해요. 아이는 태어나자마자 말했다고 합니다. 갓 태어난 아이의 머리카락이 눈처럼 희었기 때문에 사람들은 아이를 노자라고 불렀어요. 노(老)는 늙었다는 뜻이고, 자(子)는 '하늘의 아들'이라는 뜻의 존칭어랍니다. 사마천의 『사기』에 따르면 노자는 160세 또는 200세까지 살았다고 해요. 하지만 그가 정확히 언제 태어나고 언제 죽었는지는 알려지지 않았지요.

중국의 제자백가 가운데 한 사람인 노자는 도가의 시조입니다. 그는 주에서 왕실의 장서 관리를 맡아보는 수장고 관리로 40여 년을 근무했어요. 노자는 일하는 동안 재능을 숨겨 자신의 이름이 드러나지 않도록 애썼다고 합니다.

주가 쇠퇴하기 시작하자 노자는 주를 떠났어요. 그는 한구 관에 이르러 국경을 수비하던 윤희라는 관리를 만나게 됩니다. 윤희가 "선생께서 앞으로 세상을 피해 숨어 지내시려 하니 수고스럽지만 저를 위해 책을 남겨 주십시오."라고 간청하자 노자는 상하 2편, 약 5,000자로 이루어진 『도덕경』을 썼어요. 만약 윤희가 노자에게 글을 부탁하지 않았다면 오늘날 우리는 『도덕경』과 같은 소중한 책을 볼 수 없었겠지요?

『도덕경』
노자의 저서로, 간결하면서도 심오한 철학을 담고 있는 도가의 경전이다. 노자 한 사람이 아니라 여러 사람이 저술했다고 보기도 한다.

그릇은 빈 곳이 있어야 쓰인다

도가에서 강조하는 도(道)란 과연 무엇일까요? 도란 사람의 머리로 생각할 수 없고, 말이나 글로 표현할 수도 없는 것이에요. 형태가 없고 시간적 한계도 없으므로 무극이자 무(無)지요. 무극(無極)이란 태극의 맨 처음을 이르는 말로 형체도 모양도 없는 상태를 일컫습니다. 중국 철학에서 태극이란 우주 만물의 근원이 되는 실체를 말하지요. 무극의 무(無)는 '텅 비어 있는 무', 즉 공무(空無)가 아니라 '모든 존재를 생겨나게 하는 무'라고 할 수 있습니다. 노자는 무의 효용성을 다음과 같이 비유했어요.

"수레바퀴 한 개에 30개의 바퀴살이 모여 있지만 그 가운데가 비었기 때문에 우리는 수레를 사용할 수 있다. 마찬가지로 그릇을 빚을 때 빈 곳을 만들기 때문에 음식을 담을 수 있고, 문이나 창문을 내어 방을 만들 때 그 가운데에 공간이 있기 때문에 방으로 사용할 수 있다. 이처럼 유(有)를 이용할 수 있는 것은 무(無)가 작용하기 때문이다."

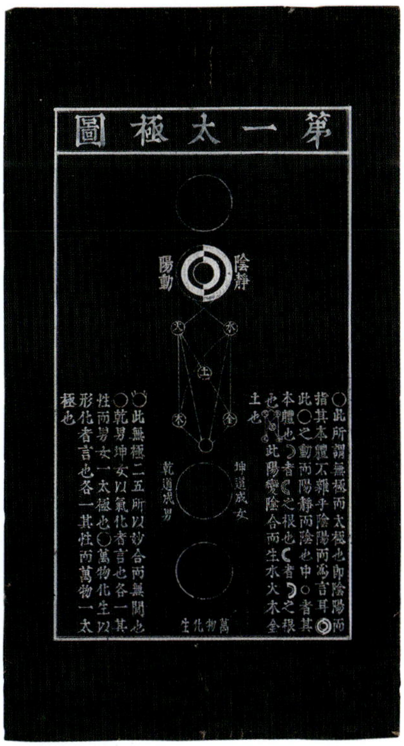

『성학십도』
이황의 『성학십도』에 수록된 태극도다. 태극도는 무극에서 시작된 만물의 생성 원리를 그림으로 설명한 것이다. 가장 위에 그려진 동그라미가 무극을 나타낸다.
국립중앙박물관 소장

굽은 나무가 제 수명을 누린다

기록에 따르면 하루는 공자가 노자를 찾아갔다고 합니다. 백발인 노자가 볼 때 공자는 혈기 왕성한 청년에 지나지 않았지요. 노자가 공자에게 말했어요.

"일찍이 전하길 '훌륭한 장사꾼은 귀중품을 감추어 놓은 채 아무것도 없는 듯 행동하고, 완전한 덕성을 갖춘 사람은 겉으로는 한낱 평범한 사람으로 보인다.'라고 했소. 그러니 그대는 교만과 욕심과 위선을 다 버리도록 하시오."

노자는 유가에서 인의를 억지로 추구하기 때문에 위선적이고 가식적인 모습이 나타난다고 보았습니다. 그래서 노자는 무위자연(無爲自然), 즉 '사람의 힘을 더하지 않은 그대로의 자연'에 머물 것을 주장했지요.

〈문례노담〉
공자가 노자를 찾아가 가르침을 청했다는 일화를 묘사한 작품이다. 공자와 노자의 세계관이 매우 달랐기 때문에 결국 공자는 노자에게 독설에 가까운 말을 들었다고 한다.

무위란 '아무것도 하지 않는 것'이 아니라 '억지를 피하고 자연스럽게 행하는 것'을 뜻합니다. 노자는 "발끝으로 꼿꼿이 선 사람은 오래 서 있지 못하고, 두 다리를 크게 벌려 걷는 사람은 멀리 가지 못하며, 자신을 나타내려는 사람은 도리어 드러나지 못한다."라고 말했지요.

무위에 도달하기 위해서는 무엇보다 분별하려는 습관을 버려야 합니다. 흔히 사람들은 복(福)을 좋다 여기고, 화(禍)를 나쁘다 여겨요. 하지만 동전에 양면이 있는 것처럼 복과 화도 우리가 늘 안고 가야 하는 양쪽 면에 지나지 않는답니다.

〈동천산당도〉
송(宋)의 화가인 동원의 작품이다. 동원은 자연, 특히 산수를 즐겨 그렸다. 노자가 자연에 따라 사는 삶을 강조했기 때문에 그의 사상을 나타낼 때 자연 풍경을 담은 작품을 자주 인용한다.

노자는 소박하게 살아가라고 가르치기 위해 다음과 같은 비유를 들었어요.

"굽은 나무가 제 수명을 누리고, 자벌레는 몸을 굽혔다가 폄으로써 앞으로 나아간다. 물은 파인 곳에 고이고, 옷은 닳아야 새것을 장만하게 되며, 욕심이 적어야 만족을 얻는다."

굽은 나무가 제 수명을 누린다는 말이 무슨 뜻일까요? 반듯한 나무는 쓰임새가 많아 금방 베일 수밖에 없지만 구부러진 나무는 벌목꾼의 눈에 띄지 않아 오래 제자리를 지키게 된다는 뜻이랍니다.

작은 나라와 적은 백성을 꿈꾸다

노자는 통치자가 쓸데없이 법을 많이 만들면 안 된다고 주장했습니다. 통치자는 말없이 담담하게 자신의 덕을 펴 나가기만 하면 된다고 보았지요. 통치자가 위선에 가득 차 있거나 힘으로 나라를 다스리려고 하면 백성들이 통치자를 믿지 못하고 경멸하기 때문이에요.

노자는 유가에서 추구하는 '대통일 국가'와는 달리 소국과민, 즉 '작은 나라와 적은 백성'이라는 이상 사회를 제시했습니다. 인위적인 도

〈도원도〉
명(明)의 화가인 구영이 그린 작품이다. 도연명의 『도화원기』를 바탕으로 무릉도원을 묘사했다. 무릉도원은 노자가 꿈꾼 소국과민을 구체화한 이상향이라고 여겨지기도 한다.

덕과 잡다한 지식에서 벗어나 소박하게 생활하는 것이 가장 행복한 삶이고, 통치자는 백성들이 행복하게 살 수 있도록 무위의 정치를 펼쳐야 한다고 본 것이지요. 그러나 안타깝게도 노자의 깊고 오묘한 사상을 계승하고 발전시킬 만한 제자들이 없었습니다. 그래서 노자의 학설은 후대 사상가들에 의해 왜곡되거나 변질되어 큰 영향력을 발휘하지 못했어요. 게다가 무당의 술법, 연금술, 불로장생법 등과 뒤섞여 노자의 순수한 이론과 멀어지게 되었지요.

연금술(鍊金術)
고대 이집트에서 시작된 원시적 화학 기술이다. 구리나 납 등의 비금속으로 금은과 같은 귀금속을 제조하고, 나아가서는 늙지 않는 약을 만들려고 한 기술이다.

2 원 없이 즐기는 삶이 진짜 인생 – 양자

입장을 바꿔 놓고 생각하라

양자는 전국 시대 초기에 활동한 도가 철학자예요. 본명은 양주지요. 양자는 성품이 매우 다정다감했다고 해요. 이웃이 거리에서 양을 잡는 모습을 본 날은 온종일 우울하게 지내기도 했답니다.

하루는 양자의 동생 양포가 아침 일찍 흰옷을 입고 물건을 사러 나갔어요. 갑자기 소나기가 쏟아지는 바람에 양포는 겉옷을 벗고 검은 속옷 차림으로 집에 돌아왔지요. 그런데 대문 앞에서 기르던 개가 양포를 보고는 이빨을 드러내며 마구 짖었어요. 주인을 낯선 사람으로 잘못 알고 그런 것이지요. 양포는 크게 화를 내며 작대기를 치켜들고 쫓아가 개를 때렸어요. 그때 집 안에 있던 양자가 뛰어나와 말했습니다.

양포지구(楊布之狗)
양자와 양포의 일화에서 유래한 양포지구라는 고사성어는 '양포라는 사람의 개'라는 의미다. 겉모습이 달라졌다고 해서 속까지 변한 것으로 판단하는 사람을 가리킬 때 주로 쓰인다.

"때리지 마라. 너는 왜 개가 이상하다고 생각하느냐? 입장을 바꿔 놓고 생각해 보아라. 만일 개가 나갈 때는 분명히 흰 털이었는데 돌아올 때 검은 털로 변해 있었다면, 너라고 해도 이상하다고 생각하지 않았겠느냐?"

천하를 이롭게 한다 해도 머리카락 하나 뽑지 않겠다

양자는 무엇보다 생명을 귀하게 여겼습니다. 다른 사람이나 동물의 생명뿐만 아니라 자신의 생명이 세상 어떤 것보다 귀중하다고 보았지요. 이와 관련해 『열자』 양자 편을 보면, "양자는 자신을 위하기 때문에 머리카락 하나를 뽑아 천하를 이롭게 할 수 있다 하더라도 머리카락을 뽑지 않는다."라고 쓰여 있답니다.

이 내용을 두고 학설이 분분합니다. 첫째, 양자는 머리카락 하나를 뽑는 일로는 도저히 천하를 구제할 수 없다고 생각했기 때문이라는 주장이 있어요. 둘째, 비록 머리카락 하나일지라도 그것이 작다고 소홀히 하면 몸 전체를 소홀히 하는 것과 같다고 보았기 때문이라는 주장도 있지요. 셋째, 세상을 구한다고 소리치며 다니는 사람들이 오히려 세상을 시끄럽게 만든다고 보았기 때문이라는 주장도 있어요. 과연 그 사람들은 누구일까요? 천하를 이롭게 한다는 명목으로 세상을 어지럽히고 백성들을 속이는 겸애사상가들과 유가의 명분주의자들을 가리킵니다. 양자는 이들 모두를 비판하고 있는 셈이지요. 그는 자신의 일도 제대로 못하면서 남을 위해 일한다고 떠벌리는 사람들의 허위의식을 꼬집고 있는 것입니다.

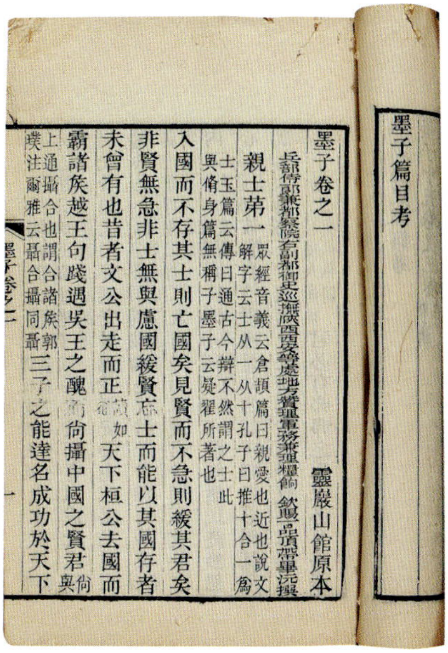

『묵자』

『묵자』에 담긴 겸애사상은 나와 남을 구별하지 않고 모두를 사랑하라는 주장이다. 극단적 개인주의를 주장한 양자의 사상과는 대립된다.

마음껏 먹고 마시고 즐겨라

『열자』 양자 편에서는 마치 양자를 향락주의의 화신처럼 묘사하고 있습니다. 하지만 『열자』라는 책 자체가 위조되었다는 주장도 있다는 점에 유의하면서 그 내용을 더 들여다보도록 해요.

향락주의(享樂主義)
쾌락을 추구하는 것을 인생의 목적으로 하는 생활 방식이다. 고통을 피하고 낙(樂)으로 인생을 즐기려는 태도다.

"우리는 왜 인생의 시기를 놓치지 말고 즐겨야 하는가? 우리 인생이 너무나 짧기 때문이다. 흔히 인생 백 년이라 하지만 백 년을 살 수 있는 사람은 천 사람에 한 사람도 되지 않는다. 이토록 생명이 짧은데 우리 인생이 도대체 무슨 의미가 있을까? 성인군자도 한 번은 죽어야 하고, 바보나 천치도 한 번은 죽어야 한다. 죽고 나면 모두가 말라빠진

〈퇴폐기의 로마인들〉
프랑스의 화가인 쿠튀르의 작품이다. 로마인들이 환락에 취해 밤을 보낸 후 아침을 맞는 장면을 묘사했다. 국민들이 향락에 빠져 망가지는 모습과 한 국가가 쇠퇴하는 모습을 함께 보여 주는 작품이다.

뼈로 변하고 만다. 뼈가 된 그들 사이에 무슨 차이가 있는가? 그러므로 우리는 살아 있을 때 최대한 즐거움을 찾아야 하며, 죽은 후의 일에 대해서는 생각조차 하지 말아야 한다. 맛있는 음식도 실컷 먹어야 하며, 정욕도 즐길 수 있는 한 최대로 즐겨야 한다."

『열자』 양자 편에는 다음과 같은 이야기도 있습니다. 내용을 보면 양자는 공손조와 공손목이라는 두 사람을 이상적인 인물로 그리고 있어요.

"공손조의 방 안에는 술을 담아 놓은 독이 1,000개나 쌓여 있고, 술을 빚을 누룩이 골마루에 가득 차 있다. 그래서 술 빚는 냄새가 문밖 10리까지 코를 찌른다. 그는 술을 마실 때 모든 것을 잊는다. 찬물을 뒤집어씌우고 불로 지지거나 칼로 찔러도 모를 정도다.

공손목이라는 자는 대단한 호색한(好色漢, 여자를 몹시 좋아하는 남자)이다. 그는 뒤뜰에 몇십 개나 되는 골방을 만들어 놓고, 천하에서 예쁘다는 아가씨들을 모두 뽑아 방들을 가득 채워 놓는다. 일단 놀기 시작하면 밤낮을 가리지 않다가 석 달에 한 번 정도 문밖으로 나온다.

두 사람은 학문이나 명예, 재물, 심지어 자신의 생명에도 관심이 없다. 오직 육체적 자극과 관능적 만족만을 추구할 뿐이다."

지금 생각하면 도저히 용납할 수 없는 내용이지요. 하지만 당시 염세주의에 빠져 있던 수많은 은자가 양자의 사상을 따르고자 했답니다. 일찍이 맹자는 "양자와 묵가의 도가 끝나지 않는 한, 공자의 도는 드러나지 않을 것이다."라고 말하며 근심한 적이 있어요. 이를 통해 양자의 사상을 따르던 세력이 만만찮게 많았다는 것을 짐작할 수 있지요.

염세주의(厭世主義)
세계나 인생을 불행하고 비참한 것으로 보며, 개혁이나 진보는 불가능하다고 보는 경향이나 태도를 말한다.

라틴어에 '**카르페 디엠**'이라는 말이 있습니다. 우리말로 번역하면 '현재를 잡아라'예요. 카르페 디엠은 지금을 놓치지 말고 즐겨야 한다는 양자의 주장과 비슷하지요.

영화 「죽은 시인의 사회」에서 키팅 선생이 학생들에게 이 말을 외치는 장면이 유명합니다. 영화에서는 전통과 규율에 도전하는 학생들의 자유정신을 상징하는 말로 쓰였지요. 키팅 선생은 학생들에게 지금 이 순간이 그 무엇보다 중요하다는 사실을 일깨워 주었어요. 카르페 디엠이 단순히 향락을 추구하는 것이 아니라 자아를 추구하는 것이듯이 양자의 사상도 그런 맥락에서 받아들이고 발전시켜야 하지 않을까요?

카르페 디엠(carpe diem)
카르페 디엠이 적혀 있는 해시계다. 카르페 디엠은 호라티우스의 시 구절인 "현재를 잡아라, 가급적 내일이란 말은 최소한만 믿어라(Carpe diem, quam minimum credula postero)"의 부분 구절이다.

3 나비와 하나가 된 자연주의자 – 장자

타고난 본성을 해치지 말라

장자는 호수와 숲이 많아 경치가 아름다운 송의 몽(蒙)에서 태어났어요. 몽은 지금의 허난 성 상추 현 근처에 있던 마을이지요. 노자와 함께 도가를 형성한 장자는 타고난 본성과 관련해 세 가지를 주장했어요.

첫째, 장자는 타고난 본성에 충실하라고 주장했습니다. 말을 잘 다루는 백락이라는 사람이 말들의 털을 깎거나 태우고, 몸에 불도장(물건을 소유한 사람을 표시하기 위해 쇠붙이를 불에 달구어 찍는 도장)을 찍은 후 마구간에 매어 놓았어요. 그런데 열 마리 가운데 두세 마리가 죽고 말았지요. 왜 이런 일이 일어났을까요? 백락이 말의 타고난 본성을 무시했기 때문이랍니다.

둘째, 장자는 생명을 존중하라고 주장했습니다. 백이는 대의명분과 명예를 위해 서우양 산에서 굶어 죽었고, 도척은 자신의 이익과 욕망을 좇다가 동릉에서 처형당했어요. 백이와 도척이 죽은 이유는 서로 다르지만 자기 몸을 해치고 타고난 본성을 상하게 했다는 점에서는 같지요. 그러므로 어찌 백이는 잘했고 도척은 잘못했다고 말할 수 있겠어요?

도척(盜跖)
춘추 시대에 활동했던 큰 도둑이다. 부하 9,000여 명과 떼 지어 다니며 전국을 휩쓸었다고 한다.

셋째, 장자는 분수에 맞게 살라고 주장했습니다. "물오리는 다리가 짧지만 다리를 길게 해 주면 도리어 괴로워하고, 학의 다리는 길지만 다리를 잘라 주면 오히려 슬퍼한다." 여러분이 잘 알다시피 물고기는 물속에서 살지만 사람은 물속에 있으면 금방 죽고 말아요. 타고난 능력과 바탕이 서로 다르기 때문이지요.

〈채미도〉

남송 때의 화가인 이당의 작품이다. 백이(伯夷)와 그의 동생인 숙제(叔齊)가 서우양 산에 들어가 고사리를 뜯는 모습을 묘사했다. 백이와 숙제는 은(殷) 말에서 주(周) 초기의 현인이다. 두 형제는 끝까지 군주에게 충성한 의인으로 알려져 있다. 백이는 주의 무왕이 은을 치려고 했을 때 숙제와 함께 무왕을 말렸지만 뜻을 이루지 못했다. 결국 주가 천하를 통일하자 주에서 난 곡식은 먹지 않겠다며 서우양 산으로 들어가 고사리를 캐 먹으며 살다가 죽었다고 한다.

타고난 이야기꾼, 『남화경』에 문학을 담다

장자의 사상은 노자의 사상에 바탕을 두고 있지만 두 사상은 약간의 차이가 있어요. 노자가 무위자연에 처할 것을 가르쳤던 반면, 장자는 속세를 벗어나 조용하고 편안하게 살고자 했습니다. 노자의 『도덕경』이 사색해야 하는 철학적 작품인 데 비해, 장자의 『남화경』은 읽는 사람을 무아지경에 빠지게 하는 문학적 작품이에요. 내용이 허구지만 대부분 우화 형식으로 되어 있어 『이솝 이야기』처럼 무궁무진한 의미가 담겨 있답니다.

우화(寓話)
인격화한 동식물이나 사물을 주인공으로 한 이야기다. 그들의 행동 속에 풍자와 교훈이 담겨 있다.

장자는 타고난 문학가였나 봅니다. 약 1,000년 동안 장자의 문학을 본뜨려는 사람이 많았다고 하니까요. 우리도 장자의 이야기 속으로 들어가 볼까요?

멀리 있는 물로는 눈앞의 불을 끄지 못한다

학철부어(涸轍鮒魚)
『장자』 외물 편에 수록된 내용으로, '수레바퀴 자국에 괸 물에 있는 붕어'라는 뜻이다. 몹시 위급한 경우에 처한 사람을 이르는 말이다.

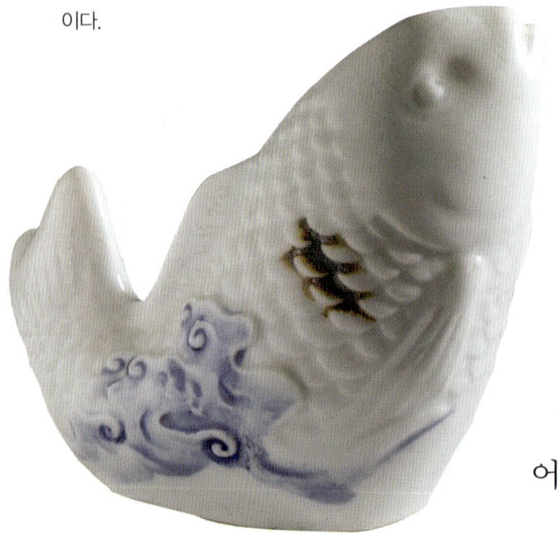

장자가 칠원에서 벼슬아치로 있을 때 생활이 아주 어려웠어요. 끼니를 거를 지경이 되자 장자는 저수지를 관리하는 감하후라는 관리에게 쌀을 빌려 달라고 했습니다. 감하후는 "수확기에 세금을 거두면 그때 바로 300냥을 빌려주겠소."라고 대답했지요. 장자는 이 말에 불쾌해 하며 말했어요.

"이리로 오는데 누군가가 나를 불렀다오. 사방을 둘러보니 수레바퀴 자국에 고인 물속에서 붕어 한 마리가 말을 거는 것이 아니겠소. '나는 동해에서 물결을 타고 온 물고기입니다. 제발 나에게 물 한 되만 주어 살려 주십시오.' 그래서 내가 '남쪽 오(吳)와 월(越)로 가서 강물을 터놓아 물을 끌어오겠다.'라고 대답했다오. 그러자 붕어가 '나는 지금 당장 한 되쯤 되는 물만 있으면 살 수 있습니다. 그런데 그리 말씀하시니 일찌감치 건어물 가게로 가셔서 나를 찾으십시오.' 라며 화를 냈다오."

급할 때 조금만 도와주면 될 일인데, 도리어 말장난으로 희롱하는 감하후의 태도를 준엄하게 꾸짖은 것이지요.

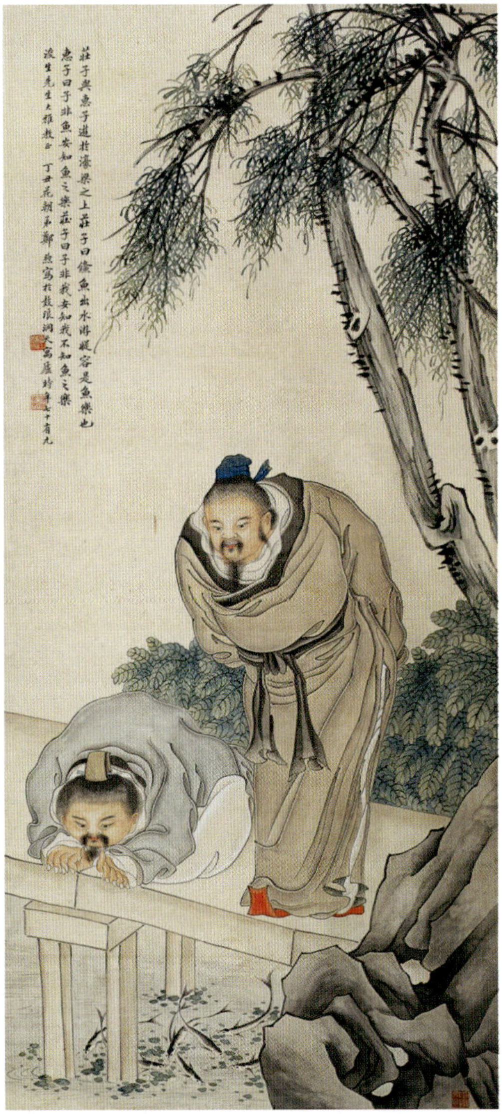

〈관어도〉
청(淸)의 화가인 정후의 작품이다. 장자와 혜시가 물가를 지나다가 물고기를 보며 논쟁을 벌이는 장면을 묘사했다. 지어지락(知魚之樂)이라고 알려진 『장자』 추수 편에 소개된 이야기를 소재로 했다. 혜시는 장자와 매우 친했는데 둘은 항상 철학적 담론이나 말다툼을 벌이는 사이였다.

겨울이 지나면 봄이 오듯, 삶이 끝나면 죽음이 온다

장자처럼 도를 깨달은 사람은 살아 있는 것을 기뻐하거나 죽는 것을 슬퍼하지 않아요. 억지로 일을 꾸미지 않고 자연에 순응하기 때문이지요.

장자의 아내가 죽었을 때, 장자의 친구인 혜시가 조문을 왔습니다. 그런데 정작 장자는 돗자리에 앉아 물동이를 두드리며 노래를 부르고 있었어요. 혜시가 놀라서 그 까닭을 묻자, "내 아내는 본래 생명도, 형체도, 그림자도 없지 않았는가? 삶이 변해 죽음이 되었으니 이는 사계절의 변화와 같은 것이네. 내 아내는 이제 우주 안에서 단잠을 자고 있을 걸세. 나도 처음에는 소리 내며 울었는데 가만히 생각하니 내가 자연의 이치를 몰랐었다는 사실을 깨달았네."라고 대답했다고 합니다.

내가 나비인가, 나비가 나인가

어느 날, 장자가 꿈을 꾸었습니다. 나비가 되어 이 꽃 저 꽃을 날아다니며 노닐다가 자신이 장자라는 사실을 잊고 말았어요. 꿈에서 깨어난 장자는 묘한 생각이 들었습니다. '내가 꿈속에서 나비로 변한 것인가? 아니면 나비가 꿈을 꾸면서 나로 변한 것인가?' 이 말은 인간인 내가 꿈을 꾸다가 나비로 둔갑했는지, 아니면 원래 나비였던 내가 인간으로 변했는지 도무지 알 수 없다는 뜻이에요.

물론 현실 세계에서 장자는 인간이고 나비는 곤충이에요. 그런데 어느 순간 장자와 나비가 하나가 되어 누가 누구인지 구별할 수조차 없게 되었다는 것이지요. 사람이 사물이나 다른 동물로 변하는 경지를 물화(物化)라고 부릅니다.

물화를 겪고 난 후에 장자는 천지와 한 몸이 되어 무소부재(無所不在), 즉 세상 어디에나 있게 되었다고 합니다. 그러한 장자에게 인간 세상의 영고성쇠(榮枯盛衰, 인생이나 사물의 번성함과 쇠락함이 서로 바뀜)가 무슨 의미가 있었을까요?

〈몽접도〉

원(元)의 화가인 유관도의 작품이다. 호접몽(胡蝶夢)을 꾸고 있는 장자를 묘사했다. 호접몽이란 '나비에 관한 꿈'이라는 뜻으로, 인생이 덧없음을 이르는 말이다.

4 맑고 깨끗한 대화 – 청담

후한 말기의 **조조**는 인재를 발탁한 후 시기하거나 의심하는 경우가 많았습니다. 책사(策士, 남을 도와 꾀를 내는 사람)인 양수는 처음에는 조조의 신임을 받았으나 나중에는 조조의 의심을 받아 처형되었지요. 조조의 뒤를 이은 조비나 사마씨도 마찬가지였어요.

위진 시대는 파벌을 형성한 군인들이 세력을 다투었던 시기입니다. 군벌의 횡포로 사회가 어지러웠고, 선비의 기풍은 바닥에 떨어졌지요. 이런 분위기 탓에 당시 선비들은 위험한 정치 활동을 피하고 자신의 안녕을 도모하려 했습니다. 이때 청담(清談)을 하는 학자들이 등장하지요. 청담은 속세를 떠난 맑고 깨끗한 담화라는 뜻이에요. 명사(名士, 이름난 선비)라고도 불린 청담 사상가들은 노자와 장자의 사상은 숭상했지만 유가에 대해서는 비판적이었지요.

진(晋) 때 죽림(竹林, 대나무 숲)에서 놀며 청담으로 세월을 보냈던 선비들이 있었어요. 이들은 대개 술을 좋아하고 음악을 즐겼답니다. 이 선비들을 죽림칠현(竹林七賢)이라 하는데, 완적, 혜강, 왕융, 상수, 완함, 유영, 산도 등 일곱 명이었어요. 죽림칠현은 '널리 자유로움을 추구한 무리'를 뜻하는 광달파에 속해 있었습니다. 특히 완적과 혜강은 당대의 명사였지요. 하지만 이들은 혼탁한 정치를 피해 대나무 숲에 누워 술을 마시며 근심을 풀었어요.

완적은 어려서부터 독서를 즐기고 자연을 좋아했습니다. 대나무 숲에서 거문고를 타느라 잠자고 밥 먹는 것조차 잊어버린 적도 있다고 해요. 완적은 틀에 박힌 형식과 가식적인 예법을 싫어했습니다. 그래서 예법에 얽매인 손님이 찾아오면 탐탁지 않게 여겨 흰자위를 드러

조조(曹操, 155~220)
후한 말의 유명한 장군이다. '황건의 난'을 다스린 공로로 장군이 되었다. 적벽 대전에서 유비와 손권의 연합군에 패해 중국은 삼국으로 나뉘게 되었다.

조비(曹丕, 187~226)
조조의 아들이다. 후한의 마지막 황제인 헌제를 퇴위시키고 위(魏)를 세웠다. 새로운 관리 선발 제도를 시행했고, 환관과 외척의 세력을 견제하는 정책을 실시했다. 사사롭게 형벌을 주는 것을 금지하는 정책도 펼쳤다.

청담, 유교적 질서에 반기를 들다

유교적 예법에서 벗어나 인간과 자연을 돌아보려고 한 사조가 바로 청담(淸談)이었다. 대표적 청담 사상가인 죽림칠현은 기행(奇行)에 가까운 파격적 행동을 이어 갔다. 이들의 행동은 기존 질서에 반기를 든 것으로, 당시로서는 거의 목숨을 건 체제 도전이었다.

완적(阮籍, 210~263)
위(魏) 때의 시인이며 혜강과 함께 죽림칠현의 중심인물이다. 완적의 아버지인 완우는 조조를 섬긴 건안 칠자(建安七子) 가운데 한 사람이다. 완적은 스스로를 보호하기 위해 미친 사람처럼 행세했다.

죽림칠현
위진 시대의 혼탁한 정치 상황에 등을 돌리고 대나무 숲에 모여 거문고와 술을 즐기며 청담을 주고받던 일곱 명의 선비다. 개인주의적이고 무정부주의적인 노장사상이 그들 사상의 근본이었다.

낸 눈으로 대하고, 거문고나 술을 들고 찾아오는 손님은 반가운 마음이 담긴 눈으로 맞이했다고 해요. 완적의 이런 태도에서 '백안시(白眼視, 업신여기거나 무시하는 태도로 흘겨봄)'라는 말과 '청안시(靑眼視, 달갑게 여겨 좋은 마음으로 봄)'라는 말이 유래했지요.

혜강은 문학에 뛰어나고, 그림에도 능했으며, 용모 또한 단정했습니다. 혜강은 종종 산에 올라가 약초를 캐고 금단을 먹으며 오래 살고자 힘썼다고 해요. 술을 보호막으로 삼아 죽음을 면한 완적과는 달리, 혜강은 권력자에게 대항하다가 죽임을 당했어요. 이것이 당시 지식인의 슬픈 운명이었지요.

이런 비극을 보면서 다른 사람들은 일부러 미쳐 날뛰어 세상을 멀리하려고 했습니다. 이를테면 유영은 술에 취해 알몸으로 집에 있곤 했어요. 찾아온 사람들이 비웃으면 그는 조금도 개의치 않고 오히려 그들에게 면박을 주었다고 합니다.

"나는 천지를 집으로 삼고 이 방을 옷으로 삼는데 당신네는 어찌 내 옷 속에 들어와 큰소리를 치는 거요?"

동진 시대에는 광달파에 이어 '자유분방한 여덟 명의 무리'를 뜻하는 팔달파가 등장했어요. 이들은 도가 지나칠 정도로 방탕했답니다.

『세설신어』
남북조 시대 송(宋)의 유의경이 편찬한 책이다. 죽림칠현에 관한 일화가 세세하게 수록되어 있다. 유영은 키가 약 140cm밖에 되지 않았고 죽림칠현 가운데 가장 술을 즐겼다고 한다.

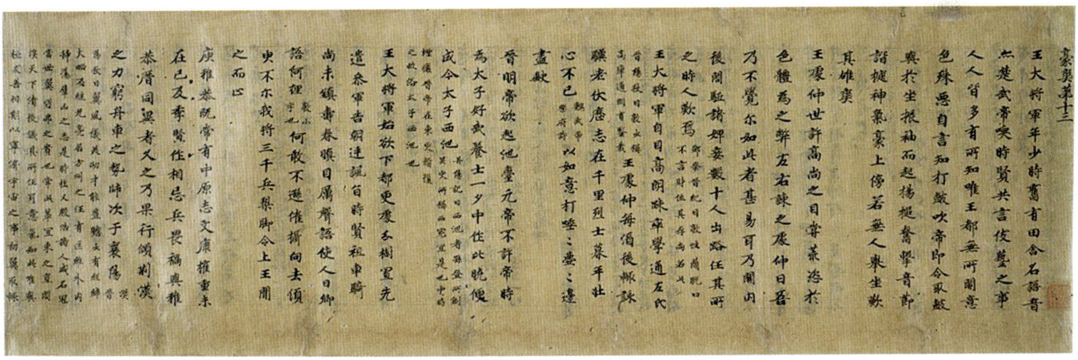

5 신선이 되고자 하는 염원 – 도교

노자의 신비로운 행적은 사람들 사이로 퍼져 나갔습니다. 노자가 신선이 되어 여전히 살아 있다고 믿는 사람들도 생겼어요. 게다가 노자가 쓴 『도덕경』은 내용이 매우 추상적이어서 경전으로 삼기에 적합했지요. 사람들은 노자를 우상으로 모시기 시작했고 도교라는 종교가 만들어졌습니다. 신도들 가운데는 도인, 무당, 점성술사, 풍수가, 의사 등은 물론, 향으로 귀신을 부르거나 부적으로 귀신을 쫓아내는 자, 바른 자세로 마음을 가라앉히고 양생(養生, 병에 걸리지 않도록 건강 관리를 잘해 오래 살기를 꾀함)하는 자 등도 있었어요.

태상 노군(太上老君)
태상 노군이란 신격화된 노자를 높여 이르는 말이다. 노자는 도교의 교조로 숭배받고 있다. 『노자상미주』에 태상 노군이라는 이름이 실려 있다.

도교를 추종하는 사람들은 신선이 되어 속세를 떠나는 것을 이상으로 삼아요. 도교의 교리는 상당히 다양합니다. 사람의 기(氣)를 이끌고 단련하는 공부법, 기도 · 부적 · 주문으로 치료하는 의료법, 남녀가 잠자리하는 방법인 방중술(房中術)도 포함되어 있어요. 여기에 여러 가지 미신과 전설이 더해지고 불교의 삼세 인과론(三世因果論)까지 포함되어 있지요. 삼세 인과론은 과거, 현재, 미래 등 삼세에 걸쳐 일어나는 인과에 관한 불교의 이론입니다. 기묘하고 이상한 이야기가 뒤섞여 있는 도교는 신비한 색채를 띠고 있어요. 그래서 사이비 종교 단체로 여겨지기도 했지요.

도교는 남북조 시대에 이르러 비로소 체계를 갖추게 됩니다. 신도들에게 교리를 가르치기 위해 도원을 세우고, 숭배하는 신의 형상을 조각으로 만들기 시작했어요. 이로써 초창기에 하층민들 사이에서만 유행하던 도교가 중류층과 상류층에도 널리 퍼지게 되었지요. 도교가 발전하는 데에는 남북조 시대의 북위(北魏) 출신 도사인 구겸지의 역할이 컸습니다. 구겸지는 도교를 크게 이룬 사람으로, 도술을 배우며 10년 동안이나 수행했다고 하지요. 그는 도교 세력을 확립하기 위해 한때 불교를 금지하기도 했습니다. 이러한 구겸지의 활약으로 도교는 한때 북위의 국교로 지정되기까지 했어요.

〈선경도〉
비단에 신선을 그려 넣은 작품이다. 처음에 신선은 신(神)이라고 여겨졌으나 후에는 인간이 수행을 통해 도달할 수 있는 경지라고 여기게 되었다.
국립중앙박물관 소장

가장 이름난 도교 연금술사로는 갈홍을 꼽을 수 있어요. 그는 제자백가의 사상을 두루 공부했으나 만족스럽지 못하자 연금술을 연구하기 시작했다고 합니다. 포박자라고도 불린 갈홍은 유교의 윤리와 도교의 비술을 결합하려고 애썼어요. 『포박자』라는 책을 남겼고 화학과 의학의 발전에도 크게 이바지했지요.

갈홍은 신선이 되는 일이 머리로 이해할 수 없는 일이기는 하지만, 결코 환상은 아니라고 말했어요. 이와 관련해 갈홍은 『사기』에 소개된 고사를 인용했답니다.

어떤 사람이 어렸을 때 아무 생각 없이 거북을 책상 속에 넣어 둔 채 잊어버렸어요. 그가 늙어 죽을 무렵에 가족들이 우연히 거북을 발견했지요. 그때까지 거북은 먹지도 마시지도 않았는데 숨을 쉬며 살아 있었다고 해요. 갈홍은 이 거북이 장생불사(長生不死), 즉 오래도록 살고 죽지 않는 방법을 터득한 게 틀림없다고 생각했습니다. 그렇다면 인간도 그 방법을 배워 신선이 되는 것이 가능하다고 생각했지요.

병마용
중국의 산시 성에 위치한 병마용갱에서 출토된 유물이다. 장생불사를 꿈꿨던 시황제는 자신이 죽은 후 무덤을 지키게 하려고 병사와 말의 모형을 실물 크기로 제작했다.

도가 사상가들은 자연의 명령에 따라 담백하고 청정한 삶을 살라고 권유했지만 도교 추종자들은 약을 먹으면서까지 신선이 되려고 했어요. 이러한 사상을 올바른 방향으로 이끌었다면 과학 발전에 이바지했겠지만 실상은 그렇지 못했답니다.

생각해 보세요

도가 사상가들은 욕심을 버리라고 말하지만 왜 사람들은 부, 명예, 권력에 집착할까요?

노자는 무위자연에 머물 것을 주장했습니다. 하지만 현대를 살아가는 우리가 모든 일을 억지로 하지 않고 자연에 맡기는 것이 가능할까요? 열심히 공부하는 사람과 쉬어 가며 놀이하듯 공부하는 사람 가운데 과연 어느 쪽이 옳을까요? 많은 돈을 들여 자녀들을 학원에 보내거나 과외 공부를 시키는 학부모와 학교 공부에만 충실하라고 말하는 학부모 가운데 어느 쪽이 더 잘하는 것일까요? 당위적으로는 모두 후자(後者)가 옳다고 하겠지요. 하지만 과외 공부를 별도로 해야만 좋은 학교에 진학할 수 있고, 일류 대학을 나와야만 사회에서 대우를 받는다면 과연 후자를 선택할 사람이 있을까요? 요즘에는 좋은 대학을 졸업하는 것이 좋은 직장에 들어가는 지름길이고, 좋은 직장에 들어가면 많은 보수를 받고 명예와 권력을 누릴 수 있다고 믿는 경향이 강합니다. 그렇다고 해서 모두 그 길을 따라가는 것이 옳은 일일까요? 우리는 모두 저마다의 역량과 재능을 가지고 있습니다. 그것들을 열심히 발굴해 키워 가며 자신의 길을 개척하는 것, 이런 삶이야말로 무위자연에 가까운 삶이 아닐까요?

정선의 〈인왕제색도〉

3 우리 이야기도 들어 보시오 | 묵가, 명가, 법가

춘추 전국 시대에는 수많은 학자가 자유롭게 사상과 학문을 펼쳤는데, 이를 통틀어 제자백가(諸子百家)라고 부릅니다. 제자는 '여러 학자'라는 뜻이고, 백가는 '수많은 학파'라는 뜻이지요. 백가에는 유가와 도가 외에도 묵가, 명가, 법가 등이 속해 있어요. 묵가 사상가들은 나와 타인을 똑같이 사랑하라는 겸애사상(兼愛思想)과 평화주의를 주장했고, 명가 사상가들은 허무맹랑한 궤변을 늘어놓으며 사람들을 현혹했습니다. 법가 사상가들은 신상필벌(信賞必罰)에 입각한 법치주의만이 살길이라고 외쳤어요. 신상필벌이란 '공을 세운 사람에게는 반드시 상을 주고, 죄를 지은 사람에게는 반드시 벌을 준다.'는 뜻입니다. 상과 벌을 공정하고 엄중하게 하는 일을 이르는 말이지요.

- 묵자는 다른 사람을 차별 없이 사랑해야 한다고 주장했다.
- 명가 사상가들은 이름과 실제가 일치해야 한다고 주장했지만 그들의 사상은 궤변으로 여겨져 명맥이 끊기고 말았다.
- 법가 사상가들은 정치적 · 사회적 혼란을 바로잡기 위해 강력한 법으로 백성을 통제해야 한다고 주장했다.
- 상앙이 새로 만든 법과 제도는 시황제가 중국 역사상 최초로 통일 국가를 세우는 힘의 원천이 되었다.

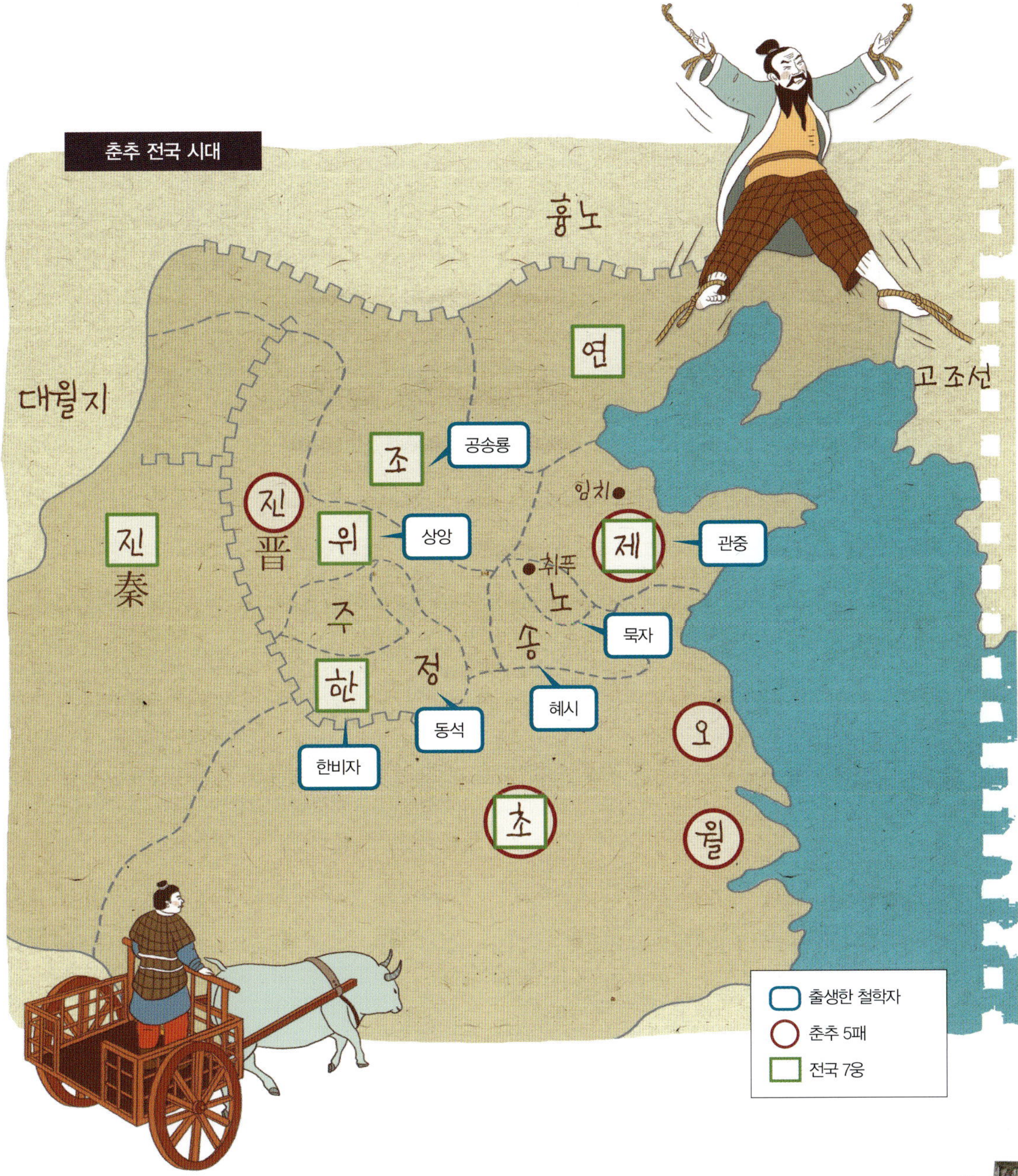

묵자(墨子, BC 480~BC 390)
묵자는 원래 공자의 가르침을 따르던 유학자였으나 이후 독자적인 길을 걸었다. 그는 전쟁을 비난했는데, 전쟁이 일어날 가능성이 있다는 말을 들으면 전쟁을 막기 위해 먼 길을 떠나는 실천적 사상가였다.

1 전쟁을 싫어한 평화주의자 – 묵자

묵가의 규약에 따라 아들을 사형에 처하다

묵가의 시조인 묵자는 노에서 태어났습니다. 묵자의 본명은 묵적이에요. 묵(墨)이라는 성을 갖게 된 이유로는 죄인의 얼굴에 먹물로 문신을 새겼기 때문이라는 설과 묵자의 피부가 검었기 때문이라는 설이 있답니다.

묵자는 말년에 학원을 세우고 많은 학생을 가르쳤어요. 묵자의 제자들은 묵가의 이상을 실현하기 위해 철저한 규율로 조직을 다스렸지요. 묵가의 명령 체계는 매우 엄격했어요. 진 때 복돈이라는 사람은 자기 아들이 살인을 저지르자 묵가의 규약을 내세우며 아들을 사형에 처하도록 놔두었다고 합니다. 왕이 관용을 베풀어 아들을 사면해 주겠다고 했는데도 말이지요.

내 어버이를 사랑하듯 다른 사람의 어버이도 사랑하라

묵자 사상의 핵심은 겸애예요. 겸애란 자신을 사랑하듯 다른 사람을 사랑하고, 자기 어버이를 사랑하는 것처럼 다른 사람의 어버이도 사랑하는 것을 말합니다.

묵자는 국가 간의 전쟁이나 개인 간의 싸움은 모두 서로를 사랑하지 않기 때문에 생긴다고 보았어요. 그러므로 하늘이 모든 백성을 구별 없이 사랑하는 것과 같이 우리도 다른 사람을 차별 없이 사랑해야 한다고 주장했지요.

하지만 다른 사람의 어버이와 내 어버이를 구별하지 않고 대하기는 쉽지 않아요. 내 배우자와 다른 사람의 배우자를 전혀 차별하지 않고 사랑하는 것도 어려운 일이지요. 그래서 맹자는 겸애를 "임금을 무시하고 아버지를 업신여기는 짐승의 도(道)"라며 비판했답니다.

평화를 위해 무기를 줄여야 한다

묵자는 "하늘의 뜻이야말로 인간 도덕의 원천이 되어야 한다."라고 주장했어요. 하늘은 정의를 원하고 불의를 싫어합니다. 하늘은 침략이나 약육강식을 미워하는 대신, 모든 사람을 차별 없이 사랑하고자 하지요. 이렇게 보면 하늘이 가장 싫어하는 일은 전쟁이 아닐까요? 전쟁을 겪으면 재산이 낭비되고 인구가 감소하니까요.

묵자는 어떤 이유에서건 전쟁이 일어나서는 안 된다고 생각했어요. 그래서 묵자는 통찰을 통해 모든 나라가 군사 장비와 무기를 줄여야 한다는 군축론(軍縮論)을 주장했답니다.

노르망디 상륙 작전

제2차 세계 대전 당시 연합군이 프랑스의 노르망디에 상륙하는 모습이다. 제2차 세계 대전에서 5,000만 명이 넘는 사람이 희생되었다.

나무 솔개는 나무 수레만 못하다

절용(節用)
묵자는 유교에서 치르는 의례를 허례허식이라고 보았다. 과하게 의례를 치르는 것은 백성의 이익을 저해하므로 백성들의 생활을 개선하기 위해서는 절용이 필요하다고 주장했다.

묵자는 겸애와 함께 **절용**을 주장했어요. 절용이란 모든 것을 아끼고 절약해야 한다는 뜻입니다. 묵자는 장례 절차를 간소화하고, 상례(喪禮, 상을 치르는 동안 지키는 모든 예절) 역시 오래 끌지 않도록 하며, 음악도 절제할 것을 강조했어요.

그러나 묵자가 무조건 아껴 쓰라고 이야기한 것은 아니랍니다. 사람이 생활하는 데 필요한 만큼의 소비는 해야 한다고 보았어요. 그는 "옷은 추위와 더위를 피할 수 있는 것이면 되고, 음식은 체력을 유지할 수 있을 만큼 먹으면 되며, 가옥은 비바람을 막을 수 있을 정도면 충분하다."라고 말했지요. 실제로 묵자는 가난하고 비천한 가정에서 태어나 평생 금욕을 실천했어요.

묵자는 3년 동안의 끈질긴 노력 끝에 나무로 솔개 한 마리를 만들어 하늘 높이 날려 보냈다고 합니다. 물론 과장이 섞여 있겠지만 묵자가 절묘한 기술을 가졌던 것만은 사실인 것 같습니다. 하지만 묵자는 나무 솔개가 나무 수레만 못하다고 말했어요. 왜 그랬을까요?

수레는 하루 정도의 작업 시간만 투자해도 만들 수 있고, 한번 만들어 놓으면 많은 짐을 멀리까지 실어 나르는 데 사용할 수 있습니다. 하지만 나무 솔개는 만드는 데 시간이 오래 걸리는 데다 실생활에서는 아무 쓸모가 없어 그저 취미로 감상하는 물건에 지나지 않기 때문이에요. 하지만 정성껏 만든 물건이 값비싼 예술품이 될 수도 있으므로 절용만이 좋은 것은 아니겠지요?

2 허무맹랑한 궤변론자들 – 명가

등석, 이 말도 옳고 저 말도 옳다

전통적인 사상가들을 거리에서 당당하게 복음을 전하는 선교사에 비유한다면 명가 사상가들은 부채를 들고 술잔을 빙빙 돌리면서 돌아다니는 거리의 마술사쯤으로 비유할 수 있어요. 명가(名家)라는 말은 이름과 실제가 일치해야 한다는 주장으로부터 생겼지만 실제로는 허무맹랑한 궤변으로 흐르고 말았답니다.

등석은 춘추 시대 정(鄭)의 학자이자 정치가예요. 『열자』에는 "등석이 말솜씨로 사람들을 선동해 자주 송사(訟事, 백성끼리 분쟁이 있을 때 관부에 판결을 구하던 일)를 일으킴으로써 국정을 어지럽혔다."라고 기록되어 있습니다.

〈데모크리토스와 프로타고라스〉
이탈리아의 화가인 살바토르 로사의 작품으로, 오른쪽이 소피스트인 프로타고라스다. 명가의 주장은 고대 그리스의 소피스트들의 궤변론과 여러 모로 비슷하다.

어느 날, 정의 유수라는 강에 홍수가 나서 부잣집 노인이 빠져 죽고 말았어요. 노인의 시체를 건진 사람은 부잣집에 찾아가 시체를 넘겨주는 대가로 많은 돈을 요구했습니다. 이에 부잣집 사람들이 등석을 찾아가 대책을 묻자 등석은 이렇게 말했어요.

"당신네 집안에서 급하게 서두를 필요는 없습니다. 시체를 건진 사람은 그 시체를 절대로 다른 사람에게 팔 수 없기 때문입니다. 누가 다른 사람의 시체를 사려고 하겠습니까?"

부잣집 사람들은 그 말을 듣고 옳다 싶어

자산(子産)
춘추 시대 정(鄭)의 정치가인 자산은 당시 등석과 정치적으로 대립했다. 자산이 정책을 내놓으면 등석은 그 정책의 허점을 찾아내 자산을 공격했다.

시치미를 딱 뗐었어요. 일이 이렇게 돌아가자 시체를 건진 사람은 점점 마음이 급해졌습니다. 썩어 가는 시체를 보관하는 것은 보통 골치 아픈 일이 아니었기 때문이지요. 그도 역시 궁리 끝에 등석을 찾아가 대책을 물었어요. 등석은 태연하게 이렇게 말했지요.

"당신 쪽에서 급히 서두를 필요가 없습니다. 왜냐하면 부잣집에서는 절대로 다른 곳에서 시체를 살 수 없기 때문입니다. 이 세상에 그 시체가 또 어디 다른 곳에 있을 수 있겠습니까? 더구나 시체가 썩을수록 마음이 급해지는 것은 그쪽 아닙니까?"

이와 같은 말을 양가지사(兩可之辭)라고 합니다. 이렇게 들으면 이쪽이 옳은 것 같고, 달리 들으면 저쪽이 옳은 것 같은 말이라는 뜻이지요. 이처럼 명가 사상가들은 변론술을 값싸게 팔아넘겼답니다.

혜시, 방금 태어나 방금 죽었다

장자의 친구이기도 한 혜시는 전국 시대 송의 철학자입니다. 그는 위(魏)의 혜왕 밑에서 재상을 지냈어요. 혜시는 언변이 뛰어났을 뿐만 아니라 워낙 박학다식해 다섯 수레를 채울 정도로 많은 책을 썼다고 합니다.

혜시는 무한한 시공간에서 만물을 바라보면 서로 차이가 없다고 보았어요. 하지만 사람들은 사물을 볼 때 시공간상으로 구별하려고 합니다. 그래서 혜시는 관념상의 차별을 없애야 한다고 주장했답니다. 혜시의 생각을 조금 더 자세히 살펴볼까요?

첫째, 혜시는 만물 간에는 공간상의 차이가 없다고 주장했습니다. 아주 큰 것은 밖이 없고 아주 작은 것은 안이 없으니 크고 작다는 차이만 있을 뿐 무궁하다는 점에서는 똑같아요. 또 하늘과 땅, 산과 연못은 맨땅에서 바라보면 엄청난 차이가 있는 것 같지만 높은 공중에서 바라보면 똑같은 평면이지요. 그렇다면 두꺼운 것과 얇은 것 사이에는 공간적 차이가 있을까요? 아무리 얇은 것이라도 분명히 면(面)이 있습니다. 그 면을 무한히 작은 것으로 쪼개어 하나씩 길게 이어 놓는다면 그 길이는 천 리(千里)와 같을 거예요. 즉, 두꺼운 것과 얇은 것 또한 공간적 차이는 없다는 것이지요.

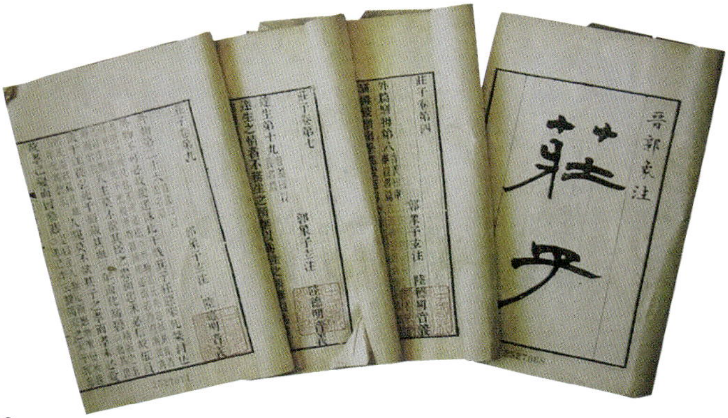

『장자』
청(淸) 때 출간된 『장자』다. 분량이 다섯 수레나 될 만큼 많았다던 혜시의 저서는 오늘날 모두 사라졌고, 혜시가 주장한 열 가지 역설만이 『장자』의 천하 편에 소개되어 있다.

둘째, 혜시는 만물 간에는 시간상의 차이도 없다고 주장했습니다. 혜시가 오늘 월(越)로 떠났더라도 월에 도착한 후에는 월로 떠나던 그날(오늘)은 이미 옛날이 되고 말아요. 혜시는 "태양은 중천에 떠 있다가도 순식간에 서쪽으로 기울고, 모든 사물은 방금 태어나 방금 죽는다."라고 말하기도 했답니다.

공손룡, 흰 말은 말이 아니다

공손룡은 조(趙) 사람으로 성이 공손이고 이름이 용이에요. 당시 유명한 변론자로 소문이 나 있었지요. 공손룡이 쓴 『공손룡자』는 고대 중국의 유일한 논리학 서적이라고 여겨지기도 해요.

공손룡이 국경을 통과할 때였어요. 수비대가 "말은 통행이 금지되어 있습니다."라며 길을 막자, 공손룡은 "나의 말은 희다. 그리고 흰 말

〈유하백마도〉
조선 후기의 화가인 윤두서의 작품이다. "흰 말은 말이 아니다."라는 뜻인 공손룡의 백마비마론(白馬非馬論)은 "아킬레스는 먼저 출발한 거북을 결코 따라잡을 수 없다."라는 제논의 역설과 종종 비교되기도 한다.

은 말이 아니다."라고 대답하고는 그대로 국경을 넘어갔다고 합니다.

공손룡은 왜 흰 말은 말이 아니라고 했을까요? '말'은 동물의 형체를 일컫는 말이고, '흰'은 빛깔을 나타내는 말입니다. 둘을 합쳐 '흰 말'이라고 하면 어떤 형체 위에 빛깔을 덧칠한 것이 되지요. 공손룡은 '흰 말'이 원래의 '말'과는 무언가 다르다고 본 거예요. 쉽게 말하면 그냥 말과 흰 말은 그 뜻이 다르다는 것이지요.

명가 사상가들의 주장은 말장난같이 느껴지기도 해요. 그래서 이들을 진실한 사상가라 여기지 않고 소홀히 대하는 경향도 있지요. 하지만 명가 사상가들의 주장에는 타당한 부분도 있어요. 당시 사람들의 푸대접과 무관심 때문에 명맥이 이어지지 못한 점은 아쉬운 일이지요.

3 법의, 법에 의한, 법을 위한 – 법가

관중, 나를 진정으로 알아주는 이는 포숙이다

춘추 전국 시대의 정치적 · 사회적 혼란을 바로잡기 위해 유가에서는 인의 도덕을, 도가에서는 무위자연을, 묵가에서는 겸애와 절용을 주장했습니다. 그래도 세상은 자꾸 혼란스러워지기만 했지요. 이때 법가가 등장했습니다. 법가 사상가들은 실제로 나라를 통치하는 면에 주목했어요.

관중은 춘추 시대 제(齊) 출신의 법가 사상가입니다. 그는 어려운 환경에서 자랐고 거의 반평생을 좌절 속에서 보냈어요. 그러던 어느 날, 하는 일마다 실패하던 관중에게 한 줄기 서광(瑞光, 좋은 일이 일어날 조짐)이 비추었습니다. 포숙과 친구가 된 것이지요. 만일 관중이 포숙을 만나지 못했더라면 벼슬에 올라 공적을 쌓기는커녕 생활마저 제대로 꾸려 나가지 못했을 거예요. 관중과 포숙의 우정은 남달랐습니다.

관중의 묘
중국의 산동 성에 위치한 관중의 묘다. 『수서』 경적지에서는 관중을 법가로 분류하나 『한서』 예문지에서는 도가로 분류하기도 한다.

『십팔사략』

원(元)의 증선지가 편찬한 중국의 역사서다. 많은 인물의 고사(古事)가 기록되어 있는데, "나를 낳아 준 이는 부모지만, 나를 진정으로 알아주는 이는 포숙이다."라는 관중의 말도 이 책에 등장한다.

관포지교(管鮑之交)라는 말이 생길 정도였어요.

관포지교란 '관중과 포숙의 사귐'이라는 뜻으로 우정이 아주 돈독한 친구 관계를 이르는 말입니다.

관중과 포숙은 허난 성 서남부에 있는 난양에서 장사해 목돈을 벌었어요. 마땅히 돈을 똑같이 나누어 가져야 하지만 포숙은 관중이 자신보다 형편이 더 어렵다는 사실을 알고 관중에게 더 많은 몫을 주었답니다. 관중은 세 차례 벼슬을 했지만 모두 좌천되다시피 되어 버렸고, 전쟁에 세 차례 참가했지만 모두 패해 도망쳐야 했어요. 이런 일로 말미암아 관중은 세상 사람들로부터 버림받게 되었지요. 하지만 포숙은 관중을 위로하며 용기를 북돋워 주었습니다. 관중은 포숙의 우정에 "나를 낳아 준 이는 부모지만, 나를 진정으로 알아주는 이는 포숙이다."라며 감탄했답니다.

관중이 제(齊)의 신하로서 큰 공을 세우게 된 것도 포숙의 도움이 있어서 가능했습니다. 원래 관중은 규(糾)의 신하였고, 포숙은 환공의 신하였어요. 규와 환공은 당시 제의 군주 자리를 놓고 다투는 사이였지요. 관중은 규의 명령에 따라 화살을 쏴 환공을 죽이려 했지만 실패하고 맙니다. 나중에 제의 군주가 된 환공은 자신을 죽이려 했던 관중을 사형시키려고 하지요. 이때 포숙이 나서 관중의 능력을 높이 사며 관중을 신하로 등용할 것을 제안합니다.

포숙의 도움으로 목숨을 구하고 재상 자리에까지 오른 관중은 40여 년 동안 환공을 극진히 도와 대군주로 만들었어요. 환공은 관중의 보좌 덕택에 제의 군주가 된 지 7년 만에 중국의 모든 제후를 실질적으로 통솔하는 자리에까지 오르게 되지요.

관중은 전매 사업인 어업과 염업을 통해 재정 수입을 늘리고, 그 수입으로 부국강병을 꾀했어요. 또한 "왕을 받들어 오랑캐를 쳐부수자!"라는 구호로 군주의 위엄을 세우고자 했지요.

그 무렵 수도를 뤄양으로 옮긴 주(周)는 점점 쇠락의 길을 걸었고, 중국은 암흑 같은 혼란에 빠졌어요. 설상가상으로 이민족이 침입하기까지 했지요. 이런 상황에서 관중이 정치적 · 외교적 역량을 발휘했어요. 결국 중국 민족끼리의 전쟁을 끝내고, 이들은 서로 힘을 합쳐 이민족의 침입을 막아 냈답니다.

전매 사업(專賣事業)
나라의 재정 수입을 늘리기 위해 나라에서 어떤 특정한 종류의 원료나 제품을 독점적으로 가공 · 매매하는 사업이다.

룽먼 석굴
주(周)의 수도였던 뤄양에는 많은 문화재가 남아 있다. 뤄양에는 중국의 대표적 석굴 사원이자 유네스코 세계 문화 유산이기도 한 룽먼 석굴이 있다.

상앙, 자기가 만든 법률로 차열을 당하다

관중의 사상에 따라 준법정신을 강조한 상앙은 법가의 계통을 잇는 전국 시대의 정치가입니다. 상앙의 본명은 공손앙이고 위(衛) 왕의 첩에게서 태어났어요. 그는 나중에 진에 등용되어 상(商)이라는 곳에 봉해졌는데, 그때부터 상앙이라 불리게 되었다고 합니다. 상앙은 위 재상 공숙좌의 집에서 그를 섬기는 가신(家臣)이었어요. 공숙좌는 상앙의 재능을 알아보고 벼슬길을 열어 주려 했지만 한편으로는 위험한 인물로 판단했습니다. 공숙좌는 자신이 죽으면 상앙을 재상으로 등용하거나 아니면 국외로 나가지 못하게 그를 죽여야 한다고 생각했어요. 위에서는 좀처럼 벼슬길이 열리지 않자, 상앙은 진(秦)으로 건너가 임금 효공에게 건의했습니다.

상앙(商鞅)
진(秦)은 상앙의 개혁을 통해 귀족의 권력을 줄여 나가며 중앙 집권 국가로 변화할 수 있었다. 상앙은 진이 전국 시대를 통일하는 데 기반을 닦았다고 볼 수 있다.

"진의 부국강병을 위해서는 먼저 낡은 법률과 제도부터 개혁해야 합니다."

이 말을 듣고 효공은 상앙을 책임자로 삼아 정치를 개혁하기 시작했어요. 개혁 내용을 살펴보면 그야말로 법률 지상주의라고 할 수 있습니다. 엄벌주의를 원칙으로 해 신상필벌, 밀고(密告) 장려, 연좌제(緣坐制) 등을 시행했어요. 연좌제란 범죄자와 일정한 친족 관계에 있는 자에게 연대적으로 책임을 지우는 제도입니다. 이를 테면 아버지의 죄를 아들에게도 물어 아들까지 벌을 받게 하는 것이지요.

새로운 법령을 시행하고 10년이 지나자 길에서 남의 물건을 주워 가는 사람이 사라지고, 산에서 땔감을 베어 가는 사람도 없어졌다고 합니다. 그런데 2차

차열(車裂)
스페인의 한 공원에 있는 부조로, 차열을 묘사했다. 차열은 거열(車裂)이라고도 불리는데 주로 대역 죄인에게 내린 형벌이었다.

로 시행된 개혁에서는 아버지와 아들, 형과 동생이 한방에 사는 것마저 금지했다고 해요. 나라에 대해 불평하거나 유언비어를 만들지 못하게 하려던 것으로 보입니다. 그러나 이는 잔인하고 악독한 법이라고 할 수 있어요. 법률이 지나치게 엄해지자 상앙을 원망하는 사람들이 늘어 갔습니다.

효공이 죽고 혜문왕이 왕위를 이어받자 혜문왕의 스승이었던 건(虔)과 그 무리가 상앙을 참소(讒訴, 남을 헐뜯어 죄가 있는 것처럼 꾸며 윗사람에게 고하여 바침)하기 시작했어요. 상앙에게 혹독한 처벌을 받은 것을 앙갚음하고 싶었던 것이지요. 지난날 상앙은 태자(혜문왕)가 법을 어기자 태자를 대신해 스승인 공자 건(虔)과 공손 가(賈)에게 죄를 물었어요. 건에게는 코를 베는 형벌을 내렸고, 가에게는 얼굴에 문

마키아벨리
(Machiavelli, 1469~1527)
이탈리아 피렌체의 우피치 미술관 광장에 세워진 마키아벨리의 석상이다. 그의 사상은 한비자의 사상과 유사하다. 정치학의 중요한 고전인 『군주론』을 남겼다.

신을 새기는 형벌을 내렸답니다.

혜문왕 역시 스승의 코를 베어 버린 상앙에게 좋은 감정이 있을 리가 없었어요. 그래서 왕위에 오르자마자 상앙을 관직에서 물러나게 했지요. 그러고는 상앙에게 차열이라는 무시무시한 형벌을 내렸습니다. 차열이란 팔과 다리를 각각 다른 우마차에 매고 우마차를 끌어서 죄인을 찢어 죽이는 형벌이었어요. 당시에는 차열과 비슷한 능지처참(陵遲處斬)이라는 형벌도 있었답니다. 대역죄인을 죽인 후 머리와 몸, 팔, 다리 등을 토막 내어 여러 곳으로 돌려 보이던 형벌이지요. 능지처참했다는 기록은 우리나라 역사에서도 찾아볼 수 있습니다. 고려 공민왕 때부터 능지처참에 관한 기록이 나오지요. 조선 때도 행해지다가 1894년(고종 31)에 완전히 폐지되었답니다.

혜문왕은 갈기갈기 찢긴 상앙의 시신을 여러 사람이 돌려 보게 했으며, 상앙의 일가족까지 모두 죽였어요. 사람들은 상앙을 "자신이 만든 법률로 죽은 사람"이라며 조롱했다고 합니다.

이렇듯 상앙은 비참하게 죽었지만, 진은 상앙이 쌓아 올린 부국강병을 기반으로 더욱 강성해졌어요. 상앙이 새로 만든 법과 제도는 시황제가 중국 역사상 최초로 통일 국가를 세우는 힘의 원천이 되었답니다.

한비자, 가장 믿을 만한 특효약은 법이다

한비자는 본래 이름이 전해지지 않아 '한자'라고 불리다가 당의 한유와 구별하기 위해 한비자로 고쳐 불리게 되었다고 합니다. 한비자는 한(韓)의 귀족 가문에서 태어났지만 날 때부터 말더듬이여서 주위 사람들과 어울리지 못하고 외롭게 성장했어요. 그래서인지 한비자의 문장을 읽다 보면 울분이나 냉혹함이 느껴지지요.

소년 시절에 한비자는 친구 이사와 함께 대유학자인 순자에게서 학문을 배웠습니다. 한비자는 순자의 성악설을 받아들여 법가 사상을 펼쳤어요.

"사람의 본성은 악하다. 의사들은 세상 사람들이 모두 아프기를 바라고, 장례업자는 사람들이 죽지 않을까 봐 염려한다. 수레를 만드는 사람은 모든 사람이 부귀해져서 수레를 탈 수 있기를 바라고, 관을 짜는 기술자는 사람들이 일찍 죽기만을 기다린다. 군주가 신하에게 높은 관직과 봉급을 주는 것, 신하가 힘을 다해 전쟁을 견디는 것은 모두 자신의 이익을 위해서다. 하인이 열심히 일하는 것이나 주인이 하인을 잘 대우하는 것 역시 이기심에 의한 것이다."

한비자는 결국 가장 믿을 만한 특효약은 법(法)밖에 없다고 생각했어요. 인구가 급속히 늘어나고 사회가 복잡해지는 상황에서는 공평무사

법치주의
정의의 여신 디케의 상은 만인은 법 앞에 평등하다는 법치주의의 상징이다. 디케는 칼과 저울을 가지고 서 있는 모습이다. 두 눈을 가리고 있는 이유는 편견에 빠져 한쪽 편을 들지 않기 위해서라고 한다.

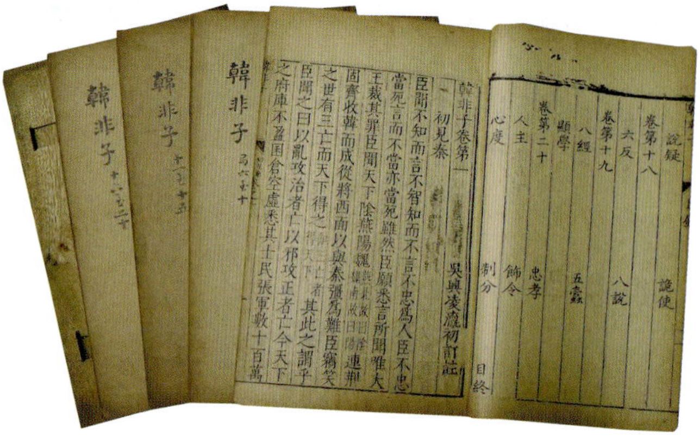

『한비자』
법가 사상을 집대성한 책으로, 대부분 군주의 절대 권력을 수립하는 방법과 국가의 질서를 정립하는 문제에 대해 다루고 있다. 마키아벨리의 『군주론』과 비슷한 점이 많다.

하고 엄정한 법에 의존해야 한다고 믿었던 것이지요.

한비자는 군주는 법으로써 백성 위에 군림하고, 술(術)로써 신하들을 지배해야 한다고 생각했습니다. 한비자는 법과 술을 다음과 같이 구분했어요.

법은 문서로 편찬해 관청에 비치해 두고 백성들에게 공포하는 것이라고 보았습니다. 반면 술은 군주의 마음속에 묻어 두고 신하의 말과 행동 등 정보를 수집하고 검토해, 아무도 모르게 신하들을 지배하는 것이라고 보았어요. 군주는 먼저 법을 공포해 백성들이 군주에게 절대 복종하도록 하고, 술로 신하들이 직무에 책임을 다하도록 통제해야 한다고 주장했지요.

한비자의 사상을 살펴보다 보면 이탈리아의 정치 사상가인 마키아벨리가 떠오릅니다. 마키아벨리는 사람의 본성은 악하다고 보고 강력한 법을 통해 통제해야 한다고 주장했어요. 활동하던 시기와 지역은 다르지만 한비자와 마키아벨리의 사상은 매우 유사하지요.

한이 멸망할 위기에 놓이자 한비자는 나라를 걱정해 왕에게 한 통의 편지를 띄웠습니다. 하지만 아무런 대답이 없었어요. 이후에도 한비자는 여러 차례 부국강병의 방법을 건의했으나 받아들여지지 않았지요. 한비자는 국가를 강성하게 만들지 못하는 것을 아쉬워하며 「고분」과 「세난」 등 총 55편으로 이루어진 **『한비자』**를 집필했습니다. 한비자가 쓴 「고분」과 「오두」 등을 읽은 시황제는 "이 사람과 서로 사귀어

〈운룡도〉

비단 위에 용을 그린 조선 시대의 작품이다. 용의 몸에는 총 81개의 비늘이 붙어 있는데, 이 가운데 거꾸로 붙어 있는 하나의 비늘을 역린(逆鱗)이라고 한다. 용의 급소로 알려져 있는 역린을 건드리면 용이 포악해져서 날뛰게 된다고 한다. 『한비자』에는 "용은 잘 길들이면 탈 수도 있지만 용의 목 아래 거꾸로 난 비늘을 건드리면 반드시 죽게 된다."라는 말이 나온다. 여기서 용은 왕을 의미하고 역린은 임금의 노여움을 뜻하므로 "왕의 노여움을 사면 화를 입게 된다."라고 해석할 수 있다.

왕래할 수 있다면 죽어도 한이 없겠다."라며 감탄했다고 해요.

진(秦)이 한을 침입했을 때 한비자는 화평의 사신으로 진에 가게 되었습니다. 시황제는 한비자를 높이 평가하며 환대했어요. 그러나 한비자의 친구인 이사는 학생 시절부터 한비자에게 열등감을 느낀 데다 시황제의 총애마저 빼앗기게 되자 심한 질투심을 느꼈습니다. 그래서 시황제 앞에서 한비자를 헐뜯어 죄가 있는 것처럼 꾸몄지요.

시황제는 이사의 말을 듣고 한비자를 감옥에 가두었지만 죽일 생각까지는 없었어요. 이에 조바심이 난 이사는 한비자를 속여 한비자 자신이 독약을 마시고 자살하게 했답니다. 한비자는 이사의 모함을 눈치채고 여러 차례 상소를 올렸지만 끝내 살 기회를 얻지 못하고 죽고 말았어요. 친구를 죽음으로 몰아넣은 이사는 이후 조고(趙高, 중국 진의 내시)의 참소로 처형당하게 되지요.

세난(說難)
임금에게 잘못 아뢰어 화를 당하게 된다는 뜻이다. 『한비자』 55편 가운데 12편에 해당하는 책의 제목이기도 하다.

한비자는 "임금 앞에 나가 건의할 때는 임금의 수치심을 건드리지 마라."라고 충고한 적이 있습니다. 임금의 결점을 추궁하지 말고, 임금에게 반항해 임금이 분노하게 하지 말라고도 했어요. 그러나 자기가 경고했던 세난이 실제로 자신에게 닥칠 줄은 꿈에도 생각지 못했겠지요.

생각해 보세요

관중의 업적과 인간성을 어떻게 평가해야 할까요?

관중은 많은 업적을 남겼지만 인간성은 그리 좋지 않았던 것으로 평가받고 있어요. 관중에 대해 살펴보면 우리는 과연 사람은 무엇으로 평가되어야 하는지에 관한 질문과 만나게 됩니다. 사람은 그가 이룬 업적으로 평가되어야 할까요, 아니면 도덕성으로 평가되어야 할까요? 축구 선수가 심판이 보지 않는 틈을 이용해 적당히 반칙하면서 골을 넣어 이긴 경우와 곧이곧대로 규칙을 지키다가 패한 경우에 우리는 어느 쪽을 응원해야 할까요? 부도덕한 짓을 저지르면서도 경제를 살리고 안보를 튼튼히 한 대통령과 국민의 뜻에 따라 민주적으로 나라를 다스렸지만 경제를 어렵게 만들었거나 국방을 소홀히 한 대통령 가운데 우리는 어느 쪽을 지지해야 할까요? 사람들에게 욕을 먹으면서도 자녀에게 많은 재산을 물려준 가장과 양심적으로 한평생을 살았지만 자녀에게 가난을 물려준 가장 가운데 우리는 어느 쪽을 더 높이 평가해야 할까요? 만약 결과만을 중시한다면 일의 과정은 돌아보지 않아도 되겠지요. 하지만 우리가 살아가면서 추구해야 할 진정한 가치는 결과가 아닌 과정에 담겨 있어요. 그렇다고 해서 인간성만 좋고 일의 결과가 좋지 않다면 이 또한 뒤돌아보며 반성해야겠지요.

반칙하는 선수를 묘사한 일러스트

4 인도 불교와 색이 다르다 | 중국 불교

인도에서 처음 생겨난 불교가 중국에 전파된 사실은 중국 역사상 획기적인 일이었습니다. 불교는 중국에 들어와 철학과 문학, 예술, 종교 등 여러 분야에 걸쳐 독특한 영향력을 발휘했거든요. 중국에서 불교가 일어난 시기는 1세기 무렵이었어요. 2세기와 3세기에는 음양가의 비술이나 도가와 큰 차이가 없는 종교로 여겨지기도 했지요. 중국에서 불교 철학은 대략 3단계를 거쳐 발전했습니다. 제1단계 위진(魏晉) 시대에는 불교 경전을 번역해 소개하는 수준이었어요. 제2단계 수당(隋唐) 시대에는 중국의 불교 학자들이 인도 불교를 초보 수준에서 배워 나갔지요. 제3단계는 불교가 유가, 도가 등 전통 철학과 융합되어 불교의 중국화가 이루어진 단계예요.

- 혜원은 불교를 체계화하고 '나무아미타불'이라고 염불을 외우는 방법을 처음으로 만들었다.
- 중국에 전해진 대승 불교는 깨달음만 얻으면 누구나 부처가 될 수 있다는 교리를 바탕으로 발전했다.
- 선종에서는 문자에 의존하지 않는 선문답을 통해 진리를 찾고 해탈에 이르려고 했다.
- 중국 불교가 체계적이지 못하다고 느낀 현장은 직접 인도로 건너가 불학을 배워 법상종을 창시했다.

1 '나무아미타불'을 만든 사나이 - 혜원

좋은 스승을 만나면 큰사람이 된다

명제(明帝, 28~75)
후한의 제2대 황제다. 반초(班超)를 파견해 흉노를 토벌하고 서역을 지배했다. 유교를 숭상했으며 안으로 나라를 잘 다스리는 한편 밖으로 외국을 정벌해 영토를 넓혀 나갔다.

불교는 1세기 후한 명제 때 이미 중국에 들어왔습니다. 이 시기에는 나라가 강하고 부유했기 때문에 사람들은 종교의 필요성을 크게 느끼지 못했어요. 그러다 위진 시대에 이르러 사회가 혼란해지자 비로소 널리 전파되었답니다.

당시 불교를 전파한 사람들은 절에 조용히 머물며 연구에 몰두하던 불교 학자들이었어요. 이 가운데 최초로 불교를 크게 일으켜 정계와 민간에 두루 이름을 떨친 인물은 불도징입니다. 불도징에게는 신선의 술법을 행사하는 신통한 능력이 있어 만주 사람들 위에 군림할 수 있었다고 해요. 그는 800여 개의 절을 세우고 수많은 신도를 받아들여 불교 전파의 기초를 튼튼히 닦았습니다.

동진의 승려인 혜원은 불교를 보다 체계화했어요. 불도징이 다소 미신적인 방법으로 불교의 씨를 뿌렸다면 혜원은 불교 이론을 재해석하고 다듬어 자신만의 독창적인 체계를 형성했지요.

혜원은 어렸을 때 유교 경전에 통달했을 뿐만 아니라 노장사상에도 푹 빠져 있었어요. 어느 날, 그는 도안의 명성을 듣게 되었습니다. 동진 출신인 도안은 중국 불교의 기초를 닦고 불교 교단을 조직한 승려랍니다. '과연 불학이 노장사상보다 더 재미있는 것일까?' 혜원은 호기심을 누를 수 없어 도안을 찾아갔어요. 도안은 혜원에게 도가와 유가를 인용하며 불학을 가르쳐 주었고, 혜원은 도안에게 완전히 감복하고 말았지요.

승려가 된 혜원은 불법(佛法, 부처가 말한 교법) 연구에 매진했습니

〈호계삼소도〉

혜원과 도연명, 육수정의 호계삼소 일화를 묘사한 작품이다. 맨 앞에서 승복을 입고 웃고 있는 이가 혜원이다. 호계삼소 고사를 통해 각 분야의 대가(大家)들이 서로 정(情)을 나누는 가까운 사이였음을 알 수 있다.

감산사 석조 아미타불 입상
경북 경주의 감산사지에서 출토된 통일 신라 시대의 불상으로, 국보 82호다.
국립중앙박물관 소장

다. 뼈를 깎는 노력으로 24세에 불교 경전인 『반야경』을 강의할 정도가 되었지요. 혜원은 승려가 된 후에도 도안과 함께 여러 곳을 돌아다니다 양양에 머물게 되었어요. 그런데 전진의 부견 황제가 10만 대군을 동원해 양양을 습격하고 도안을 인질로 잡아가고 말았답니다. 이때부터 혜원은 독자적으로 살길을 찾기 시작했지요.

극락에 가려면 '나무아미타불'을 외워라

혜원은 풍경이 아름다운 루산 산에 올라가 동림사를 세우고, 동림사 안에 염불할 수 있는 방을 마련했어요. 불교 신도들은 손에 염주를 들고 '나무아미타불(南無阿彌陀佛)'이라고 염불을 외웁니다. 이런 염불 방법을 혜원이 처음 만들었다고 해요. 아미타불은 서방 극락에 있는 부처의 이름입니다. 극락(極樂)은 괴로움이 없으며 지극히 안락하고 자유로운 세상이라고 하지요. 나무아미타불은 아미타불에게 의지해 구원을 바란다는 뜻이랍니다. 불교 신도들은 정성을 다해 끊임없이 나무아미타불을 외우면 극락에 들어설 수 있다고 믿었지요.

혜원은 제자들에게 직접 염불을 지도했을 뿐만 아니라 이름난 학자 123명을 소집해 백련사를 조직하고, 백련사에 소속된 학자들은 전적으로 염불에만 집중하게 했어요. 이로써 불교 역사상 최초로 염불 운동이 시작되었지요.

혜원은 속세와의 인연을 끊기 위해 37년 동안 루산 산을 벗어나지 않았어요. 손님을 배웅할 때도 호계(虎溪, 동림사 앞을 흐르던 냇물)를 넘지 않았다고 하지요. 하루는 혜원과 절친했던 **도연명**이 육수정과 함께 동림사를 방문했어요. 혜원은 그들을 배웅하다가 이야기에 깊이 빠져 호계를 넘어 버렸지요. 나중에야 이 사실을 깨닫고 세 사람이 함께 웃었다는 '호계삼소(虎溪三笑)'라는 말이 널리 알려졌답니다.

육수정(陸修靜, 406~477)
남송의 도사다. 젊었을 때 유학을 공부했으나 항상 도술(道術)을 그리워했다고 한다. 결국 가족을 버리고 운몽산에 은거한 채 수도하면서 도교 경전을 연구했다. 도교의 경전을 정리했는데, 이는 나중에 『도장』의 기초가 되었다.

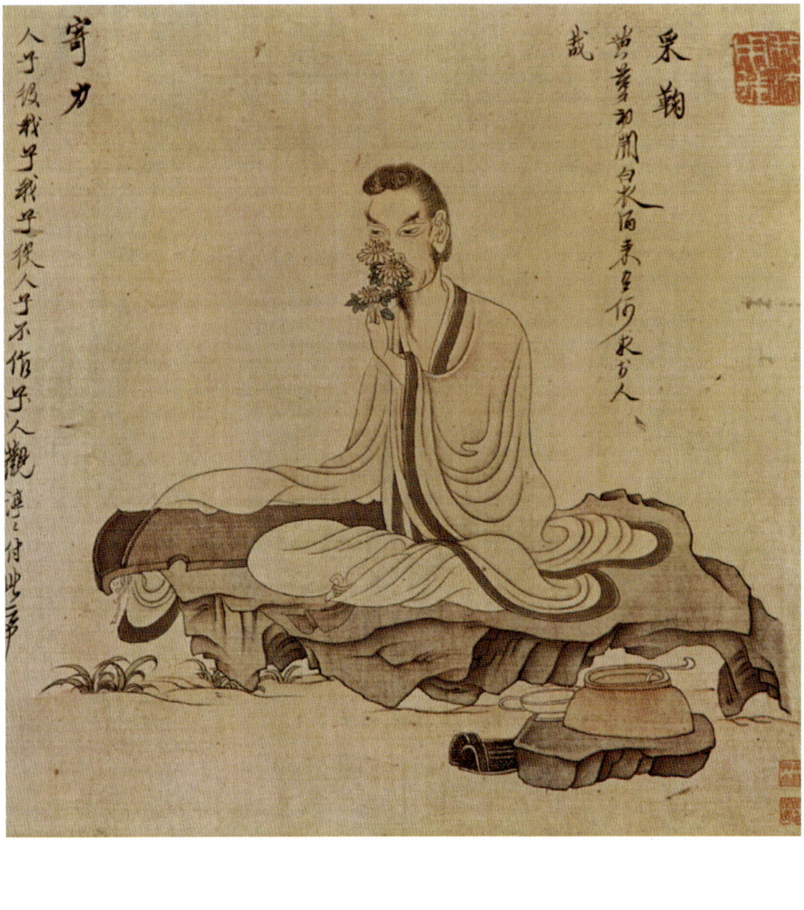

도연명(陶淵明, 365~427)
동진의 시인이다. 몇 푼 월급 때문에 향리에게 허리를 굽히고 살 수 없다며 관직을 버렸다고 한다. 벼슬을 버리고 고향으로 돌아가면서 「귀거래사」를 지었다는 일화가 유명하다.

2 중국에 대승 불교를 남기다 – 쿠마라지바와 제자들

작은 배를 타지 말고 큰 배를 타라

불교는 크게 대승(大乘) 불교와 소승(小乘) 불교로 나눌 수 있어요. '승(乘)'이란 '배를 탄다'라는 뜻을 가진 한자인데, 여기서는 불교라는 배를 타고 깨달음의 세계로 건너간다는 뜻으로 쓰입니다. 소승은 작은 배를 타고 자기 자신만 깨달음의 세계로 건너가는 것을 의미해요. 반면 대승은 큰 배를 타고 모든 사람을 깨달음의 세계로 건너게 해 준다는 의미지요. 중국에서 발전한 불교는 대승 불교랍니다.

쿠마라지바(344~413)
중국의 키질 석굴 앞에 세워진 쿠마라지바의 동상이다. 많은 불경을 번역했는데 그의 불경 번역 작업을 통해 당시 중국 불교의 폐단을 극복할 수 있었다.

나가르주나는 대승 불교의 교리를 체계화하는 데 이바지한 인도 승려입니다. 브라만 계급 출신인 그는 처음에는 브라만교의 교리를 공부했어요. 어려서부터 영리해 베다를 낭송하는 소리만 듣고도 바로 그 문장을 외울 수 있었다고 하지요. 나가르주나는 공(空) 사상과 중도(中道) 이론을 체계화해 대승 불교를 발전시켰습니다.

나가르주나의 대승 불교 사상은 쿠마라지바에 의해 중국으로 전해졌어요. 쿠마라지바는 구자국 출신의 불교 학자로, 후진 때 장안으로 들어와 나라의 스승이 되어 불경을 번역했지요. 그의 번역문은 현재도 쓰일 정도로 유려하답니다. 쿠마라지바는 3,000명이나 되는 제자를 가르쳤는데, 승조와 도생은 그의 가장 훌륭한 제자였어요.

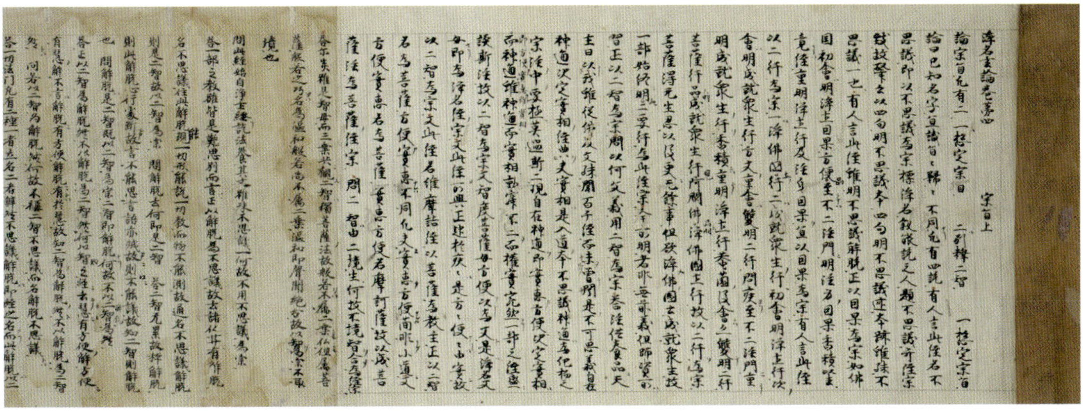

『정명현론』

『유마경』의 요지를 해석한 책으로, 수(隋)의 길장이 지었다. 승조가 노장사상을 공부하다가 출가를 결심할 때 접한 경전이 바로 『유마경』이다. 『유마경』은 현재 원본은 전해지지 않고 번역본의 일부만 전해진다.

승조, 노장사상 위에 대승 불교를 세우다

동진의 철학자였던 승조는 열심히 노장사상을 공부하다가 불교 경전을 접하고 크게 감동해 출가했어요. 승조는 20세 때 장안에 이름을 떨쳤다고 합니다. 그는 때마침 장안에 온 쿠마라지바의 소문을 듣고 찾아가 대승 불교를 공부했어요. 승조는 노장사상에 대한 깊은 이해를 바탕으로 대승 불교를 논한 승려로 평가되지요.

그가 쓴 『조론』에는 대승 불교의 공(空) 사상에 대한 깊은 이해가 담겨 있습니다. 『조론』은 훗날 중국 불교에 큰 영향을 끼치지요. 승조는 쿠마라지바를 도와 경전을 번역하다가 31세라는 젊은 나이에 장안에서 세상을 떠났다고 해요.

도생, 누구나 부처가 될 수 있다

동진의 승려였던 도생은 어릴 적부터 총명해 7세 때 고승(高僧, 덕이 높은 승려) 축법태를 따라 출가했다고 합니다. 축법태가 세상을 떠나자 루산 산에 있는 절로 가서 혜원에게 배웠어요. 도생은 루산 산에서

루산 산

중국의 장시 성에 있는 루산 산은 중국 문명의 사상적 중심지로 꼽힌다. 유네스코 세계 문화 유산이기도 한 루산 산에는 수많은 불교 사원이 들어서 있어 불교의 성지로 여겨진다. 유명한 인물들이 거쳐 간 도교 사원과 유교 서원 또한 자리해 있다. 수많은 예술가들이 루산 산을 보고 영감을 얻어 루산 산을 주제로 한 시, 글씨, 그림 등의 작품을 남겼다.

7년 동안 불학을 연구하다가 불교의 엄격한 계율에 지치고 맙니다. 그때 서역의 고승인 쿠마라지바가 전도한다는 소식을 듣고 장안으로 뛰쳐나왔지요. 하지만 도생은 쿠마라지바 밑에서 경전을 번역하는 일에도 곧 싫증을 내고 맙니다. 결국 5년 만에 다시 루산 산으로 돌아오지요. 하지만 계율을 엄격히 지키고자 하는 루산 산의 승려들이 자유로운 기질을 지닌 도생을 좋게 볼 리가 없었어요. 결국 쫓겨나다시피 한 그는 길을 가다가 커다란 돌을 향해 울먹이면서 호소했지요.

"돌들아! 말해다오. 천제 또한 사람이기에 부처가 될 성질을 지니고 있으니 마땅히 부처가 될 수 있다고……."

도생은 너무 감정이 북받쳐 눈물에 젖은 눈으로 돌들을 바라보았어요. 크고 작은 돌들이 모두 그렇다고 고개를 끄덕이는 것처럼 보였지요. 도생은 웃으며 이렇게 말했답니다.

"저 돌들이 모두 내 견해에 찬성하니 내 말은 증명되었구나."

상식적으로 바위들이 고개를 끄덕였는지 의심스럽고, 설령 그랬다고 하더라도 그것이 자기주장의 정당성을 확보하는 근거가 될 수 있는지도 의문이에요. 어쨌든 이 대목과 관련해 도생이 너무 박식하고 총명해 그가 설법할 때에는 옆에 있는 돌까지도 고개를 끄덕였다고 전해지고 있답니다.

인도에서 전해진 불교 경전 **『대반열반경』**에는 "천제도 모두 성불할 수 있다."라는 내용이 분명히 있었어요. 도생의 견해를 뒷받침해 주는 내용이지요. 이때부터 도생 주위에 사람들이 몰려들기 시작했

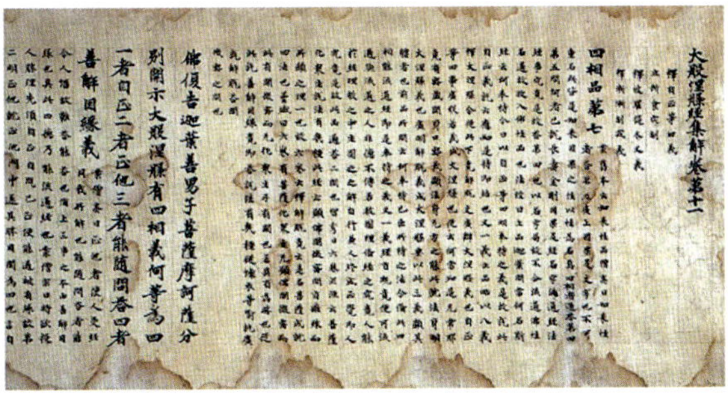

천제(闡提)
세속적 쾌락만을 추구하고 불교의 가르침을 비방하는 등 부처가 될 여지가 전혀 없는 사람을 말한다.

『대반열반경』
석가모니의 열반에 대해 서술한 경전으로, 소승 불교와 대승 불교의 두 가지 『대반열반경』이 있다. 대승의 『대반열반경』에는 열반의 의미와 함께 "모든 중생은 불성을 가지고 있고 누구나 부처가 될 수 있다."라는 불성론이 담겨 있다.

어요. 그가 루산 산 **동림사**에서 불법을 강의하면 온 산이 사람들로 뒤덮이고, 수많은 고승이 도생 앞에 무릎을 꿇고 절했다고 합니다.

도생은 돈오(頓悟)를 주장한 승려이기도 해요. 돈오란 수행의 단계를 거치지 않고 곧바로 깨달음에 도달하는 것을 말합니다. 도생에 따르면 성불(成佛), 즉 부처가 되는 일은 멀리 떨어져 있는 두 바위 사이를 뛰어넘는 것처럼 순간적으로 일어나야 해요. 두 바위 사이에는 중간 단계가 없어서 한번에 뛰어넘지 못하면 절벽 아래로 떨어지지요. 이와 같은 주장을 '돈오성불론'이라고 합니다. 돈오와 대립하는 입장이 점오(漸悟)인데, 이것은 단계적으로 깨달음에 도달하는 것을 뜻해요. '점오성불론'에 따르면, 단계마다 주어진 학습을 실천하며 수행을 꾸준히 해야만 비로소 부처의 경지에 도달할 수 있다고 합니다.

동림사

도생이 불법을 강의했다는 루산 산의 사찰이다. 불교 정토종의 발원지인 동림사는 루산 산에서도 가장 유명한 곳 가운데 하나이며 루산 산의 서쪽 향로봉 끝에 위치해 있다.

3 이심전심으로 깨달음을 얻다 – 선종

석가모니의 염화미소, 중국에 전해지다

석가모니는 인도의 영산회에서 아무 말 없이 연꽃 한 송이를 들어 사람들에게 보여 주었습니다. 제자들은 영문을 몰라 서로 얼굴만 쳐다보았지요. 하지만 석가모니의 10대 제자 가운데 한 사람인 마하카시아파만이 그 뜻을 이해하고 석가모니를 향해 미소를 지었어요. 그의 미소를 본 석가모니는 "내 마음속에 있는 정법과 원리가 이미 카시아파에게 전달되었다."라고 말했지요. 이렇듯 말로 통하지 않고 마음에서 마음으로 전하는 일을 염화미소(拈華微笑)라고 합니다. 이처럼 신비로움이 가득 찬 설법이 바로 선종의 이심전심(以心傳心)이에요. 석가모니는 "마음에서 마음으로 전하라. 문자에 의존하지 마라."라며 자신의 사상을 경전이 아닌 비법으로 전수한 것이지요. 이 비법은 법통(法統, 불법의 전통)을 이은 제1대조 마하카시아파에게 전수되었고, 제2대조인 아난다로부터 제28대조인 **보리달마**에게로까지 내려왔어요. 달마 대사라는 이름으로 친숙한 보리달마는 남인도에서 태어나 활동하다가 양(梁) 무제 때 중국에 건너왔습니다.

처음으로 선종을 중국에 전수한 보리달마는 소림사에 들어가 9년 동안 벽을 마주하고 몸을 바르게 하고 앉아 수도한 끝에 도를 깨우쳤어요. 후계자인 혜가도 찾게 되었지요.

보리달마(菩提達磨)
중국 허난 성의 소림사에 위치한 보리달마의 기념상이다. 보리달마의 최후는 알려진 바가 없다. 독살되었다는 설과 인도로 돌아갔다는 설, 일본으로 갔다는 설이 있다.

〈아미타 삼존도〉

일본 사이타마 현의 법은사에 있는 고려 불화다. 가운데 자리한 아미타불의 좌우로 마하카시아파와 아난다가 앉아 있다. 앞줄의 두 사람은 보살이다.

혜가는 40세 때 보리달마를 만나 6년 동안 보리달마를 받들었어요. 보리달마는 인도에서 가져온 석가모니의 의발을 혜가에게 전해 선종을 이어 가도록 했습니다. 그 후 보리달마는 행적을 감춰서 그에 대한 역사적 고증이 불가능한 실정이에요.

의발(衣鉢)
가사(袈裟)와 바리때를 일컫는다. 가사는 왼쪽 어깨에서 오른쪽 겨드랑이 밑으로 걸쳐 입는 법의(法衣)고, 바리때는 절에서 쓰는 승려의 공양 그릇이다. 보리달마가 혜가에게 의발을 전한 이후 전법의 증표로 여겨진다.

중국 선종을 확립하다

보리달마에게 의발을 받은 혜가는 중국 선종의 제2대조가 되었습니다. 제4대조까지는 전법(傳法, 교법의 계통을 전해 줌)을 말로 하거나 글로 남기지 않았기 때문에 전해 내려오는 내용이 없답니다. 당 때 실제로 중국 선종을 확립한 승려 **홍인**이 제5대조가 되었어요. 홍인이 전법하려고 제자들을 가르치기 시작하자 1,500여 명이나 되는 사람들이 모여들었다고 합니다. 그의 문하에서 10대 제자라고도 불리는 전법 제자가 배출되었어요. 이 가운데 신수와 혜능이 있었지요. 선종은 홍인의 두 제자에 의해 남종과 북종으로 나뉘게 됩니다. 북종의 창시자는 신수였고 남종의 창시자는 혜능이었어요. 이후 남종이 북종을 능가해 혜능이 의발을 받아 선종의 제6대조가 되었지요.

홍인(弘忍, 601~674)
중국 선종의 제4대조인 도신의 가르침을 받았다. 도신은 일찍이 홍인의 됨됨이를 알아보고 특별히 지도했다고 한다.

진리를 찾으려면 언어에 얽매이지 말라

'염화미소'의 유래에서 살펴보았듯이 선종에서는 간단명료한 몇 마디 말로 제자들에게 불법을 전했어요. 이 몇 마디 말을 게어(偈語)라고 합니다. 게어는 마음에서 마음으로 전해졌어요. 만일 아무도 상대방의 말을 알아차릴 수 없었다면 불법은 더 전해질 수 없었을지도 모릅니다.

혜능(慧能, 638~713)
남송의 화가인 양해의 작품으로, 대나무를 자르는 혜능을 묘사했다. 혜능의 『육조단경』에 따르면 그는 일찍이 아버지를 여의고 장작을 팔며 생계를 꾸려 나갔다. 어느 날, 장작을 팔러 시장에 나갔다가 우연히 『금강경』을 외는 소리를 듣고 출가를 결심했다고 한다.

선종의 대가들은 말이 아니라 개인적인 접촉을 통해 몸으로 제자들을 가르쳤어요. 그들은 말로 표현할 수 있는 것보다 표현할 수 없는 것이 더 많다는 사실을 깨달았던 것이지요. 이를테면 어떤 학생이 불교의 근본 원리에 관해 물었을 때 엉뚱한 대답을 해 주거나 몽둥이로 때렸다고 해요. 질문에 대한 답이 불가능하다는 사실을 알려 주기 위해서였지요. 혜능의 제자인 마조와 방 거사가 대화를 나누는데, 마조가 엉뚱한 대답을 합니다. 먼저 방 거사가 물었어요.

"만법(萬法, 우주에 있는 유형 · 무형의 모든 사물)과 아무 관계도 없는 사람은 어떤 사람입니까?"

"네가 단숨에 시장 강의 물을 다 삼켜 버릴 때까지 기다려라. 그러면 그때 말해 주겠다."

이를 선문답(禪問答)이라고 합니다. 선문답이란 참선하는 사람들끼리 진리를 찾기 위해 주고받는 대화예요. 그런데 대화 내용을 살펴보면 대부분 논리적으로 이해가 되지 않는답니다. 마치 동문서답하는 것 같지요. 선종에서는 왜 논리적이지 않은 대화를 진리를 찾는 대화라고 여겼을까요? 선문답에는 문자에 의존하지 말라는 선종의 기본 원칙이 담겨 있습니다. 불교 원리는 언어를 통해서는 절대 밝힐 수 없다고 본 것이지요. 선종에서는 선문답을 통해 '부처가 되고 해탈을 얻기 위해서는 자신의 육체와 생각, 언어 등 모든 것을 없애야 한다.'는 믿음을 전하고 있답니다.

4 중국과 인도를 이어 준 매개자 – 현장

삼장 법사, 불경을 구하러 인도로 떠나다

인도에서 중국으로 들어온 불교는 위진 시대를 거쳐 수와 당 때 전성기를 맞이했습니다. 불교에는 여러 종파가 있었어요. 가장 유력했던 종파가 법상종, 화엄종, 천태종 등 정통 교파였지요.

법상종의 창시자인 현장에 대해 알아보기 전에 '중국 안의 불교'와 '중국 불교'라는 용어를 구분할 필요가 있습니다. 우선 인도에서 불교를 연구하고 돌아온 현장의 불교 종파를 '중국 안의 불교'라고 해요. 이미 중국에 들어와 중국 전통 철학과 함께 발전한 불교는 '중국 불교'라고 부르지요.

현장은 **『서유기』**를 통해 널리 알려진 인물입니다. 『서유기』는 명 때 오승은이 쓴 소설인데, 현장의 이야기를 발전시킨 작품이에요. 『서유기』에 등장하는 '삼장 법사'가 바로 현장의 또 다른 이름이랍니다. 물론 『서유기』는 믿을 수 없는 기이한 내용의 소설이지만 현장(삼장 법사)이 불경을 구하기 위해 인도로 여행했다는 내용만큼은 사실이지요.

『서유기』
신(神)과 악마의 대결을 희극적으로 풀어 낸 모험 소설이다. 기상천외한 악마들과 싸움을 벌이는 81가지 모험담을 담아 당시의 사회상을 우화적으로 표현한 작품이다.

현장은 여러 지방을 돌아다니면서 중국에 불경이 턱없이 부족하고, 사상적 계통도 서 있지 않다는 사실을 뼈저리게 느꼈어요. 현장은 직접 인도로 건너가 공부하기로 결심하지요. 하지만 당시에 인도로 가기 위해서는 맹수가 우글거리는 험한 산과 고개를 넘어야 하고, 불볕이 내리쬐는 광활한 사막을 건너야 했습니다. 더욱이 당(唐)이 선 지 얼마 되지

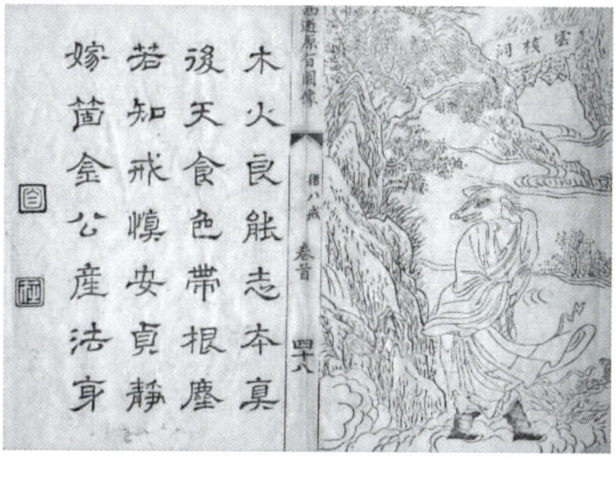

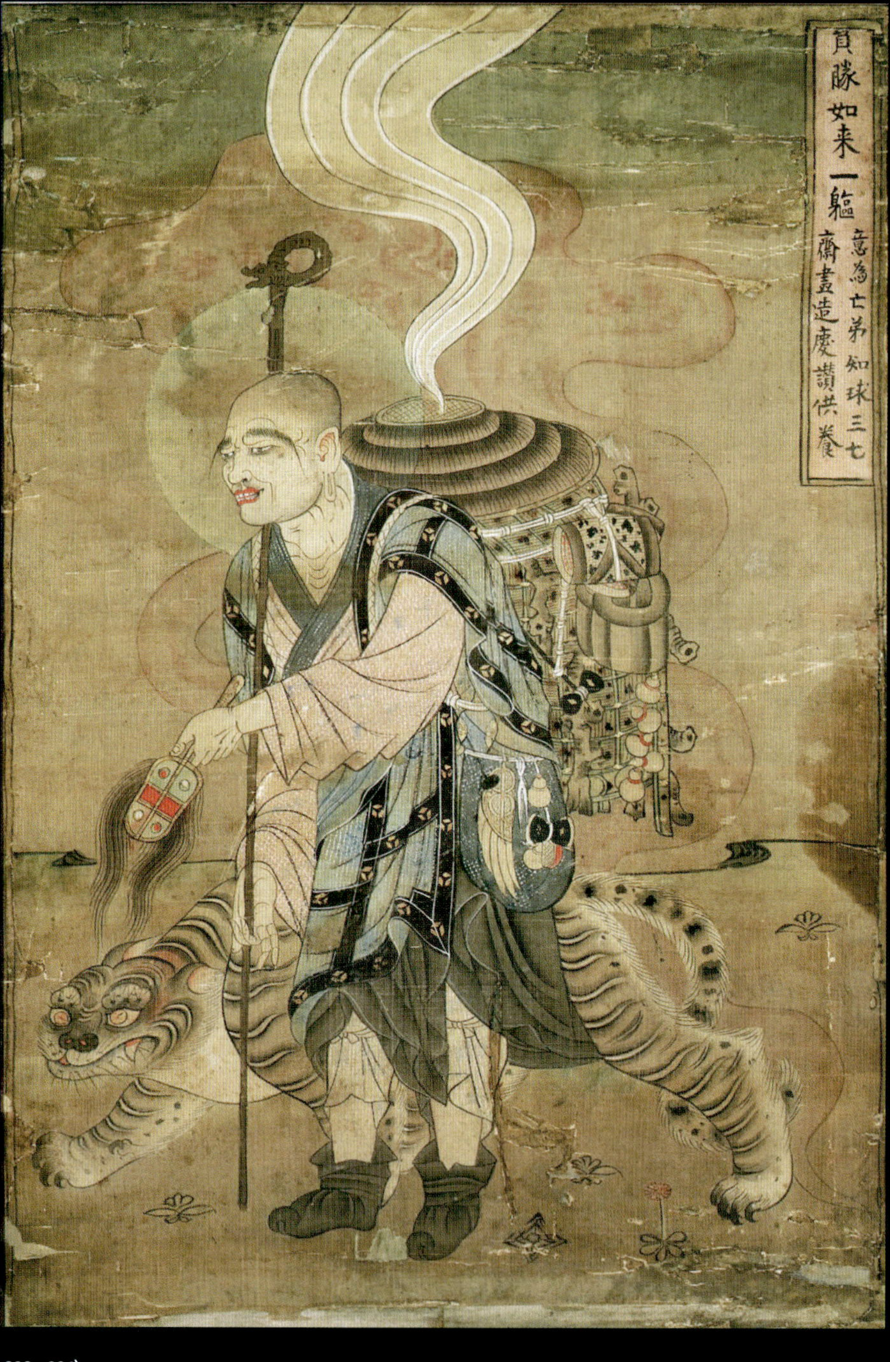

현장(玄奘, 602~664)

불법을 구하러 여행을 떠나는 현장을 묘사한 작품이다. 당(唐) 초기의 승려이자 번역가인 현장은 어린 시절 유교 교육을 받았으나 형의 영향으로 10세에 출가했다. 뤄양의 정토사에서 불경을 공부하기 시작했고 13세에 승적에 이름을 올려 현장이라는 법명을 얻게 되었다. 흔히 삼장 법사라고 불리는데 『율장』 『경장』 『논장』의 모든 불교 경전에 능통했다고 해서 얻게 된 별칭이다.

않아 매우 불안정한 시기였어요. 백성들이 국경을 넘는 것은 엄격히 통제되고 있었지요. 현장은 추격하는 병사들을 따돌리고, 굶주림에 시달리며 사막의 끝없는 모래바람과 싸워야 했어요.

현장은 1년여의 세월을 서역(西域, 중국의 서쪽에 있던 여러 나라를 통틀어 이르는 말)에서 보내고, 630년 겨울이 되어서야 비로소 인도에 첫발을 내딛게 되었습니다. 현장은 인도의 유명한 불교 수도원인 날란다 사(寺)에 들어가 산스크리트어(Sanskrit語, 고대 인도의 표준 문장어)와 불교 철학, 인도 사상 등을 배웠어요. 5년 동안 불교 공부를 한 현장은 인도의 명승지를 돌아다니다가 5년 후에 다시 날란다 사로 돌아와 불학을 강의하기 시작했습니다. 현장의 명성은 점점 높아져 인도의 모든 지역에서 존경을 받게 되었어요. 외출할 때는 코끼리 가마를 타는 등 최고 대우를 받았지요.

불경을 가지고 금의환향하다

현장이 16년 만에 중국으로 돌아오는 장면은 상상 그 이상으로 화려했습니다. 불교 경전을 실은 말만 22필 정도 되었으니까요. 당 태종은 현장이 돌아온다는 소식을 듣고 매우 기쁜 나머지 길에 가까이 닿아 있는 작은 나라들에 명령을 내려 현장을 호위하도록 했지요. 당의 수도인 장안에 도착한 현장은 18만 자, 12권에 달하는 **『대당서역기』**를 씁니다. 『대당서역기』는 현장이 인도와 중앙아시아에서 불경을 구한 행적을 기록한 기행문이에요. 현장은 불경을 번역하는 일도 본격적으로

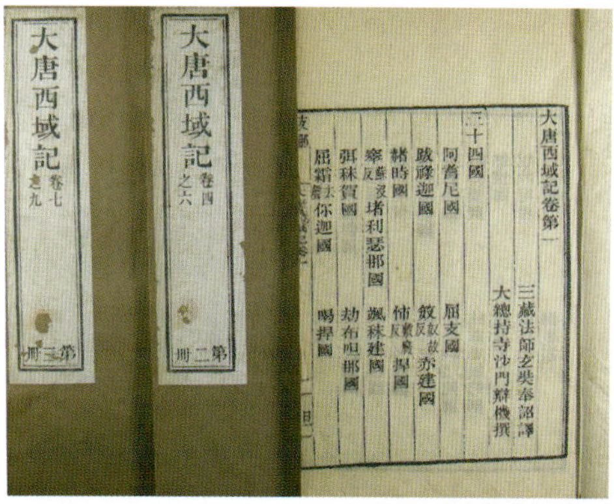

『대당서역기』
구법(求法) 여행의 행적을 현장이 말하고, 그의 제자인 변기(辯機)가 정리해 편찬한 책이다. 현장의 직접적·간접적 경험을 집대성한 기행문이다.

시안 시의 고루(鼓樓)
중국 산시 성의 시안 시에 위치한 큰북을 단 누각이다. 장안은 시안 시의 옛 이름이고 당(唐)의 수도였다. 당 전성기에 장안은 세계 최대 규모의 도시로 발전했으나, 송(宋) 이후 정치 · 경제의 중심이 카이펑으로 옮겨 갔다.

시작했습니다. 지치고 병든 몸을 일으켜 세우면서 『반야경』을 완전히 번역했지요. 이어서 현장은 『대보적경』을 번역하려고 했지만 몇 줄 번역하지 못한 채 영영 다시 일어나지 못하고 말았어요. 이때 그의 나이는 66세였지요.

현장은 외교적으로도 커다란 공을 세웠습니다. 그가 죽었을 때 북인도의 왕 히르샤가 장안으로 사신을 보내 조공을 바칠 정도였거든요. 중국과 인도 간에 이루어진 외교 활동의 시작이었지요. 또한 『대당서역기』는 인도, 네팔, 파키스탄, 방글라데시 등지의 역사, 지리, 고고학을 연구하는 데 귀중한 자료로 쓰이고 있어요.

히르샤
북인도의 통치자였다. 불교를 보호하고 문학을 장려했으며, 자비롭고 공정한 군주였다. 현장이 북인도를 찾았을 때 예의를 다해 맞이했다.

생각해 보세요

? 깨달음을 얻는 방법에는 어떤 것들이 있을까요?

'점오성불론'을 주장하는 사람들은 주어진 단계별로 학습을 실천하며 점진적으로 수행해야 비로소 부처의 경지에 도달할 수 있다고 말합니다. 반면 '돈오성불론'을 주장하는 사람들은 어느 순간 갑자기 깨달음을 얻어야만 부처의 경지에 도달할 수 있다고 말하지요. 남송의 유학자인 육구연은 심즉리(心卽理)를 주장했습니다. 육구연은 "세상의 이치가 모두 내 마음속에 갖추어져 있으므로 우주가 곧 내 마음이고, 내 마음이 곧 우주다. 따라서 사서오경을 연구하는 등 실제로 사물의 이치를 연구하는 일은 필요하지 않고, 오직 본심으로 돌아가는 것만으로 충분하다."라고 했어요. 독일의 철학자인 칸트는 감성(感性)의 수용성과 오성(悟性)의 자발성이 결합함으로써 참다운 인식이 이루어진다고 보았습니다. 칸트는 "인간은 인식의 줄기로서 감성과 오성을 가지고 있다. 오성이란 감성과 구별되는 지적 힘을 말한다. 감성을 통해서 대상을 받아들이고, 오성을 통해서 대상에 대해 생각할 수 있다. 참답게 인식하려면 오성을 통해 그 대상을 사유하지 않으면 안 된다."라고 주장했어요.

프랑스의 조각가인 로댕의
〈생각하는 사람〉

5 유학이 어떻게 성리학으로 발전했을까? | 성리학

중국 철학사에서는 사상적 통일이 두 번 이루어졌어요. 첫 번째는 유학만을 숭상했던 한(漢) 때였고, 다음은 신유학으로서의 이학(理學)을 받든 송과 명 때였지요. 성리학은 유가들의 성론(性論)과 정이 및 주희의 천리(天理) 사상이 노장사상과 불교의 영향을 받아 이론적으로 깊어진 철학 체계예요. 성리학의 시조는 송의 주돈이입니다. 성리학이란 명칭은 주돈이의 제자인 정이가 성즉리(性卽理)라 한 데서 유래했어요. 이후 주희가 천리, 성즉리 사상을 근거로 기(氣)를 흡수해 정주학으로 집대성했지요. 성리학은 태극론, 이기론, 심성론, 성경론으로 구분할 수 있습니다. 태극론과 이기론은 자연의 존재 법칙을 연구하는 우주론이고, 심성론과 성경론은 인간의 도덕적 행위를 문제 삼는 실천 윤리예요. 송의 이학은 북송 오자(北宋五子)인 소옹, 주돈이, 장재, 정호, 정이로 이어지지요.

• 주돈이는 『태극도설』을 집필해 만물의 생성 원리를 설명함으로써 유학이 성리학으로 발전하는 기틀을 마련했다.
• 정호와 정이 형제는 유가의 도통을 이어받아 유학의 참된 정신을 밝혀냈다.
• 주희는 이정자의 사상을 날실로 삼고, 주돈이와 장재의 사상을 씨실로 삼아 거대한 성리학의 체계를 짰다.
• 주희가 성리학을 집대성해서 성리학을 주자학이라고도 한다.

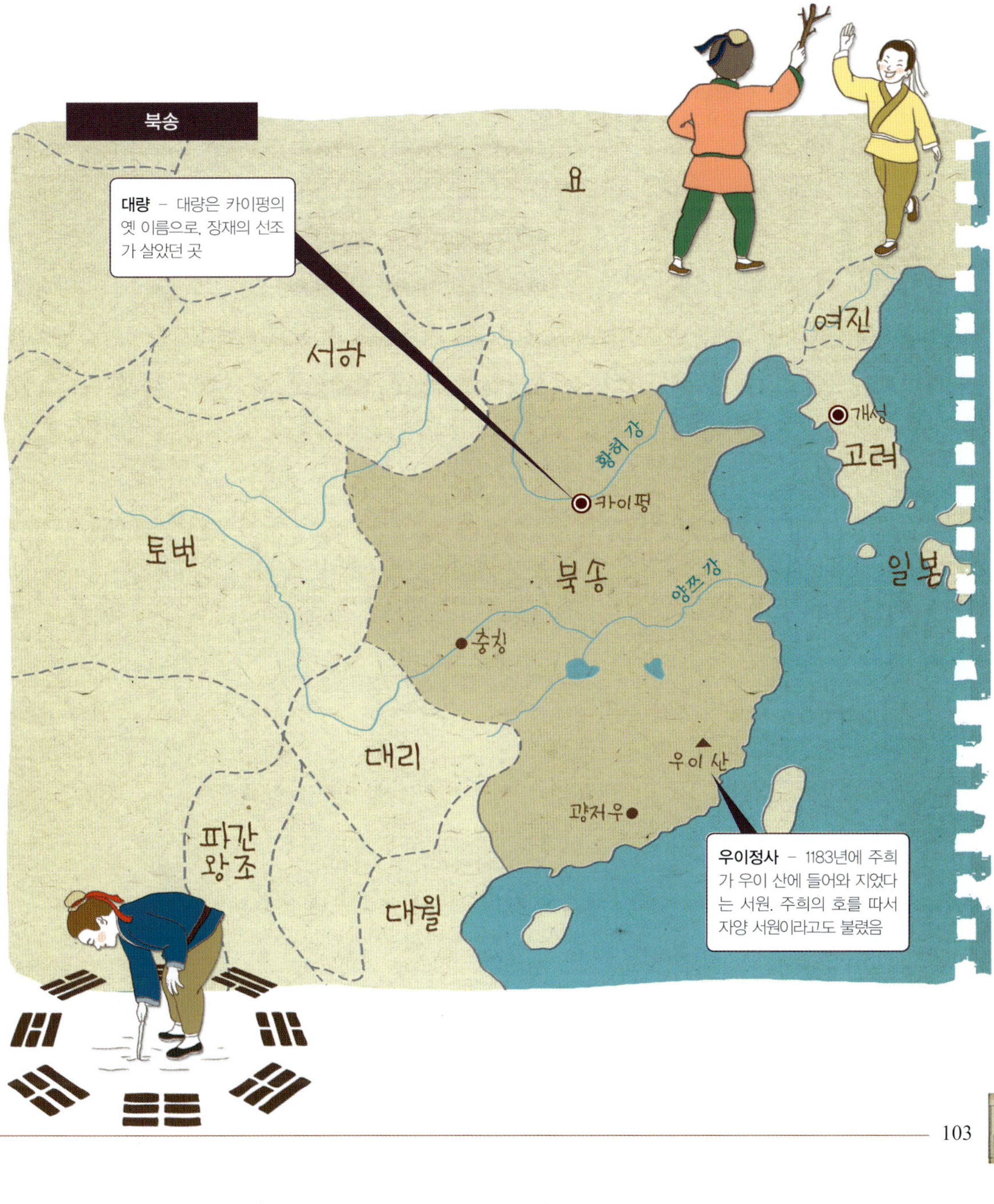

1 숫자로 우주 만물을 헤아리려 하다 – 소옹

자신을 안락 선생이라 부르다

소옹(邵雍, 1011~1077)
소옹의 집안은 대대로 벼슬을 하지 않았다. 그도 몇 번이나 관직을 받았지만 마다하고 끝내 벼슬하지 않았다. 그는 친구들과 교류하거나 명상하면서 세월을 보냈다고 한다.

북송의 철학자인 소옹은 사마광이나 부필, 장재, 정호 등과 교류했습니다. 생활이 넉넉하지는 못했지만 자신을 안락(安樂) 선생이라 부르며 즐거움을 누렸어요. 매일 서너 잔씩 술을 마시고 취흥에 겨우면 시를 한 수 읊곤 했답니다. 세상사에 전혀 관여하지 않는 맑고 깨끗한 마음으로 자유롭게 일생을 보낸 것이지요.

소옹이 죽음을 맞이할 무렵, 장재와 정이는 그에게 유언을 요청했어요. 소옹은 아무 말 없이 손을 앞으로 내밀어 저었습니다. 그는 다음과 같이 말하며 끝내 유언을 거절했지요.

"우리 앞에 있는 길은 넓고도 좁네. 자기 자신조차 발을 딛고 서기가 어려운데, 어떻게 다른 사람들을 가르칠 수 있겠는가?"

우주는 12만 9,600년마다 순환한다

소옹은 『역경』을 연구하면서 수(數)가 모든 존재의 기본이라는 상수론(象數論)을 만들어 자신의 학문적 기초로 삼았습니다. 그는 4라는 숫자로 우주 만물을 헤아리고자 했어요. 소옹은 원(元) · 회(會) · 운(運) · 세(世)를 하늘의 4시(四時)라 부르고, 세(歲) · 월(月) · 일(日) · 진(辰)을 땅의 4유(四維)라고 했습니다.

진부터 거꾸로 올라가 볼까요? 진을 시간의 가장 작은 단

위로 삼아 12진(辰)을 1일(日)이라 하고, 30일을 1월(月)로 하며, 12월을 1세(歲)로 합니다. 이렇게 본다면 1세, 곧 1년(年)은 12월, 360일, 4,320진이 되지요. 이렇게 시간을 계산하는 방법은 일상생활에서 흔히 경험할 수 있어요.

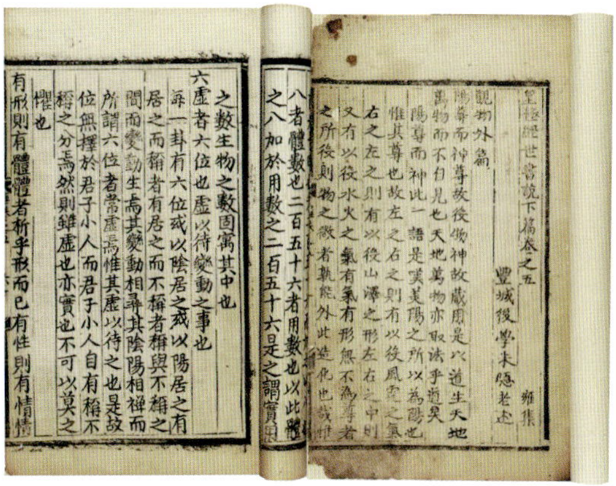

『황극경세서설』
명(明) 때 간행된 『황극경세서설』이다. 후대의 학자들이 소옹의 저서인 『황극경세서』에 주석을 달아 편찬한 책 가운데 하나다.

소옹은 일상적인 경험을 넘어서 우주 만물의 변화까지도 측정할 수 있다고 생각했습니다. 그는 30세(歲)를 1세(世)로 하고, 12세를 1운(運)으로 하며, 30운을 1회(會)로 하고, 12회를 1원(元)이라 했어요. 이렇게 따지면 1원은 12회, 360운, 4,320세가 되겠지요.

소옹은 1원(元)마다 하늘과 땅이 한 차례 새롭게 된다고 보았어요. 즉, 우주가 순환하는 데 12만 9,600년(=30歲 × 4,320世)이라는 시간이 걸린다는 것이지요. 만약 1년 사이에 한 번 새롭게 되는 물건이 있다면 그 물건은 1원이라는 시간이 흐르는 동안 12만 9,600번이나 새롭게 됩니다. 소옹의 법칙을 적용하면 '새롭게 되는 현상'이 얼마든지 더 일어날 수 있다고 추측할 수 있어요. 소옹은 자신의 상수론을 『황극경세서』에 자세히 적었습니다. 『황극경세서』는 총 12권으로 구성된 소옹의 대표적인 저서랍니다.

상수론은 매우 번거롭고 복잡할 뿐만 아니라 도가의 냄새를 많이 풍겼어요. 그래서 이학(理學)이라는 철학의 분류에서는 별종으로 취급받을 수밖에 없었지요. 상수론을 계승한 사람도 없어서 대가 끊어지고 말았답니다. 하지만 다음에 나오는 주돈이의 태극도설은 간단명료하면서도 핵심을 짚고 있어 이학의 발전에 큰 영향을 끼쳤어요.

2 음양오행을 태극도에 담다 – 주돈이

내 몸뚱이 하나 편해 무엇하랴

송의 철학자인 주돈이는 주렴계라고 불리기도 합니다. 그의 사상은 소옹의 사상과 마찬가지로 도가의 색채를 강하게 띠고 있어요. 두 사람 모두 도학을 유학 방면으로 이끌어 왔다고 할 수 있지요. 하지만 주돈이는 소옹과 달리 선종의 영향을 받았어요. 앞서 살펴보았듯이 선종은 인도의 승려인 보리달마가 중국에 전한 불교 종파입니다. 선종에서는 스스로 도를 닦는 법을 제시하지요.

주돈이(周敦頤, 1017~1073)
주돈이는 유학을 기본으로 도가와 불교의 사상을 받아들여 신(新)유학을 개척했다. 성리학의 틀을 만들었다는 평가를 받는다.

주돈이가 선종의 영향을 받았다는 사실과 관련해 다음과 같은 일화가 전해지고 있어요. 루산 산 연화봉 밑에 있었던 주돈이의 공부방은 풀과 나무들로 모든 창문이 덮여 있었습니다. 사람들이 왜 잘라 내지 않느냐고 물을 때마다 주돈이는 "이 풀과 나무들은 내 마음 상태와 똑같다오."라고 대답했다고 해요.

주돈이는 20여 년 동안 현장(縣長, 지방 행정 구역인 현의 우두머리)에서 판관(判官, 지방 장관 아래 있던 재판관)에 이르기까지 두루 벼슬을 지냈습니다. 성품이 고결했던 그는 자기 한 몸의 안위만을 따지는 사람이 아니었어요. 악법을 비판하고, 가혹한 형벌을 없애는 데 앞장섰으며, 죄 없이 끌려간 사람들을 열심히 변호했지요. 생명의 위험을 무릅쓰고 질병이 번진 외딴곳으로 부임하겠다고 청하기도 했답니다.

만물이 생겨나는 이치

주돈이는 만물이 생성되는 과정을 태극도(太極圖)로 그린 후 설명을 붙여 **『태극도설』**이라는 철학서를 지었어요. 『태극도설』은 '무극이태극(無極而太極)'이라는 말로 시작됩니다. 무극이 곧 태극이요, 태극이 곧 무극이라는 이 아리송한 말은 도대체 무슨 뜻일까요? 중국 철학에서 태극은 우주 만물의 근원이 되는 실체를 말합니다. 태극은 형체도 없고 색깔도 없으며, 시작도 없고 끝도 없다는 의미에서는 무극이에요. 하지만 단순히 텅 비어 있는 것이 아니라 세상 만물의 처음이자 모든 조화의 원천이라는 뜻에서는 태극이지요.

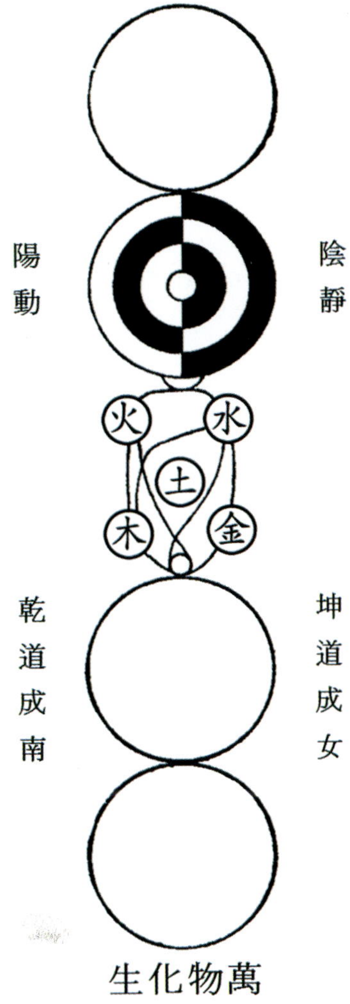

『태극도설』에는 태극으로부터 음양이 생성되는 과정도 설명되어 있어요.

"태극이 움직이면 양(陽)을 만들고, 이 움직임이 최고조에 이르면 고요해진다. 태극이 고요해지면 음(陰)을 만들고, 이 고요함이 최고조에 이르면 다시 움직이기 시작한다. 태극이 움직이고 정지하면서 음과 양이 생겨나 갈라진다."

음과 양이 발전하면 수(水), 화(火), 목(木), 금(金), 토(土), 곧 물, 불, 나무, 쇠, 흙을 만들어 냅니다. 이것을 흔히 오행(五行)이라고 불러요. 오행의 기운인 오기(五氣)가 우주 안에 골고루 퍼져서 사계절이 돌게 되는 것이지요.

『태극도설』
『태극도설』은 태극도와 태극도에 대한 설명으로 구성되어 있다. 주돈이는 249자의 짧은 글로 우주의 생성과 인성론을 논했다.

또 무극의 진(眞, 항상 있되 변하지 않는 순수함)과 음양오행의 정(精,

〈주무숙 애련도〉 (왼쪽)

일본 무로마치 시대의 화가인 가노 마사노부의 작품으로 일본의 국보다. '주무숙'은 주돈이의 다른 이름으로, 이 그림은 주돈이의 「애련설」과 관련된 작품이다. 주돈이가 커다란 버드나무 아래 있는 호수에서 배를 타고 연꽃을 구경하는 모습을 묘사했다. 일본 특유의 세밀한 화법으로 철학자의 정신세계와 생활 태도를 명쾌하게 표현했다는 평가를 받는다.

〈주무숙 애련도〉 (오른쪽)

16세기경에 신원 미상의 조선인이 그린 작품이다. 주돈이가 지은 시(詩)인 「애련설」은 세상의 많은 꽃 가운데 유독 연꽃을 사랑하는 이유를 밝힌 글이다. "연꽃은 진흙 속에서 자라지만 더러움에 물들지 않고 함부로 넝쿨을 뻗지 않으며 향기는 멀리 갈수록 더욱 맑다."라는 내용 등이 담겨 있다. 주돈이는 연꽃을 군자에 비유하면서 연꽃의 아름다움을 높이 칭송했다. 조선의 선비들은 「애련설」을 즐겨 읊었고 화가들은 이를 산수화의 주요 화제로 다루었다.

만물을 생성하는 원기)이 합쳐져 건도(乾道)는 남성이 되고 곤도(坤道)는 여성이 됩니다. 그리고 남자와 여자, 암컷과 수컷이 상호 교감하면서 만물이 생겨나지요.

주돈이는 태극→음양→오행→남녀→만물의 순서대로 생겨나 우주를 구성한다고 보았습니다. 하지만 이것이 끝이 아니고 만물은 결국 음양으로, 음양은 다시 태극으로 돌아간다고 했어요. 이런 과정이 끊임없이 반복되면서 우주의 생성과 변화가 이루어진다고 본 것이지요.

장재(張載, 1020~1077)
주돈이의 뒤를 이어 성리학의 기초를 닦은 철학자다. 어렸을 때 불교와 도가 사상을 공부하기도 했으나 유가 경전에서 자신이 나아갈 길을 찾았다고 한다.

3 우주 만물을 섬기며 살라 – 장재

병법을 배워 전쟁터로 뛰어들려 하다

북송의 유학자인 장재는 장횡거라고도 불립니다. 그의 선조는 본래 산시 성 톈전 현 동북쪽의 대량에서 살았어요. 벼슬하던 아버지가 세상을 떠나자, 어머니와 어린아이들만 남게 되어 대량으로 돌아갈 수 없었지요. 그 후 장재와 가족들이 산시 성 봉상의 횡거 진에 정착해 살았다고 해서 사람들이 장재를 횡거 선생이라 불렀답니다.

18세 때 오랑캐를 내쫓겠다고 결심한 장재는 붓을 내던지고 군중을 모아 빼앗긴 땅 요서로 진격하려고 했어요. 그는 당시 북송의 신하들 가운데 문무를 통틀어 으뜸가는 인물로 존경받던 범중엄에게 자신의 포부와 군센 의지를 글로 호소했습니다. 범중엄은 장재의 재주를 알아채고 경계하며 말했어요.

"유가의 가르침이 뛰어나 충분히 그것으로 즐거울 수 있는데 어찌 새삼스럽게 병법을 알고자 하는가?"

그러고는 장재에게 『중용』 한 권을 보내 자세히 읽어 보기를 권했어요. 『중용』을 접한 장재는 병법을 배우려고 했던 마음을 고쳐먹고 학문에 정진합니다. 범중엄과의 인연이 장재의 인생에 하나의 전환점이 된 것이지요.

코페르니쿠스 (Copernicus, 1473~1543)
폴란드의 올슈틴 성 입구에 위치한 코페르니쿠스의 동상이다. 폴란드의 천문학자인 코페르니쿠스는 1543년에 발표한 『천체의 회전에 관해』를 통해 지동설을 주장했다.

기름불을 켜 놓고 글쓰기에 열중하다

장재가 숭문원의 교서(校書, 경서의 인쇄와 교정 등을 맡아보던 벼슬)로 승진했을 때 재상이었던 왕안석이 그에게 신당에 가입하라고 권했습니다. 이를 거절하자 앙심을 품은 왕안석은 일부러 그를 절동 지방으로 보내 감옥을 다스리게 했지요. 하지만 장재는 병을 핑계 삼아 중남 산으로 돌아와 책 쓰는 일에만 매달렸어요.

장재는 무언가 깨달은 것이 있으면 망설임 없이 기록하는 습관이 있었습니다. 어느 깊은 밤, 잠자리에 누워 있던 그는 갑자기 새로운 생각이 떠올랐어요. 자리를 박차고 일어나 기름불을 켜 놓고 글을 써 내려갔지요. 이렇게 밤낮을 가리지 않고 고민하며 쓴 책이 그 유명한 『정몽』이랍니다.

우리는 『정몽』을 통해 장재의 뛰어난 과학 정신을 엿볼 수 있습니다. 그는 『정몽』에서 "땅이 하늘을 따라 왼쪽으로 돈다."라고 주장하며 별과 달의 움직임을 상세하게 묘사했어요. 이 주장은 폴란드의 천문학자인 코페르니쿠스가 주장한 지동설(地動說, 지구가 자전하면서 태양 주위를 돈다는 설)보다 500여 년이나 앞선 것이랍니다.

장재는 날마다 서재에 종이, 붓, 먹을 가득 쌓아 두고 책상 앞에 부동자세로 앉아 있었어요. 몸은 비록 숨어 살고 있었지만 마음만은 세상을 구하고자 하는 생각 하나로 들끓고 있었지요. 이런 마음가짐으로 학문에만 몰두한 장재는 건강을 돌보지 못해 폐병에 걸려 죽고 말았어요. 이때 그의 나이는 57세였지요.

죽어도 특별히 잃어버리는 바가 없다

주돈이는 태극을 우주의 본체로 삼았고, 장재는 태허(太虛)를 우주의 근본으로 보았습니다. 장재는 도(道)의 본래 생김새를 태허라고 했고, 도가 밖으로 드러난 모양을 태화(太和)라고 불렀어요. 태화란 본래 '가장 잘 어울릴 수 있는' 또는 '가장 잘 화합하는'이라는 뜻을 지닙니다. 하지만 장재는 이 말을 '크게 조화를 이루다' 또는 '크게 화해하다'라는 의미로 사용했지요. 태허는 형체도 없고, 느낌도 없으며, 그침도 없는, 한없이 텅 빈 '커다란 비움'을 의미합니다. 장재는 태허의 빈 한가운데인 허중(虛中)으로부터 하늘과 땅의 모든 사물이 흘러나온다고 보았어요. 즉, 태허는 우주 만물의 본체이고, 태화는 우주 만물의 본체가 나타내는 능력이라고 할 수 있습니다.

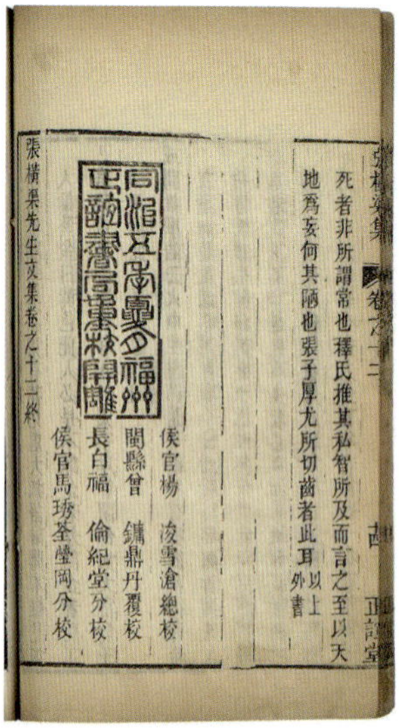

『장자 전서』
청(淸)의 장백행이 장재의 저술을 모아 엮은 책이다. '장자'는 장재를 높여 부르는 말이다. 이 책에는 『정몽』도 수록되어 있다.

장재에 따르면 태허는 기(氣)의 본체이기도 해요. 장재는 기(氣) 철학을 통해 불교의 관념론적 사상을 극복하고, 오륜 오행을 확립하려 했습니다. 그는 "우주 만물은 하나의 똑같은 '기'로 되어 있기 때문에 인간과 모든 사물은 커다란 몸 하나의 각 부분에 지나지 않는다."라고 말했어요. 그러므로 사람은 하늘과 땅을 부모처럼 받들어야 하고, 모든 사람을 형제로 여겨야 한다고 했지요.

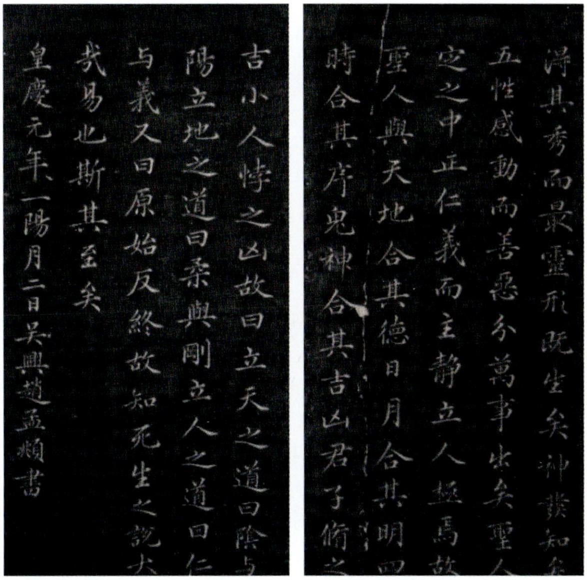

장재의 서명

서명(西銘)이란 서재의 서쪽 창에 걸어 놓은 명(銘)이라는 뜻이다. 사진은 원(元)의 조맹부가 장재의 서명을 해서체로 쓴 것이다. 장재의 서명은 253자 밖에 되지 않지만 후대의 학자들은 그의 서명을 매우 칭송했다고 한다.

생각해 보면 우주 만물을 섬기는 일이 복잡하거나 어려운 것은 아니에요. 어떤 사람이 이웃 한 사람을 사랑한다면 그는 지역 사회에 대한 의무를 다한 것입니다. 결국 국가와 인류 전체, 더 나아가 우주에 봉사한 것이기도 하지요.

우주의 본성을 잘 이해하고 있는 성인은 '살아도 딱히 얻는 바가 없고, 죽어도 특별히 잃어버리는 바가 없다.'는 사실을 잘 알고 있습니다. 그래서 살아 있는 동안에는 사회의 일원으로, 또 우주의 일원으로 자기 사명을 다하고, 죽음이 닥쳤을 때는 평안히 받아들여 쉬고자 할 뿐이지요. 생전에는 남보다 도드라져 보이려고 애쓰거나 뽐내려 하지도 않고, 욕망에 사로잡혀 일을 그르치지도 않을 것입니다. 그보다는 평범한 생활을 이어 나가려 할 거예요. 삶의 마지막 순간에는 결코 겁을 내거나 회피하지 않고 담담히 받아들이겠지요.

오륜 오행(五倫五行)

사람이 지켜야 할 다섯 가지 도리를 오륜이라 하고, 우주 만물을 이루는 다섯 가지 원소를 오행이라 한다.

4 1,000년의 도통을 회복하다 – 정호와 정이

타고난 능력 · 좋은 환경 · 후천적 노력, 삼박자를 갖추다

맹자가 죽자 요, 순, 우, 탕, 문, 무, 주공, 공자로 이어지던 유가의 계통이 끊기고 말았어요. 1,000년이 훌쩍 지난 북송에 이르러서야 형제 철학자 정호와 정이가 유학의 참된 정신을 밝혀내고, 1,000년을 잇지 못한 도통(道統)을 회복했습니다. 소옹과 주돈이가 유학의 발전에 간접적으로 영향을 끼쳤다면 정호와 정이 형제는 유가의 도통을 이어받아 그 정신을 완전히 발휘한 경우라고 할 수 있어요. 훗날 주희는 이들 형제의 사상을 확대해 정주학파(程朱學派)로 발전시켰지요.

분서갱유
진(秦)의 시황제가 사상 통제 정책의 일환으로 각종 서적을 불태우고 수백 명의 유생을 산 채로 땅속에 묻었던 분서갱유를 묘사한 작품이다. 이 사건으로 유가는 간신히 명맥만 이어 가게 되었다.

두 사람은 어려서부터 엄격한 가정 교육을 받으며 성장했어요. 어머니는 교육을 아버지에게만 맡기지 않았지요. 형제가 음식을 놓고 다투면 심하게 나무라는 등 형제를 엄하게 길렀답니다. 또한 형제는 아버지의 소개로 소옹, 주돈이, 장재 등 당대의 대유학자들을 만나 그들의 높은 품격을 직접 접할 수 있었어요. 이런 가정 환경에 선천적으로 타고난 재질과 후천적인 노력이 더해져 위대한 형제 학자가 탄생하게 되었지요.

다사로운 형 정호, 까칠한 동생 정이

형 정호는 감성적이고 직관적이었지만 동생 정이는 이성적이었어요. 형은 기상이 호방하고 관대했지만 동생은 준엄하고 빈틈이 없었지요.

정호에게서는 항상 다사로운 기운이 풍겼어요. 그래서인지 신종 황제는 그와 이야기를 나눌 때 점심 먹는 것조차 잊었다고 합니다. 그리고 작별할 때면 언제든지 다시 찾아와 달라고 두세 번씩 당부했다고 해요.

이와 반대로 정이는 까칠한 구석이 있었어요. 그는 철종 황제의 스승이 되어 도학을 가르친 적이 있었습니다. 어느 날, 철종이 무심코 버들가지 하나를 꺾었어요. 이것을 본 정이는 정색하며 "한창 싹이 트는 계절에 가지를 꺾어서는 안 됩니다."라고 말해 황제를 무색하게 만들었다고 합니다.

신종(神宗, 1048~1085)
북송의 제6대 황제로, 재위 중에 급진적으로 사회를 개혁해 부국강병을 이루려고 시도했으나 귀족들의 반발로 큰 성공을 거두지는 못했다.

정이의 성격을 알 수 있는 또 다른 일화가 있습니다. 어느 겨울밤, 정이는 눈을 감고 앉아서 정신을 가다듬고 있었어요. 이 모습을 본 두 제자가 감히 하직 인사를 올리지 못하고 선 채로 기다렸지요. 한참 후 두 사람을 발견한 정이가 돌아가라고 말했는데, 그때는 이미 문 앞에 하얀 눈이 한 자, 약 30cm나 쌓여 있었다고 해요.

책벌레 정호, 정치도 잘하다

정이가 오늘날의 국립 대학과 같은 태학에서 공부하고 있을 때 정호는 지방에서 주부(主簿)라는 벼슬을 지내고 있었습니다. 정호는 열심히 책을 읽어 학문을 닦는 데 열중했지만 책벌레만은 아니었어요. 정치적인 업무는 조리 있게 처리했고, 미신을 타파하고 우상을 제거하는 등 낡은 풍습을 개혁 하는 데에도 힘을 기울였습니다. 주민들과 함께 몸소 강둑을 고치는가 하면 학교를 세워 직접 글을 가르치기도 했지요. 백성의 복지와 이익을 위해 앞장선 그는 주부에서 현장으로, 다시 감찰어사로 승진했어요. 신종 황제는 나라에 큰일이 있을 때마다 정호와 의논했다고 합니다.

정호, 온 인류가 내 동포다

정호는 만물이 하나라는 견해에 따라 혼연일체(渾然一體)의 경지를 추구했어요.

"손발에 자극을 주면 마음으로 느낄 수 있듯이 우리가 인(仁)을 갖추고 있으면 하늘과 인간의 상호 작용이나 옳고 그름, 선악도 느낄 수 있다. 어진 사람은 감각이 매우 예민해 천지 만물과 한 몸이 될 수 있다. 민포물여(民胞物與), 즉 온 인류가 내 동포고, 이 땅의 만물은 나와 함께하는 존재라는 사실을 깨닫게 될 것이다."

정호는 음과 양의 두 기운을 건원일기(乾元一氣)라고 부르며 우주 만물의 본체로 삼았어요. 건원일기는 다른 말로 '하늘의 기운'이라고도 합니다.

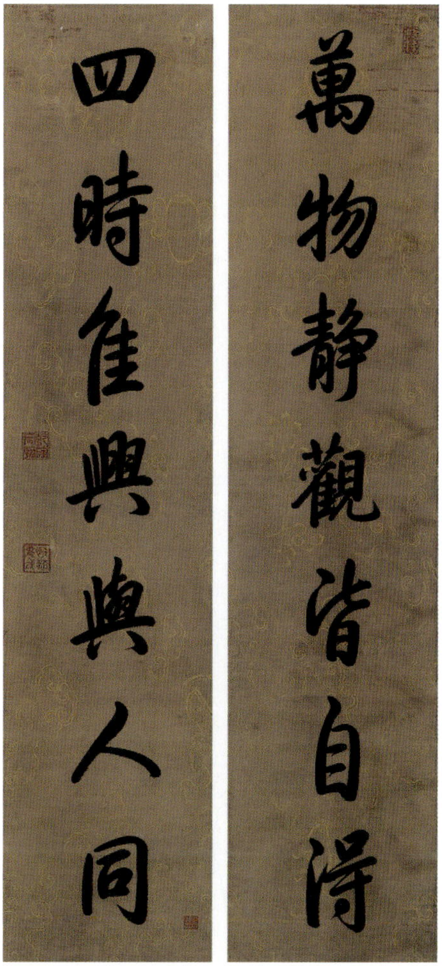

〈추일우성〉
정호가 쓴 시(詩)인 「추일우성」을 서예 실력이 뛰어났던 청의 황제 건륭제(乾隆帝)가 쓴 작품이다. '추일우성(秋日偶成)'은 가을날 우연히 이루어졌다는 뜻으로, 만물의 이치를 깨달은 즐거움을 읊은 시다.

그는 땅에서 사물이 나는 것도 하늘의 기운에 의한 것이라고 보았어요. 결국 땅의 기운은 하늘의 기운이 되고, 땅이라 말할 때는 이미 그 안에 하늘이 포함된 것이지요. 마찬가지로 음의 기운이라 할 때는 그 안에 양의 기운이 포함되어 있고, 양의 기운을 말할 때 역시 음의 기운이 포함되어 있다고 보아야 합니다.

이런 정호의 철학은 이기 일원론(理氣一元論)에 해당해요. 그는 이기 일원론의 관점에서 "사람은 우주의 근본 원리인 이(理)를 직관적으로 파악해 이에 순응해야 한다."라고 주장했답니다.

정이(程頤, 1033~1107)
정호와 정이를 통틀어 이정자(二程子)라고 부르지만 사실 두 사람의 사상에는 차이가 있다. 형인 정호의 사상이 이상주의 학파에 영향을 준 것과 달리 정이의 사상은 합리주의 학파의 발전에 영향을 끼쳤다.

정이, 지식을 얻으려면 궁리하라

정호가 이기 일원론을 주장한 것과 달리 정이는 이기 이원론(理氣二元論)을 주장했습니다. 그는 우주에 무성하게 늘어선 삼라만상을 이(理)와 기(氣)라는 두 요소로 설명할 수 있다고 보았어요. '이'는 변하지 않는 존재의 본질이고, '기'는 현실에 존재하는 구체적인 물질입니다. 만물의 생성과 변천은 '기'의 변화로 일어나지만, '기'가 존재하는 것은 '이'가 있기 때문이지요. 따라서 정이는 '이'를 추구하는 것, 곧 궁리(窮理)를 강조했습니다. 궁리란 격물치지(格物致知)와 비슷한 뜻이에요. 치지(致知), 즉 우리가 지식을 얻기 위해서는 격물(格物), 즉 사물의 도리를 직접 연구해야 하는데, 이 격물의 정신이 곧 궁리라는 것이지요.

정이, 말년을 수모와 고통 속에서 보내다

정이와 같은 시대에 활동한 소식이라는 정치가가 있었어요. 그는 소동파라는 호로 더욱 유명하지요. 당송 팔대가(唐宋八大家, 당과 송 때의 뛰어난 문장가인 당의 한유 · 유종원, 송의 구양수 · 왕안석 · 증공 · 소순 · 소식 · 소철을 가리킴) 가운데 한 사람이었던 소식은 『적벽부』

소식(蘇軾, 1036~1101)

16세기~17세기에 신원 미상의 조선인이 그린 소식의 인물화다. 소식은 북송의 뛰어난 예술가이자 학자이며 정치가였다. 그는 송시(宋詩)의 성격을 확립하는데 중추적 역할을 한 대문장가였다. 소식은 손꼽히는 서예가이기도 했고 중국의 문인 화풍을 확립한 뛰어난 화가이기도 했다. 그는 누구와 비교해도 뒤지지 않는 천재였고, 한마디로 못하는 것이 없는 팔방미인이었다. 지금까지도 중국 문예사에서 가장 걸출한 인물로 꼽힌다.

소식이 쓴 이백의 시(詩)

오사카 시립 미술관에 소장되어 있는 작품이다. 소식은 서예에 뛰어난 재능을 보였다. 그는 글씨 자체보다는 살아 있는 기백을 표현하는 것을 가장 중요하게 생각했으며, 글씨에는 그 사람의 됨됨이가 표현되어 있다고 주장했다.

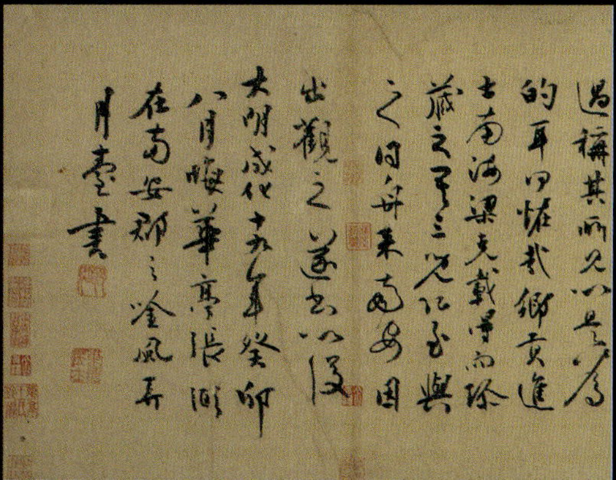

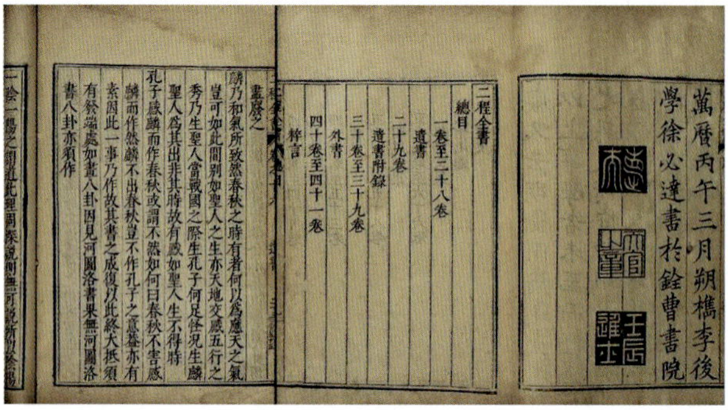

『이정 전서』
정호, 정이 형제의 논술 · 문장 등을 수록한 책이다. 주희가 선별해서 정리해 두었던 것을 1606년에 명(明)의 학자인 서필달이 교정해 간행한 것이다.

라는 유명한 책을 남겼고, 글씨와 그림에도 뛰어난 재능을 보였습니다. 예술가의 기질이 넘쳤던 소식은 정이를 고지식하다고 비웃으며, 그와 견해를 달리하는 학파를 형성했어요. 이로써 정계는 정이의 낙파(洛派)와 소식의 촉파(蜀派)로 나뉘게 되었지요.

정이는 살벌한 당파 싸움 때문에 푸저우로 귀양을 가는 수모를 겪기도 했어요. 몇 년 동안 변방에서 고생하던 그는 휘종 황제의 부름을 받고 다시 조정으로 돌아왔습니다. 하지만 범치허 등은 정이가 학생들을 가르친 일에 대해 "그릇되고 간사한 말로 백성들을 현혹한다."라고 거짓을 꾸며 고발했어요. 정이의 제자들이 체포당하는 등 정세가 심상치 않자, 그는 남은 제자들에게 "스스로 힘써 행하라!"라고 말할 수밖에 없었지요. 정이가 세상을 떠났을 때 그의 장례를 지켜본 사람은 겨우 네 명뿐이었어요. 장례식 이후로도 감히 그의 묘비에 시를 쓰겠다는 사람이 없었지요.

정호와 정이 형제를 아울러 이정자(二程子)라고 합니다. 이정자의 사상은 낙학(洛學)이라는 이름으로 후대에 전해졌어요. 그들의 제자였던 양시는 낙학의 참된 정신을 깊이 연구해 나종언에게 전했습니다. 나종언은 낙학을 이동에게 전했고, 이동은 제자인 주희에게 전했어요. 낙학이 이정자로부터 이학의 대가인 주희에게 전해지기까지 중요한 역할을 한 양시, 나종언, 이동을 '남검 삼선생'이라고 부르기도 한답니다.

5 성리학의 완성자 – 주희

동양의 칸트, 성리학을 집대성하다

정이의 철학을 이어받아 성리학을 완성한 사람은 남송의 유학자 주희입니다. 주희를 존칭해 주자라고도 하지요.

주희는 이정자의 사상을 날실로 삼고, 주돈이와 장재의 사상을 씨실로 삼아 거대한 이학의 체계를 짰어요. 위로는 공자와 맹자를 아우르고, 옆으로는 불가와 도가에까지 미쳐 유가의 새로운 사상과 방법을 완성한 것이지요. 주희가 성리학을 집대성해서 성리학을 주자학이라고도 한답니다.

어떤 사람은 주희를 서양의 칸트에 비유하기도 해요. 칸트는 독일의 계몽주의 사상가로, 철학사에서 가장 위대한 인물로 손꼽힙니다. 칸트가 없었더라면 서양 근세 철학의 방향이 바뀌었을지도 몰라요. 이처럼 주희가 없었더라면 송, 원, 명, 청의 사상 또한 중심을 잡지 못했을지도 모릅니다. 주희의 사상이 한국과 일본에도 전해져 동북아시아 전체의 사상에 영향을 끼쳤다는 사실을 떠올린다면 그가 더욱 위대한 인물로 느껴지지요.

주희(朱熹, 1130~1200) 중국 루산 산의 백록동 서원에 위치한 주희의 동상이다. 주희는 18세 때 대과(大科)에 합격했다. 당시 합격자들의 평균 연령이 35세 정도였던 것을 생각하면 주희의 자질이 얼마나 뛰어났는지 알 수 있다.

모래 위에 팔괘를 그리다

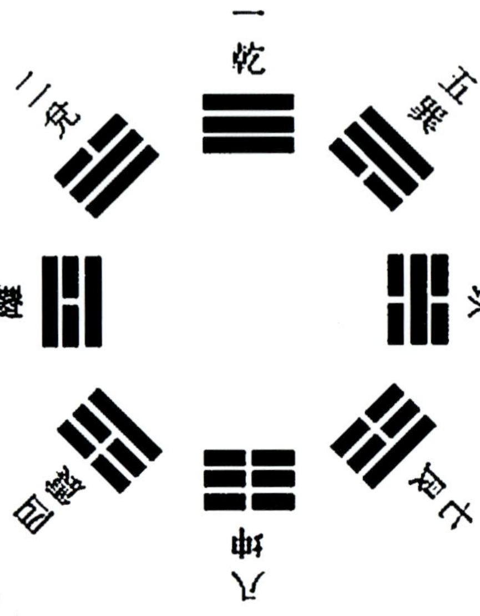

팔괘(八卦)
중국 상고 시대에 복희씨가 만들었다는 여덟 가지의 괘다. 세상의 온갖 현상을 여덟 가지 상으로 나타낸 것이다.

주희는 어려서부터 혼자 생각하기를 좋아했어요. 다른 아이들과 놀 때도 홀로 조용히 앉아 모래 위에 손가락으로 팔괘(八卦)를 그리곤 했지요.

주희는 10세 때 유학 경전을 읽기 시작하면서 공자를 숭배했어요. 24세가 되자 아버지와 함께 공부했던 이동 선생을 찾아가 그를 스승으로 모셨지요. 40여 년 동안 은거하며 학문을 닦고 있던 이동은 주희를 보고 "나종언 선생 이래로 이렇게 뛰어난 인재를 본 적이 없다."라고 칭찬했다고 해요. 이동의 가르침을 받으며 주희는 불교와 노자의 허망한 이론을 포기하고, 이정자의 낙학을 일생의 학문적 기초로 삼게 되었지요.

주희는 다른 뛰어난 학자들과 활발하게 교류했습니다. 주희보다 일곱 살 아래였지만 학덕과 인품이 뛰어났던 여조겸이 그 가운데 하나였어요. 주희와 여조겸은 주돈이, 정호, 정이, 장재의 어록을 정리해 『근사록』을 편찬하기도 했습니다. 또한 주희는 여조겸의 소개로 육구연을 알게 되었어요. 하지만 심학(心學)의 대가인 육구연과의 논쟁에서는 좀처럼 결론을 얻지 못했다고 합니다. 주희는 성즉리(性卽理), 즉 본성이 곧 이치라고 생각했고, 육구연은 심즉리(心卽理), 즉 마음이 곧 이치라고 보았기 때문이지요. 육구연은 주희의 학설을 지루하다고 비판하기도 했답니다.

중국 교육의 좌표가 되다, 백록동 서원 학규

중국 장시 성의 루산 산에는 9세기 초에 당(唐)의 이발이 창건한 백록동 서원이 있었어요. 주희는 한때 4대 서원의 하나로 꼽히기도 했던 백록동 서원을 다시 일으키면서 백록동 서원 학규를 정했습니다.

『오륜행실도』
조선 시대에 정조의 명령에 따라 『삼강행실도』와 『이륜행실도』를 합해 펴낸 책이다. 모범이 되는 150명의 행적을 골라 적고 그 옆에 그림을 덧붙였다.
국립중앙박물관 소장

그는 백록동 서원 학규 첫머리에서 그 유명한 교육 조항인 오륜(五倫)을 강조했어요. 오륜이란 가장 기본적인 다섯 가지 인간관계를 말합니다. 아버지와 아들 사이에는 친근함이 있어야 한다는 부자유친(父子有親), 임금과 신하 사이에는 의로움이 있어야 한다는 군신유의(君臣有義), 남편과 아내 사이에는 서로 구별이 있어야 한다는 부부유별(夫婦有別), 어른과 아이 사이에는 순서가 있어야 한다는 장유유서(長幼有序), 친구 사이에는 서로 믿음이 있어야 한다는 붕우유신(朋友有信)이 오륜의 내용이지요. 요순(堯舜, 고대 중국의 요임금과 순임금을 아울러 이르는 말)의 도를 이어받아 주희가 쓴 백록동 서원 학규는 이후 700년 동안 중국 교육의 좌표가 되었답니다.

인간은 만물의 영장이다

주희는 정이의 이기 이원론을 받아들여 이동기이설(理同氣異說)을 주장했어요.

"모든 사물은 이(理)를 갖추고 있기 때문에 이를 바탕으로 보면 똑같다. 그런데 실제로 나타나는 현상에 무수한 차이가 생기는 이유는 기(氣)에 바르고 치우침 또는 맑고 흐림이 있기 때문이다. 음과 양의 두 기운은 오행으로 나뉘고, 이 오행이 결국 모든 사물을 이룬다. 바른 기를 얻으면 인간이 되고, 치우친 기를 얻으면 다른 사물이 된다."

주희의 주장을 살펴보면 인간을 만물의 영장이자 소우주라고 하는 까닭을 알 수 있습니다. 그렇다면 만물보다 뛰어난 인간에게 왜 수양이라는 것이 필요할까요?

수양(修養)
몸과 마음을 갈고닦아 지식과 품성을 높은 경지로 끌어올리는 것을 말한다. 유학의 시조인 공자는 극기복례(克己復禮)를 수양법으로 제시했다.

그 이유는 사람마다 타고난 기질이 다르기 때문입니다. 이를테면 성인은 기질이 아주 맑아서 본연지성(本然之性, 모든 사람이 본디부터 가지고 있는 착하고 평등한 천성)이 온전히 드러나지만 보통 사람은 기질이 흐리므로 본연지성이 가려지기 쉬워요. 결국 수양은 흐릿한 기질을 맑게 만드는 작업이랍니다.

주희는 인격 수양을 위해 거경(居敬)과 궁리(窮理)가 필요하다고 보았습니다. 거경이란 어떠한 상황에서도 공경의 자세를 잃지 않는 것을 말해요. 늘 한 가지에 머무르며 심신을 순수한 상태로 유지해 덕성을 쌓는 것이지요. 궁리란 만물의 이치를 깊이 연구해 깨달아 가는 것을 말합니다. 주희는 거경과 궁리는 수레의 두 바퀴, 혹은 새의 두 날개와 같아서 함께 행해야 비로소 인(仁)을 실현할 수 있다고 보았어요.

우이정사

중국 푸젠 성의 우이 산에 위치한 우이정사이다. 주희는 53세 때인 1183년에 천하의 절경으로 이름난 우이 산으로 들어가 시를 읊고 학문을 닦으며 지냈다. 그는 우이 산의 아홉 물줄기를 '우이구곡'이라 이름 짓고 다섯째 물줄기 근처에 우이정사를 세웠다. 주희가 우이정사에서 성리학을 연구하면서 우이 산은 성리학의 본산지라는 명성을 얻게 되었고 많은 학자, 예술가 등이 우이 산으로 모여들었다.

〈우이구곡도〉

조선의 화가인 이성길이 우이구곡을 상상해서 그린 작품이다. 주희가 우이구곡의 아름다운 경치를 담아 「우이구곡가」라는 시를 남기면서 우이 산은 더욱 유명해졌다. 도가에서는 무릉도원을 이상향으로 여기듯이, 조선의 선비들은 우이구곡을 일종의 이념적 이상향으로 여기게 되었다.

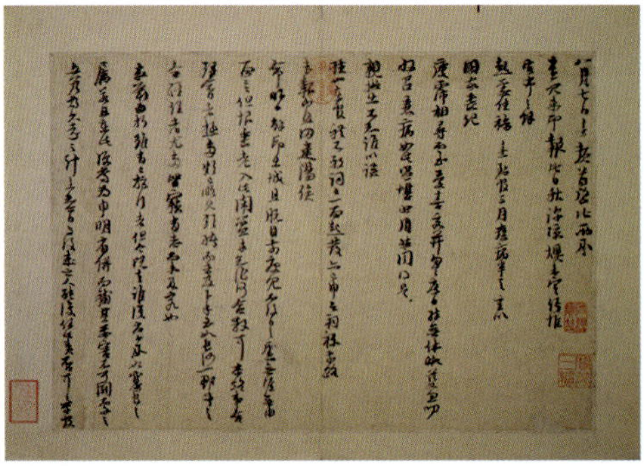

주희의 상소문

1194년에 주희가 작성한 상소문이다. 허난 지역의 문제를 처리해 달라는 것이 주된 내용이고, 전(前) 황제의 죽음을 안타까워하는 내용과 현(現) 황제의 즉위를 축하하는 내용도 적혀 있다.

성공한 학자, 실패한 정치가

주희는 학자로서 크게 성공을 거두었지만 정치가로서는 실패를 반복했어요. 올곧은 성품의 그는 같은 시대에 활동한 정치가들과 많이 달랐답니다. 주희는 남송의 정치가인 조여우에게 발탁되어 한때 경연(經筵, 임금이 학문이나 기술을 배우고 더불어 신하들과 국정을 논의하던 일)을 맡기도 했습니다. 조여우는 당시 황제인 영종이 즉위하는 데 큰 공을 세운 신하였어요. 하지만 머지않아 그는 황제의 총애를 받던 한탁주와 대립하게 되었답니다. 원래 한탁주는 조여우와 한배를 타고 영종을 즉위시킨 인물입니다. 한탁주는 권세를 얻으려고 혈안이었지요. 결국 그는 재상이었던 조여우를 몰아내고 권력 투쟁에서 승리합니다. 이 사건을 '경원의 당금'이라고 하지요. 이후 한탁주는 독선적으로 행동하며 주희를 추방하려고 했어요. 황제마저 간신들의 말에 귀를 기울이는 바람에 주희는 정치적 희생양이 되고 말지요. 주희를 따르던 선비들이 하나둘 떠나갔고, 어떤 이는 반대파에 붙어 그를 모함하기까지 했어요. 황제가 "조정에 사람을 추천하는 경우에는 반드시 성리학도가 아님을 입증하라!"라는 명령을 내릴 정도였다고 합니다.

주희는 수만 단어에 이르는 상소문을 써서 성리학은 결코 그릇된 학문이 아니라는 사실을 알리려고 했어요. 주희는 제자들이 강력하게 말려도 듣지 않았지요. 하지만 점을 쳐 본 결과 언짢은 점괘가 나오자 몰래 상소문을 태워 버렸다고 해요. 이후 조정에 뉘우치는 글을 올려 형벌을 면할 수 있었다고 합니다.

호랑이는 죽어서 가죽을 남기고 사람은 죽어서 이름을 남긴다

주희는 정치적 위기에 처했어도 낙심하지 않고 부지런히 학문 연구에 몰두했어요. 제자들을 가르치는 일에도 열심이었지요. 하지만 눈병에 걸리는 등 몸이 점점 쇠약해졌습니다. 1200년 3월 9일, 70세의 그는 자신의 곁을 지키던 문인들에게 "뜻을 굳게 가져라!"라는 마지막 말을 남기고 숨을 거두었어요. 주희가 세상을 떠나자 반대파들은 장사 지내는 사람까지 반란죄로 처벌하겠다고 위협했습니다. 그럼에도 장례를 지켜보기 위해 찾아온 사람만 1,000명이 넘었다고 해요.

주희의 집터
우이 산의 산자락에 위치한 주희의 집터다. 이곳에 있던 주희의 집은 주희의 새아버지가 주희의 어머니에게 지어 준 집이라고 한다.

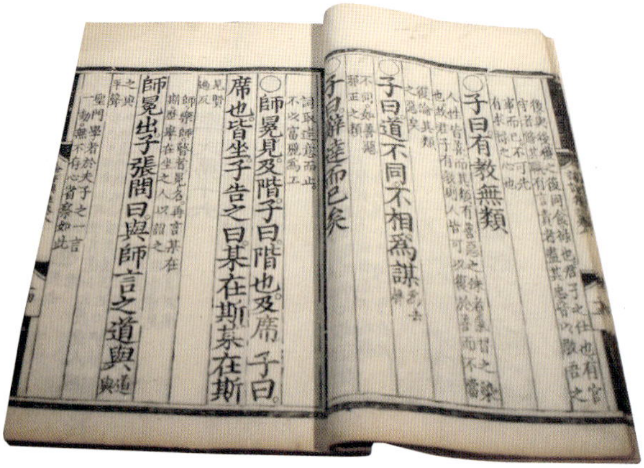

『사서집주』

총 19권인 『사서집주』는 주희가 『논어』, 『맹자』, 『대학』, 『중용』에 담긴 이치를 각각 해설해 엮은 책이다. 사진은 주희가 편찬한 『사서집주』를 명 때 재출판한 것이다.

주희는 생전에 권력자들로부터 인정을 받지 못했지만 세상을 떠난 후 새로운 평가를 받게 되었어요. 남송의 이종 황제는 주희에게 황제의 아들을 가르치는 태사라는 관직을 추서(追敍, 죽은 뒤에 관등을 올리거나 훈장을 줌)하고, 그의 위패를 공묘에 모시라고 명령했습니다. 또 주희가 주석을 단 사서(四書), 곧 『대학』, 『중용』, 『논어』, 『맹자』를 학생들의 교과서로 지정하고, 과거로 인재를 뽑을 때 기준으로 삼도록 했지요.

주희가 세상을 떠난 지 100여 년 후에 그의 사상은 일본에 소개되었어요. 주희의 사상은 당시에는 널리 퍼지지 않았지요. 하지만 500여 년 후에 일어난 일본의 대혁명, 곧 메이지 유신(Meiji[明治]維新, 1853~1877년에 일어난 일본 사상의 대변혁을 아우르는 말)에는 직접적인 영향을 끼쳤습니다.

우리나라에는 주희의 사상이 고려 말엽에 소개되어 조선 시대의 정치와 사상을 완전히 지배했어요. 조선은 일본과는 달리 성리학의 위선에 갇혀 현실을 제대로 읽지 못하는 잘못을 저질렀지요. 같은 사상을 받아들여도 어떻게 활용하느냐에 따라 다른 결과를 가져올 수 있습니다. 현재의 사정에 맞게 받아들일 것과 강조할 것을 잘 골라야 하지요.

생각해 보세요

중국 유학이 발전해 온 길은 순탄했을까요?

공자 이후 맥이 끊어졌던 유학의 전통은 맹자에 의해 다시 이어졌어요. 이후 진 때 분서갱유를 겪으면서 사상계는 오랫동안 침체기를 맞게 되지요. 진이 멸망한 뒤에도 초와 한이 전쟁을 벌여 학문이 발전할 수 없었어요. 한 문제(文帝) 때에는 임금과 신하 모두가 도교에 취해 있었지요. 무제(武帝) 때 이르러 유교를 중국의 국교이자 정치 철학의 토대로 삼는 데 이바지한 철학자가 나타납니다. 바로 동중서지요. 그는 유교가 한의 사상적 바탕이 되는 계기를 마련했어요. 그러나 동중서 때 잠깐 타올랐던 유학의 불길은 점점 사그라졌고 불교가 유행하기 시작했습니다. 불교는 수 · 당 시대에 황금시대를 맞이했지만 많은 폐단을 낳기도 했어요. 수의 철학자인 왕통은 '불교의 폐단을 줄이는 일은 유학을 부흥시키는 것'이라 결론짓고, 유가의 경전을 흉내 내 새로운 책을 썼습니다. 왕통이 지핀 유학 부흥의 불꽃은 100여 년 후 중국의 뛰어난 작가인 한유 때에 이르러 불타올랐어요. 그는 유가의 사상을 존중하고 도교 · 불교를 물리쳤지요.

동중서의 무덤

6 우주와 마음은 어떤 관계일까요?
심학

심학(心學)이란 마음을 수양하는 학문이라는 뜻입니다. 넓게는 유교 전체를 가리키기도 하지만 일반적으로는 송의 유학자인 육구연과 명의 철학자인 왕수인이 제창한 학문을 말해요. 육구연은 세상의 이치가 모두 인간의 마음속에 갖춰져 있으므로 마음이 곧 유일한 실재라고 했습니다. 그는 "우주가 곧 내 마음이고 내 마음이 곧 우주다. 그러므로 사서오경(四書五經)을 연구할 필요 없이 오직 본심으로 돌아가는 공부만으로 충분하다."라고 주장했어요. 육구연의 사상을 이어받은 사람은 왕수인입니다. 왕수인은 육구연이 처음 주장했던 심성론(心性論)을 완성해 동아시아 여러 나라의 철학 사상에 깊은 영향을 끼쳤어요.

- 육구연은 세상의 이치가 모두 마음속에 갖춰져 있으므로 사서오경을 연구할 필요가 없다고 주장했다.
- 육구연과 주희는 주장하는 바가 달라 사상적 논쟁을 하기도 했지만 서로의 학문을 존중하며 교류했다.
- 왕수인은 어려움 속에서도 진리를 구하려는 노력을 게을리하지 않은 끝에 격물치지(格物致知)의 도리를 깨닫게 되었다.
- 왕수인은 천지 만물은 사람의 주관으로 존재한다는 주관적 관념론을 주장했다.

1 우주가 곧 내 마음이다 – 육구연

천지의 끝은 어디인가요?

육구연(陸九淵, 1139~1192)
이상주의적 성리학자였던 육구연은 합리주의적 성리학자였던 주희의 경쟁자였다. 육구연의 사상은 명의 유학자인 왕수인에게 큰 영향을 끼쳤다.

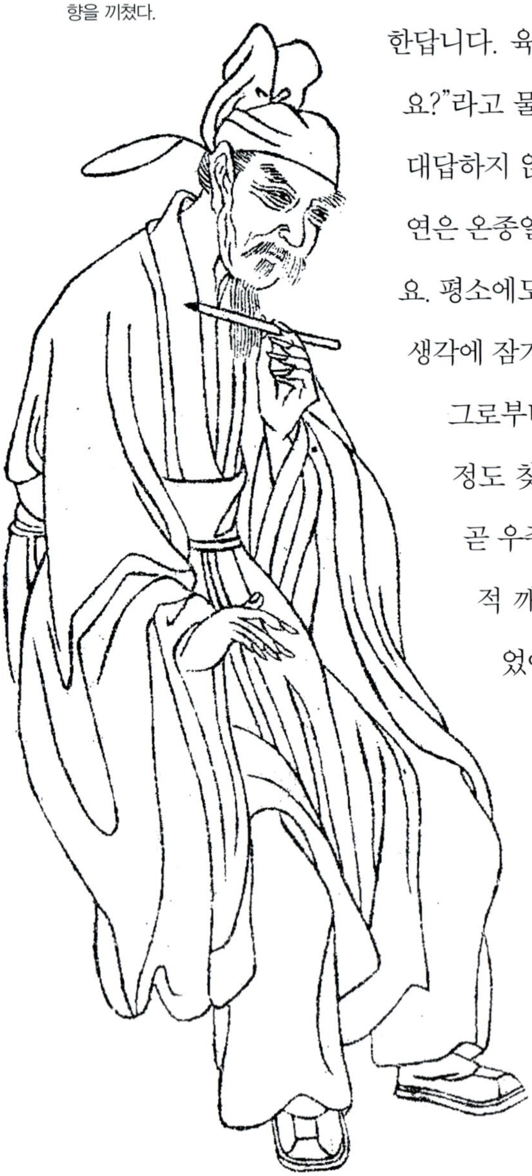

육구연은 남송의 유학자로서 육상산이라고도 불립니다. 그는 여섯 형제 가운데 막내였어요. 넷째 형 육구소와 다섯째 형 육구령은 모두 남송의 유명한 학자였지요. 세 형제를 일컬어 '삼육자(三陸子)'라고도 한답니다. 육구연은 4세 때 아버지에게 "천지의 끝은 어디인가요?"라고 물었어요. 그러나 그의 아버지는 빙그레 웃기만 할 뿐 대답하지 않았지요. 이런 아버지의 반응을 이상하게 여긴 육구연은 온종일 생각에 잠겨 밥 먹는 것과 잠자는 것도 잊고 말았어요. 평소에도 그는 청소하고 나면 항상 나무 아래로 달려가 깊은 생각에 잠기곤 했다고 합니다.

그로부터 9년 후 육구연은 궁금했던 것에 대한 해답을 어느 정도 찾을 수 있었어요. 우주는 곧 내 마음이고, 내 마음이 곧 우주라는 깨달음에 도달한 것이지요. 이 놀랄 만한 창조적 깨우침은 훗날 심학이 발전하는 데 튼튼한 기초가 되었어요.

책을 많이 읽을 필요가 없다

육구연은 우람하고 호방한 사나이였습니다. 그는 16세 때 위진 남북조 시대의 역사책을 읽고 이민족의 침략에 대해 이를 갈며 분통을 터뜨렸어요. 위진 남북조 시대는 후한이 멸망한 해부터 수가 중국을 통일하기 전까지를 말합니다. 이때는 정치 · 경제 · 사회가 혼란스러웠는데, 이를 틈타 이민족이 중국을 침략했지요. 육구연은 금(金)의 군사가 북송의 수도 카이펑을 함락시키고 휘종과 흠종을 포로로 잡아간 '정강의 변'에 대해서도 분개했어요. 그래서 역사책을 읽은 후 손톱을 짧게 깎고 말타기와 활쏘기를 익히기도 했답니다.

육구연의 대담한 기백은 사상계에서도 발휘되었어요. 당시 시대를 지배하던 학문은 이학(理學)이었습니다. 하지만 육구연은 이학이 번잡스럽고 자질구레하다고 비판하고, 오직 하나의 마음, 즉 심학으로 돌아갈 것을 주장했어요. 그의 주장은 사상계에 파장을 불러일으켰습니다. 육구연은 가르침을 청하는 선비들을 상대하느라 40여 일 동안 잠을 제대로 이루지 못했다고 해요.

그렇다면 심학이란 도대체 무엇일까요? 육구연은 심즉리(心卽理)라는 명제를 통해 "세상의 이치가 모두 내 마음속에 갖춰져 있기 때문에 마음이 곧 유일한 실재다. 우주가 곧 내 마음이고 내 마음이 곧 우주다. 그러므로 사서오경(四書五經)을 연구할 필요 없이 본심으로 돌아가는 공부만으로 충분하다. 타고난 본심을 깨닫기만 하면 지루하게 독서를 많이 할 필요가 없는 것이다."라고 주장합니다.

휘종(徽宗, 1082~1135)
북송의 제8대 황제인 휘종은 예술 방면으로는 뛰어났지만 황제로서의 능력은 떨어졌다. 그는 31명의 아들과 34명의 딸을 두었는데, 대부분이 정강의 변 때 금으로 끌려가 고초를 당하거나 죽었다.

육구연과 주희의 대결

육구연과 주희는 여조겸의 소개로 만났습니다. 주희는 육구연보다 아홉 살이나 많았지요. 육구연이 이학을 비판하자 성리학의 대가인 주희와는 자연히 마찰이 일어날 수밖에 없었어요. 두 사람은 편지를 주고받으며 논쟁을 벌였지요.

어느 날 두 사람은 아호사에서 논쟁을 벌였어요. 논쟁에서 뚜렷한 결론을 내지는 못했지만 주희는 육구연의 남다른 기백을 아낌없이 칭찬했다고 합니다. 그리고 6년 후 주희는 육구연을 백록동 서원으로 초청해 강의를 맡기기도 했지요. 주장하는 바가 달랐던 두 사람이 서로의 학문을 존중하면서 돈독하게 지냈던 모습은 우리가 배워야 할 자세입니다.

육구연은 몇 년 동안 국학의 교수 등을 거친 후 집으로 돌아가 독서와 강의에 전념했어요. 그는 장시 성 구이 시 남서쪽에 있는 잉톈 산에 집을 지었습니다. 그런데 잉톈 산의 모습이 코끼리와 비슷해 자신의 호를 상산(象山)이라고 지었지요. 육구연은 그곳에서 "내면을 성찰하고 끊임없이 자습하면 도(道)의 가장 높은 지식을 습득할 수 있다."라고 가르쳤어요. 이후 그는 나랏일에 몰두하다가 쓰러지고 맙니다. 죽는 날까지 보좌진과 함께 정무를 의논했다고 하지요.

하얀 눈이 내리던 날, 그는 침실로 돌아와 향불을 피우고 목욕했어요. 새 옷을 갈아입은 후 몸을 바르게 하고 앉았지요. 가족들이 약을 건네주었지만 한쪽으로 밀쳐놓았다고 해요. 이때부터 말을 하지 못했던 육구연은 53세 때 숨을 거두었지요.

『상산 선생 전집』
명(明) 때 간행된 책이다. 후대의 학자들이 육구연의 문집 · 어록 · 연보 등을 모아 발간했다. 육구연의 사상이 고스란히 담겨 있다.

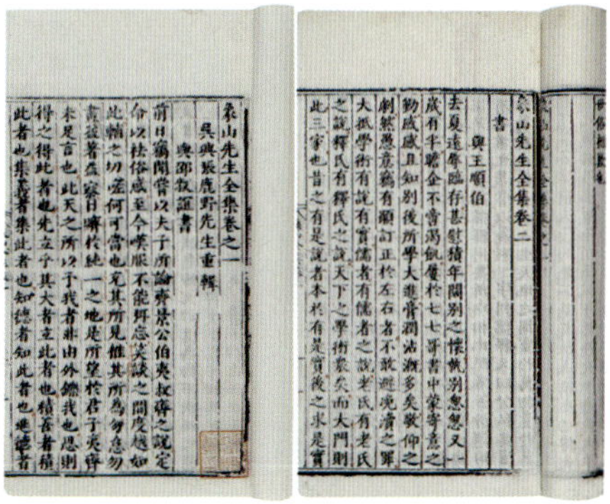

백록동 서원, 다시 흥하다

주희는 백록동 서원을 부흥시키기 위해 노력했다. 학생들을 직접 가르치는 한편 전국의 학자들을 초청해 강의를 맡겼다. 육구연 또한 주희의 초청으로 백록동 서원에서 강의했다. 그 결과 백록동 서원은 다시 명성을 얻기 시작했고, 주희가 죽은 뒤에도 그 명성을 이어 가게 되었다.

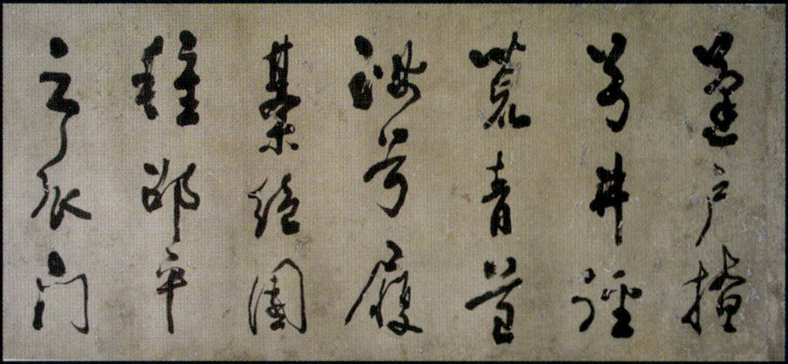

봉호수권

주희가 행서와 초서로 쓴 손글씨다. '봉호'는 가난한 사람이나 은거하는 사람의 집을 나타내는 말로 쓰인다. 『송사』에 따르면 주희는 손님에게 술과 고기를 대접할 만한 여유가 없어서 거친 밥과 채소만을 내놓곤 했다고 한다.

백록동 서원

중국의 루산 산에 자리하고 있는 백록동 서원이다. 당 때부터 송 때에 이르기까지 있었던 서원으로, 당 때는 '루산 산 국학'이라고 불렸다. 당의 학자인 이발이 이곳에 들어와 학문을 닦고 생활하면서부터 백록동 서원이라는 명칭을 얻게 되었다. 이발은 사슴 100마리를 길러 길들였는데 사슴들이 그를 항상 따라다녀서 백록 선생이라는 이름을 얻게 되었다고 한다.

2 마음으로 우주를 설명하다 – 왕수인

새어머니 방에 부엉이를 집어넣다

육구연이 세상을 떠난 지 300여 년 후에야 그와 마음을 같이한 철학자가 나타났어요. 바로 명의 철학자이자 정치가였던 왕수인입니다. 원래 이름은 운(雲)이었으나 5세가 되도록 말을 하지 못하자 할아버지가 수인으로 이름을 바꾸었다고 해요. 그의 호를 따 왕양명 또는 양명 선생이라고도 부르지요.

왕수인은 왕희지의 후예입니다. **왕희지**는 우아하고 힘차며 품위 있는 글씨체로 유명한 동진의 서예가예요. 중국 최고의 명필가로 평가받고 있지요. 왕수인의 아버지인 화(華)는 진사 시험에 장원 급제해 높은 벼슬을 지냈다고 해요.

왕수인의 어머니는 임신 8개월 만에 조산했습니다. 달이 차기 전에 태어난 그는 갓난아이 때부터 몸이 약했어요. 청년기에는 이미 폐병에 걸려 피를 토하기까지 했답니다.

왕수인이 10세 때 어머니가 죽고 새어머니가 들어왔어요. 새어머니는 그를 심하게 구박했지요. 왕수인은 계략을 꾸며 부엉이 한 마리를 구해 새어머니 방에 집어넣었습니다. 이를 본 새어머니는 깜짝 놀랐지요. 이

왕희지(王羲之, 307~365)
중국 역사상 최고의 서예가로, 서성(書聖)이라고 불리며 오늘날까지도 존경받고 있다. 왕희지가 살아 있는 동안에도 그의 작품은 값을 매길 수 없을 정도로 가치를 인정받았다고 한다.

때 왕수인과 계략을 같이 짠 점쟁이 노파가 새어머니 앞에 나타나 말했어요.

"그 부엉이는 죽은 수인 어미의 혼이오. 당신이 수인을 너무 괴롭히기 때문에 나타난 것이오. 만약 또 그를 괴롭힌다면 그때는 당신이 죽고 말 것이오."

점쟁이가 돌아간 후부터 새어머니는 왕수인을 따뜻하게 대했다고 해요. 35세 되던 해에 왕수인은 무종 황제에게 옥에 갇힌 충신들을 풀어 달라는 상소를 올렸습니다. 그러나 명 조정에서 권력을 휘두르던 부패한 환관 유근은 도리어 왕수인을 끌어다가 곤장 40대를 때려 기절하게 했어요. 그런 후 구이저우 성 룽창의 역승(驛丞, 수도로부터 각 지방에 이르는 중요한 도로에 배치한 관원으로, 공문서를 전달하고 여행자에게 숙소와 말을 제공하는 일을 함)으로 좌천시켰지요. 그는 이러한 어려움에 부닥쳐도 절대 좌절하지 않았어요. 오랑캐가 모여 사는 첩첩산중 룽창에서 왕수인은 성실한 자세로 원주민들을 다스려 나갔답니다. 진리를 구하려는 노력도 게을리하지 않았어요. 심지어 돌로 관을 만들어 그 위에 앉았다 누웠다 하면서 밤낮을 가리지 않고 진리를 깨우치려 애를 썼다고 합니다.

왕수인(王守仁, 1472~1528)
왕수인은 양명학의 창시자다. 조선 중기에 양명학은 주자학에 위배되는 학문이라고 여겨졌다. 조선의 학자들은 양명학을 사학(邪學)이라고 부르며 배척했다.

〈선인도해도〉

조선 후기의 화가인 정선의 작품이다. 머리에 두건을 쓰고 지팡이를 든 선인이 바다 위에 서서 멀리 하늘을 바라보는 모습을 그렸다. 그림의 왼쪽 위에는 왕수인의 시(詩)인 「범해」의 일부가 적혀 있다. 왕수인은 귀양지로 향하던 중에 살해 위협을 느끼고 도망쳤다. 이때 만난 한 도인이 점을 봐 주었는데 "어려움을 겪더라도 올바름을 지켜야 이롭다."라는 점괘가 나왔다. 이에 왕수인이 크게 깨달아 「범해」라는 시를 써 놓고 귀양지로 돌아갔다.

국립중앙박물관 소장

꽃은 마음 밖에 있지 않다네

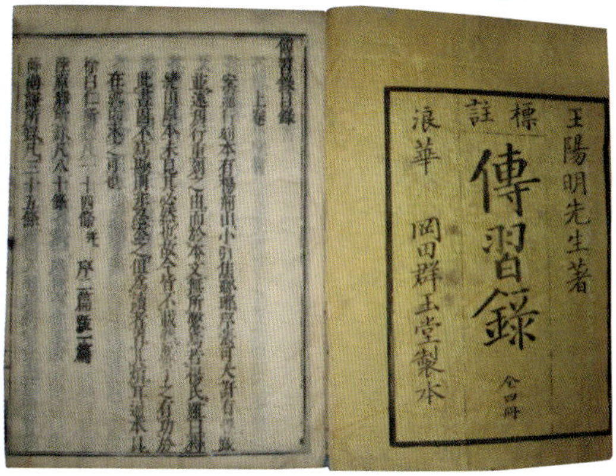

『전습록』
왕수인의 제자들이 왕수인의 모든 학설과 그가 쓴 서간 등을 편집해 엮은 책이다. 『전습록』을 읽으면 왕수인의 사상을 대체로 이해하게 된다고 한다.

어느 깊은 밤, 왕수인은 갑자기 격물치지의 도리를 깨닫고 벌떡 일어나 앉았어요. 마치 꿈속에서 누군가가 그에게 일러 주는 것 같았지요. 왕수인은 매우 기뻐서 소리를 치며 날뛰었어요. 옆에서 자던 사람들이 놀라 깨어 까닭을 묻자 그가 대답했습니다.

"내가 이전에는 격물의 도리에 대해 갈팡질팡 헷갈렸었는데 이제야 깨달았소."

한번은 여행을 함께하던 친구가 낭떠러지에서 자라는 꽃나무를 가리키며 왕수인에게 물었어요.

"자네는 마음 밖에 어떤 사물도 없다고 했는데, 이 꽃나무는 저절로 홀로 피었다가 저절로 떨어지곤 하지 않는가?"

"아닐세. 자네가 꽃을 보지 않았을 때는 이 꽃과 자네 마음 모두 고요했었지. 그런데 자네가 꽃을 본 순간 이 꽃의 색깔이 자네 마음속에 또렷해지지 않았는가? 이제 꽃이 자네 마음 밖에 있지 않다는 사실을 알았을 것이네."

왕수인은 인간이 주관적 관념으로 객관적 세계를 구성함으로써 천지 만물은 사람의 주관으로 존재한다는 사실을 증명하려고 했어요. 왕수인의 주장을 듣다 보면 영국의 경험론 철학자인 버클리가 떠오릅니다. 버클리는 "존재는 지각된 것이다."라고 주장했거든요. 그는 정신적인 것을 제외한 모든 것은 감각 기관을 통해 지각되는 경우에만 존재한다고 보았습니다.

왕수인 집의 대청
왕수인의 옛집은 중국의 저장 성에 위치해 있다. 현판에 쓰여 있는 "진삼불후", 즉 썩지 않는 세 가지는 덕 · 공 · 말을 의미한다.

마음이 밝으니 가는 길도 평안하구나

왕수인은 부지런히 학문을 연구하다가도 나라의 부름을 받으면 온 힘을 다해 일했어요. 여러 차례 도적 떼를 토벌하고 난(亂)을 평정하기도 했지요. 여러 방면에서 활동하는 동안 그의 기력은 모두 소모되고 말았어요. 왕수인은 날 때부터 몸이 약했는데도 학문과 사색에 매진하느라 몸을 돌보지 않았습니다. 결국 피를 토하는 각혈 증세를 보이고 말았지요. 병이 도저히 회복될 기미가 보이지 않자 한 제자가 찾아와 물었어요.

"선생님, 유언 없으십니까?"

왕수인은 눈을 깜박거리며 "이 마음이 밝으니 무슨 할 말이 더 있겠느냐?"라고 대답한 후 영원히 눈을 감았다고 합니다.

생각해 보세요

육구연의 심학과 왕수인의 양명학은 어떤 관계일까요?

육구연이 말하는 심학이란 곧 '마음을 수양하는 학문'입니다. 세상의 이치가 모두 인간의 마음속에 갖춰져 있으므로 마음이 곧 유일한 실재라는 것이지요. 육구연은 "우주가 곧 내 마음이고 내 마음이 곧 우주다. 그러므로 굳이 사서오경을 연구하는 일 등은 필요하지 않고, 오직 본심으로 돌아가는 공부만으로 충분하다."라고 주장했습니다. 왕수인은 육구연의 사상을 이어받았다고 할 수 있어요. 왕수인은 어느 날 밤 갑자기 격물치지의 도리를 깨닫습니다. 그는 인간의 주관적 관념이 객관적 세계를 구성한다고 보았어요. 천지 만물이 사람의 주관으로 존재한다는 것을 증명하려고 했지요. 이를테면 밖에 있는 꽃을 보고 그 꽃이 내 마음속에 들어와야만 존재할 수 있다고 보았던 거예요. 공자는 이 세상에 인(仁)의 원리를 도입하려 했고, 노자는 도(道)로 세계를 설명하고자 했으며, 정이와 주희는 이(理)를 우주적 통일성의 실체로 삼았습니다. 반면 육구연과 왕수인은 우주를 마음(心)으로 설명했지요.

〈왕수인 선생〉

2 인도 철학

함께 알아볼까요

인도는 지리적으로나 사상적으로 완전히 고유한 세계를 이루고 있습니다. 인도에는 눈 덮인 북쪽의 히말라야, 거대한 강을 끼고 있는 평야, 남부 열대 기후에 속하는 여러 지대가 있어요. 인도에서는 오래전에 인류의 심오한 철학 정신이 발생했지요. 또한 인도는 여러 문화와 수많은 종교의 발상지기도 합니다. 적어도 3,000~4,000년의 역사를 지니고 있는 인간 문화의 요람이지요. 인도 철학의 특징은 다음과 같아요. 첫째, 인도 철학에서는 지혜를 얻는 목적이 단순히 지적 호기심을 충족하는 데 있는 것이 아니라 삶에 대한 선견지명과 통찰력을 얻는 데 있다고 봅니다. 둘째는 현실적인 괴로움에서 벗어나는 것을 목표로 삼는다는 점이고, 셋째는 영원한 도덕률을 확신한다는 점이에요. 넷째, 인도 철학에서는 우주를 도덕적 상태로 여깁니다. 모든 것은 신이나 자연으로부터 주어진 것이기 때문에 잘못된 것도 아니고 부도덕한 일도 아니라고 생각하는 것이지요. 다섯째, 인도의 사상가들은 무지(無知)에서 벗어날 것을 주장했어요. 알지 못하는 데서 온갖 고통이 생긴다고 믿었기 때문이지요. 여섯째는 진리에 대한 명상을 강조한다는 점이고, 일곱째는 자기 절제의 필요성을 주장한다는 점이에요.

오늘날의 인도

카슈미르
중국
파키스탄
인더스 강
델리
뉴델리
네팔
부탄
아그라
모헨조다로
갠지스 강
방글라데시
바라나시
부다가야
인도
콜카타
뭄바이
아라비아 해
첸나이
벵골 만
벵갈루루
인도양
스리랑카
콜롬보

1 인도 철학의 뿌리를 찾아라! | 인도의 고대 철학

인도의 역사를 시대적으로 나누어 볼까요? 제1기는 고대 베다 및 찬가 시대로 기원전 약 1500년에서 기원전 1000년까지이고, 제2기는 봉헌 신비주의 시대로 기원전 약 1000년에서 기원전 700년까지입니다. 제3기는 우파니샤드 시대로 기원전 약 700년에서 기원전 500년까지예요. 기원전 1500년부터 기원전 1200년 사이에 이란과 인도 북부 등지에 살던 아리아인이 인도를 침략해 인더스 강 유역에 도시를 건설하기 시작했어요. 이때 아리아인의 베다 신앙에서 힌두교가 파생되어 나왔지요. 불교와 자이나교는 이보다 훨씬 늦은 기원전 6세기에 나타났답니다.

- 아리아인은 우주가 태초에 어떻게 생겨났는지에 관한 의문의 답을 『리그베다』에서 찾으려고 했다.
- 아리아인은 자신들의 순수 혈통이 사라지는 것을 막기 위해 카스트를 만들었다.
- 인도 북부 삼림 지대에 살던 예언자들과 수도자들이 탐구와 사색 끝에 『우파니샤드』를 만들었다.
- 『우파니샤드』에는 힌두 사상의 두 가지 핵심 개념인 브라만(Brahman)과 아트만(atman)에 대한 설명이 담겨 있다.

1 신에 대한 찬양과 의심 – 고대 베다 시대

가장 오래된 문학적 금자탑, 『리그베다』

아리아인이 인도로 이주해 오면서 베다(Veda) 시대가 열립니다. '아리아'라는 말은 '고귀한'이라는 뜻의 산스크리트어예요. 아리아인은 전투적인 유목 민족이었습니다. 특히 목축에 종사하는 사람들이 많았지요. 그래서 마을을 도시로 발전시키기 어려웠고, 항해술에 관한 지식도 없었어요. 대신 대장장이, 옹기장이, 목수가 많았고, 옷감을 짜는 직조 기술이 크게 발달했답니다. 이 **아리아인**이 인도에 들어와 베다를 정착시키지요.

아리아인
허친슨의 『민족의 역사』에 실린 인도로 진입하는 아리아인의 모습이다. 아리아인이 인도 북부 지역을 장악했고 원주민인 드라비다인은 모헨조다로를 포기하고 남인도로 갔다.

베다는 현재에 있는 가장 오래된, 인도 브라만교의 근본 성전(聖典)

입니다. 산스크리트어로 '지식'이라는 뜻인 베다는 기원전 2000년부터 기원전 1100년 사이에 만들어졌어요. 베다는 인도의 종교 · 철학 · 문학의 근원을 이루는데, 『리그베다』, 『야주르베다』, 『사마베다』, 『아타르바베다』 등 네 가지가 있지요.

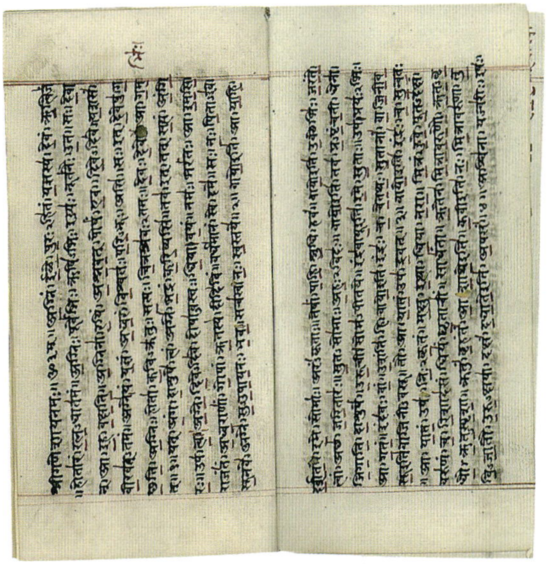

『리그베다』

19세기 초에 산스크리트어로 쓰여진 『리그베다』다. 인도 문화의 근원이라고 할 수 있는 『리그베다』는 총 10권이고 1,028장으로 구성되어 있다.

베다 가운데 가장 오래된 『리그베다』는 인류가 쌓아 올린 최고(最古)의 문학적 금자탑 가운데 하나예요. 『리그베다』에 담긴 찬가를 통해 인생과 종교를 대하는 아리아인의 태도를 엿볼 수 있지요.

『야주르베다』에는 제사의 예법과 제사 때 쓰이는 노래가 담겨 있습니다. 『사마베다』에 담긴 내용은 『리그베다』와 거의 같지만 운율을 붙여 노래로 부를 수 있도록 표시한 점이 다르지요. 『아타르바베다』에는 재앙을 없애고 행복을 얻기 위한 주문이 담겨 있답니다.

신도 피조물에 불과하다

아리아인은 우주가 태초에 어떻게 생겨났는지에 관한 의문을 제기했습니다. 그 답은 『리그베다』에 실려 있어요.

"온 세계가 어둠으로 뒤덮여 있었고, 큰 바다에는 불빛 하나 없는 밤의 적막이 감돌고 있었다. 이때 껍질 속에 가려졌던 일자(一者)가 타오르는 것 같은 오뇌(懊惱, 뉘우쳐 한탄하고 번뇌함)의 힘으로 어둠 속을 헤치고 나왔다."

여기서 일자란 모든 존재가 나오고 다시 돌아가는 곳을 말해요. 흔히 절대자를 가리키지요.

아리아인은 살아 있는 것과 죽은 것, 인격체와 사물, 정신적인 것과 물질적인 것을 전혀 구별하지 않았어요. 다른 민족과 마찬가지로 하늘과 땅, 불과 물, 빛과 바람 등을 사람과 똑같은 인격체로 생각했지요. 그래서 『리그베다』에는 아그니(Agni, 불의 신), **인드라**(Indra, 신들 가운데 최고의 신), 비슈누(Vishnu, 태양의 신)를 찬미하는 가사가 들어 있어요. 가축이 늘고 수확이 풍성하기를, 병에 걸리지 않고 오래 살기를 기원하는 기도문도 함께 들어 있답니다.

인드라

16세기 초에 네팔에서 만들어진 인드라 조각상이다. 인드라는 가장 강한 자라는 뜻인 '사크라'라고도 불리며, 힌두교에서는 인드라가 날씨와 전쟁을 관장한다고 믿는다.

하지만 『리그베다』 찬가의 마지막 부분에는 신에 대한 의심이 극단적으로 표현되어 있어요.

"신도 결국은 창조의 차안(此岸, 우리가 살고 죽는 이 세상)에서 생겨났는데, 하물며 그 누가 신이 솟아난 곳을 알 수 있겠는가?"

신 역시 하나의 피조물에 지나지 않는다고 지적한 대목이지요. 또 다른 곳에서는 초기 베다 신앙이 무너지는 것을 확인할 수 있어요.

"인드라에게 진실한 찬송을 보내자! 하지만 그 누가 인드라를 본 적이 있단 말인가?"

이렇게 초기 베다 신앙이 흐트러지면서 드디어 성숙한 인도 정신이 등장합니다.

비슈누

비슈누는 '가루다'라는 커다란 새를 타고 다니며 악을 제거한다고 한다. 세계의 질서를 유지하는 일을 하며 힌두 신들 가운데 가장 자비롭다고 여겨진다. 『리그베다』에는 지위가 낮은 신으로 묘사되어 있으나 이후 위상이 높아져 세상을 구제하는 수호신으로 숭배된다.

아그니

불의 신인 아그니는 하늘과 땅을 연결하는 신이다. 여러 다른 신들과 인간을 연결하는 신이기 때문에 아그니에게 바친 제사는 아그니를 통해 여러 신들에게 전달된다고 한다. 매일 다시 켜지는 불을 상징하는 신이기 때문에 아그니는 항상 젊고 불멸하는 존재로 표현된다.

2 제사가 행운과 불행을 가른다 – 봉헌 신비주의 시대

아리아인이 만든 카스트, 3,000여 년 동안 사람을 차별하다

봉헌 신비주의 시대는 인도 사상의 발전 단계 가운데 최고 전성기에 해당합니다. 이때 아리아인은 동쪽의 갠지스 삼각주까지 통치 영역을 확장했어요. 아리아인은 원주민들을 다스리며 지배 계층으로 군림했지요. 이 과정에서 힌두교가 인도의 주요 종교로 발전하는 데 영향을 끼친 카스트가 만들어졌어요.

원주민보다 수가 적었던 아리아인 지배 계층은 원주민과 뒤섞여 자신들의 순수 혈통이 사라지는 일을 막기 위해 카스트를 만들었어요. 카스트에서는 사람들을 네 개의 계급으로 매우 엄격하게 분류하지요. 승려는 브라만(Brahman)의 지위를 얻어 최고 계급의 특권층이 됩니다. 둘째 계급은 귀족, 무사 등으로 구성된 크샤트리아(Kshatriya)이고, 셋째 계급은 평민, 상인 등 자유인들이 속해 있는 바이샤(Vaisya)예요. 네 번째 계급은 주로 노동자나 수공업자가 속해 있는 수드라(Sudra)입니다.

인도 사람들이 불결하다고 여기는 직업을 가진 사람들은 네 개 계급에 속하지도 못했어요. 수드라보다 아래인 불가촉천민(不可觸賤民)으로 분류되었지요. '불가촉천민'은 접촉할 수 없는 천민이라는 뜻이랍니다.

카스트
1900년대 초에 인도 뭄바이 지역의 상류층 아이들을 찍은 사진이다. 인도에는 아직도 카스트가 남아 있어 약 2억 5,000만 명 정도가 카스트 제도 아래 차별받고 있다.

카스트에서는 계급에 따라 결혼과 직업 선택, 심지어 식사 등 일상생활마저도 엄중히 규제하고 있답니다. 카스트는 오늘날 인도의 가장 심각한 사회 문제 가운데 하나예요. 인도의 독립 운동 지도자인 **간디**는 카스트에 따른 차별을 없애기 위해 각별한 노력을 기울였다고 합니다. 그의 노력에 힘입어 불가촉천민에 대한 법률상 차별은 없어지게 되었지요. 하지만 시간이 지나고 계급이 세습되면서 카스트는 더욱 세부적으로 나누어졌어요. 오늘날에는 2,500종 이상의 카스트와 부(副)카스트로 나누어져 있다고 합니다. 서로가 엄격하게 폐쇄된 상태에서 생활하게 되었지요.

간디(Gandhi, 1869~1948)
간디는 영국의 식민지였던 인도를 독립시키기 위해 평생을 바쳤다. 그는 불가촉천민을 '신의 자녀'라는 뜻인 '하리잔'이라고 부르며, 그들을 처참한 삶에서 구출하기 위해 헌신했다.

승려가 최고 계급이 될 수 있었던 이유는?

브라만
브라만인 승려의 모습이다. 브라만은 일반적으로 성직자지만 학자, 법률가 등의 지식인들도 포함된다. 인도 인구의 약 4%가 브라만이고 이들은 다양한 분야에서 사회 지도층으로 활동하고 있다.

고대 베다 시대 때 무사 계층이 상위 계급인 크샤트리아에 속하게 된 것은 전쟁 위주의 사회 체제에서는 당연한 일이었습니다. 그렇다면 승려 계층은 어떻게 최고 계급이 될 수 있었을까요?

봉헌 신비주의 시대에 이르러 농업과 산업에 종사하는 사람들이 많아지자 사회는 점차 안정되었어요. 생활이 나아지자 사람들은 초자연적인 힘에 영향력을 발휘하고자 했지요. 신에게 기도를 올리고 봉헌하는 일이 점점 중요해졌어요. 그래서 신적인 힘과 교류할 수 있는 승려 계층의 사회적 위치가 급격히 올라간 것이랍니다.

이때부터 **브라만** 계급에 속하는 승려는 중요한 행사에 빠져서는 안 될 매개자가 되었어요. 전쟁을 시작할 때나 평화 조약을 맺을 때, 왕이 즉위하거나 왕자가 태어날 때, 왕족이 결혼하거나 죽을 때 등에는 항상 승려가 참석했습니다. 그들이 치르는 제단 봉헌으로 행운과 불행의 운명이 결정된다고 믿었기 때문이지요. 승려 계층은 이러한 자신들의 권한을 더욱 강화시키려고 했습니다. 제식을 복잡하게 발달시켜 제사 지내는 일을 독점하는가 하면 순혈을 중시하며 다른 계급과의 결혼을 금지하기도 했지요. 이들은 제식에서 뿐만 아니라 사회 전반적으로 영향력을 발휘하게 되었답니다.

3 봉헌 신비주의에서 염세주의로 – 우파니샤드 시대

모든 존재는 고통이다, 비밀스러운 가르침 『우파니샤드』

브라만을 위해 만들어진 법전이나 해설서는 사색에 열중하던 인도 사람들의 정신을 만족시킬 수 없었습니다. 마침내 인도 북부 삼림 지대에 살던 예언자들과 수도자들이 탐구와 사색 끝에 『우파니샤드』를 만들었어요. 우파니샤드(Upanishad)는 산스크리트어로 '비밀 가르침'이라는 뜻입니다. '베다의 끝' 또는 '베다의 결론'이라는 뜻인 베단타(Vedanta)라고 부르기도 하지요.

약 108개로 알려진 『우파니샤드』에는 기원전 1000년부터 기원전 600년경까지 크게 활약했던 성현들의 힌두 사상이 기록되어 있습니

베단타 협회
미국의 샌프란시스코에 위치한 베단타 협회로, 1900년 미국을 순회하던 비베카난다가 설립했다. 인도의 가장 오래된 경전인 베다를 가르치는 베단타 철학을 전파하는 곳이다.

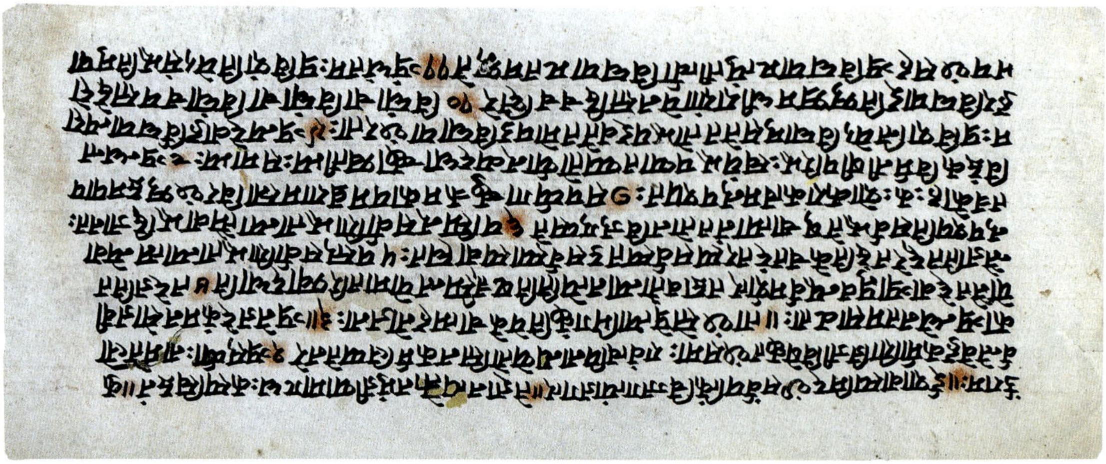

『이샤 우파니샤드』

『우파니샤드』의 문헌 가운데 하나인 『이샤 우파니샤드』는 분량은 적지만 가장 핵심적인 내용을 담고 있어 전체 『우파니샤드』를 대표한다고 여겨진다.

다. 그런데 후대에도 '우파니샤드'라는 명칭의 문헌들이 계속 나왔답니다. 그래서 베단타라고 불리는 『우파니샤드』를 '고(古)우파니샤드'라고 하고, 나머지를 일괄적으로 '신(新)우파니샤드'라고 구분해 부르기도 해요. 『우파니샤드』에 담긴 근본적인 입장은 세상을 비관적으로 바라보는 염세주의입니다. 고대 베다 시대의 찬가에서 엿볼 수 있었던, 세상을 긍정적으로 보는 입장과는 매우 다르지요.

"뼈와 가죽과 힘줄과 골수와 살과 종자와 피와 점액과 눈물과 눈곱과 대소변과 쓸개즙으로 이루어진, 악취를 풍기는, 핵(核)도 없는 몸으로, 과연 어떤 기쁨을 누리며 살아갈 수 있단 말인가?"

힌두 사상의 핵심은 모든 존재를 고통에 가득 찬 것으로 본다는 점입니다. 초창기에 나타났던 삶에 대한 낙천적 태도가 왜 비관적으로 변했는지는 알 수 없어요. 몸과 마음을 무기력하게 만드는 열대성 기후 때문인지, 보다 성숙한 정신에 나타나는 초연함 때문인지 알 수 없지요. 내향성이 짙은 신비주의적 성향 탓에 힌두 사상가들이 외부 세계를 가볍게 여기게 되지 않았을까 추측할 뿐이에요.

우주의 본체와 개인의 자아는 하나다

『우파니샤드』에서는 힌두 사상의 두 가지 핵심 개념인 브라만(Brahman)과 아트만(atman)에 대해 설명하고 있어요.

"브라만이야말로 태초에 있었느니라. 브라만이 신들을 창조하셨도다. 그 후 신들로 하여금 이 세계의 높은 자리를 누리게 하셨느니라……."

『우파니샤드』에 따르면 브라만은 우주의 근본적 실재 또는 원리를 말합니다. 브라만은 원래 '기도 또는 신성한 깨달음'이라는 뜻이었는데, '창조적 세계의 원리'로 그 뜻이 바뀌었어요. 브라만을 통해 모든 사물이 생기고, 그 속에 고이 잠겨 있기도 하다는 것이지요.

아트만은 인도 철학에서 가장 기본이 되는 개념입니다. 인간 존재의 영원한 핵을 이르는 말이지요. 아트만은 원래 '입김 또는 호흡'을 뜻했는데, '본질 또는 독자적인 자아'라는 의미로 바뀌었어요. 한 사람의 육체에서 껍질을 벗겼을 때 남는 것은 오직 정신이고, 이 정신에서 사유나 의욕, 감정이나 욕망 따위를 제거했을 때 남는 것이 아트만, 곧 가장 내면적인 핵심이 되는 것입니다. 아트만은 인간이 죽은 뒤에도 살아남아 새로운 생명으로 다시 태어난다고 해요.

브라흐마
신과 인간에게 가르침을 주고 있는 브라흐마를 그린 작품이다. 브라흐마는 우주의 근본적 원리인 브라만이 인격화된 남신이다.

셈족의 신들
셈족은 유럽의 3대 인종 가운데 하나다. 유대교 · 그리스도교 · 이슬람교는 셈족에게서 유래했다. 사진은 벨, 야르히볼, 아그리볼, 바알샤민이라는 셈족의 신들에게 바치는 양각상이다.

아트만은 진정한 자아를 뜻하는 개별적이고 인격적인 원리지만 브라만은 우주적인 중성적 원리라고 할 수 있습니다. 인간의 외부 세계에 있는 브라만과 내적 세계에 있는 아트만에 관한 교리는 봉건 신비주의 시대에 이미 윤곽이 드러났어요. 우파니샤드 시대에는 사상계의 전면에 등장해 관심을 끌었지요. 『우파니샤드』에 따르면 우주적 본체로서의 브라만과 현상적 개인으로서의 아트만은 결국 하나입니다. 우주가 브라만이고, 브라만은 인간 속에 들어 있는 아트만이기도 하지요. 이를 범아일체(梵我一體)라고 합니다. 이슬람교, 유대교와 같은 셈족의 종교에서는 신이 주인이고, 인간은 어디까지나 신의 심부름꾼이나 종으로 나타날 뿐이었어요. 하지만 아리아인의 종교에서는 신과 인간 사이에 차이가 없으며, 본질적으로 같다는 것을 강조하고 있지요.

고통스러운 윤회를 멈추려면 해탈하라

『우파니샤드』에 담긴 주요 사상은 윤회와 구제 사상입니다. 이 문제는 사후(死後) 세계와 관련이 있어요. '인간은 죽은 후 어떻게 될 것인가?'에 관한 문제를 다루고 있지요.

"애벌레가 잎사귀의 끝까지 기어 올라가면 다른 잎사귀에 달라붙어 그쪽으로 넘어가듯, 영혼도 현재의 육체를 뿌리치면 또 다른 시초를 향해 움직여 감으로써 마침내 그편으로 옮겨 간다. 이렇게 다시 시작

윤회의 바퀴
티벳 불교 사원에서 종종 볼 수 있는 윤회를 쉽게 설명한 그림이다. 인도에서 그리기 시작한 것으로, 지하 세계를 둘러보고 온 석가모니의 제자가 자신이 경험한 것을 돌아가는 원통에 그려 넣은 데서 유래되었다고 한다.

되는 내세의 운명은 현세의 삶을 어떻게 살았는가에 따라 좌우된다. 선을 행한 자는 선인으로 태어나고, 악을 행한 자는 악인으로 태어난다."

이것이 바로 그 유명한 윤회 사상이에요. 사람, 풀과 나무, 동물 모두 몸은 죽어 없어지더라도 영혼은 영원히 살아 다시 태어남으로써 미로 같은 삶과 죽음을 끝없이 되풀이한다는 것이지요. 윤회는 인간만이 아니라 모든 생물이 경험한다고 해요.

모든 인간은 고통스러운 윤회에서 벗어나야 합니다. 그래서 인도 사람들은 죽음과 부활이라는 끊임없는 순환 상태에서 완전히 벗어나는 일, 곧 해탈(解脫)에 힘써야 한다고 생각했어요.

무상(無常)
삶과 죽음, 흥함과 망함 등 모든 것이 덧없음을 이르는 말이다. 무상의 경지에 들어선 사람은 현세를 떠나지 않고도 이미 해탈했다고 본다.

그렇다면 우리는 어떻게 해야 해탈에 이를 수 있을까요? 모든 탐욕스러운 행동을 멈추고 삶에 대한 욕망을 극복해야 합니다. 하지만 금욕만으로는 충분치 못해요. 해탈을 위해서는 무상의 의미를 깨달아야 한답니다.

생각해 보세요

『우파니샤드』에 담긴 염세주의와 쇼펜하우어의 염세주의를 비교해 볼까요?

『우파니샤드』에서는 만물을 고통에 시달리는 존재로 봅니다. 삶과 죽음은 괴로운 일이므로 생사를 끊임없이 반복하는 윤회 또한 매우 고통스러운 일이라고 보았지요. 이 고통에서 완전히 벗어날 수 있는 방법으로 해탈을 제시했어요. 이렇듯 『우파니샤드』는 매우 염세적인 태도를 보이고 있습니다. 그렇다면 독일의 철학자인 쇼펜하우어의 염세주의란 무엇일까요? 그는 "인간의 의지는 무한하지만 그것을 충족시키는 데는 많은 제약이 따른다. 어떤 욕망이든지 채워지고 나면 곧바로 새로운 욕망이 일어난다. 고통 역시 마찬가지다. 삶에 대한 의지가 있는 한, 인생은 고통이다."라고 말했습니다. 그리고 쇼펜하우어는 고통에서 벗어날 수 있는 두 가지 방법을 제시했어요. 첫째로는 심미적 해탈을 제시했습니다. 천재 예술가들처럼 순수한 인식의 주체가 된다면 일시적으로나마 삶의 고통에서 벗어날 수 있다고 본 것이지요. 하지만 심미적 해탈은 항상 순간적일 뿐이라며 둘째 방법으로 윤리적 해탈을 제시했어요. 고통이 생기는 까닭은 끊임없이 발동하는 의지 때문이므로 아예 의지 자체를 없애거나 억제하면 영원한 해탈에 다다를 수 있다고 보았지요. 『우파니샤드』에서는 죽은 후 윤회에까지 염세주의를 확장했지만 쇼펜하우어는 염세주의를 현세에 한정시켰어요. 현실적인 삶에 너무 집착하지 말라고 충고한 점에서는 내용이 일치하지요.

쇼펜하우어

2 베다에 도전하다 | 유물론과 자이나교

인도 사상은 『우파니샤드』가 나타나기 전까지 비교적 통일적인 모습을 띠고 있었어요. 브라만교 교리가 모든 철학적 사유의 배경을 이루고 있었던 것이지요. 하지만 사람들 사이에서 비판의 목소리가 높아지기 시작했어요. 이런 분위기 속에서 오직 하나의 신적 계시로 여겨지던 베다를 부정하는 사상이 등장합니다. 이처럼 베다가 유일한 신적 계시는 아니라고 여기는 모든 사상 체계를 '비정통적 체계'라고 불러요. 이 가운데 대표적인 것이 차르바카의 유물론입니다. 이 시기에는 마하비라의 자이나교와 석가모니의 불교 등 새로운 종교적 경향도 나타났어요.

- 차르바카는 세계가 물질적 요소들이 결합해 만들어진 것이라 생각했기 때문에 사후 세계나 신의 존재를 부정했다.
- 차르바카는 최선을 다해 현재의 삶을 즐겨야 한다고 주장했다.
- 자이나교 교리에 따르면 모든 생명체에는 자아가 존재하므로 살생을 하면 안 된다.
- 지나치게 엄격한 교리 탓에 자이나교는 대중 속으로 파고들지 못하고 극소수를 통해서만 명맥이 이어졌다.

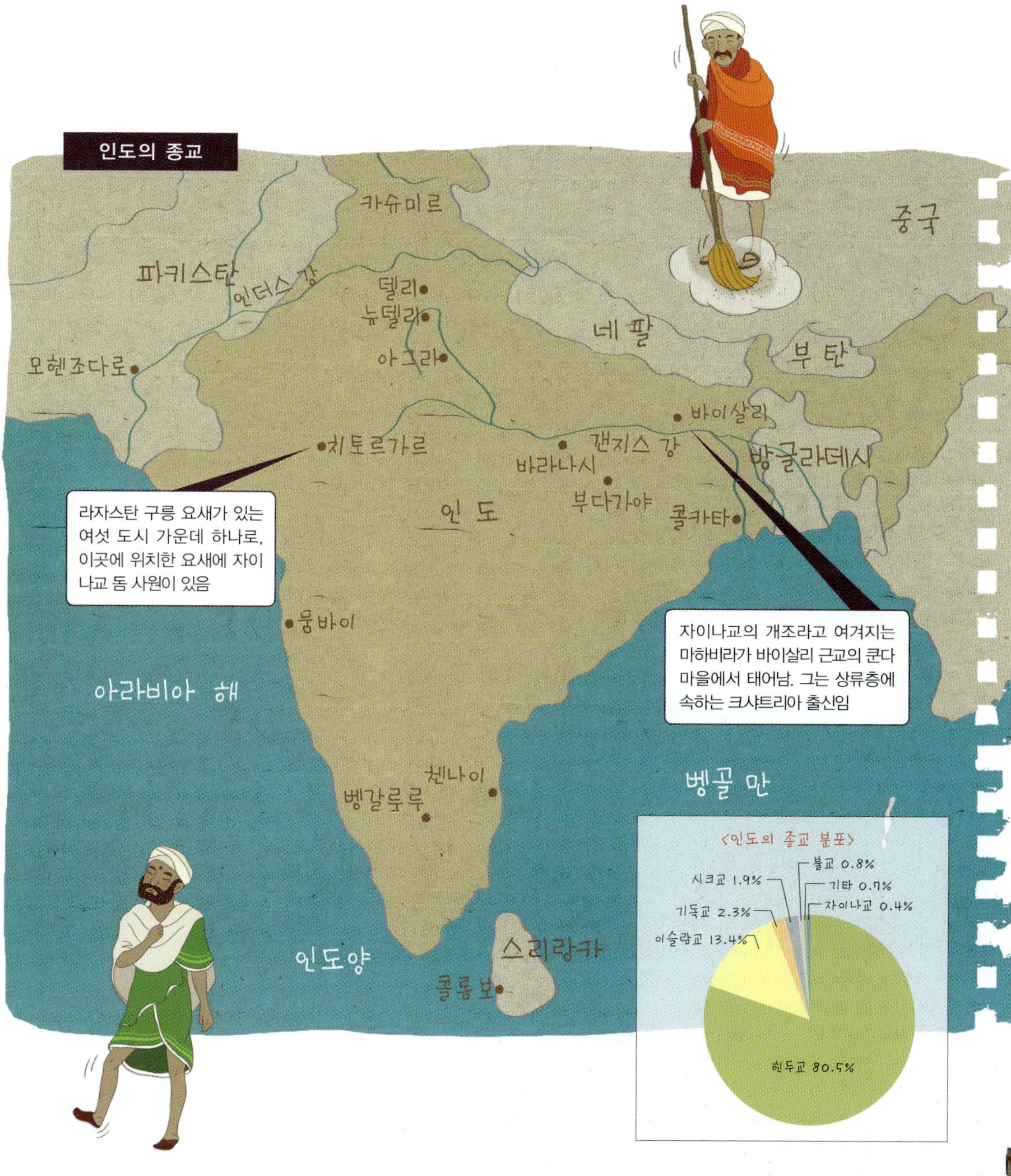

1 물질에서 시작해 물질로 끝난다 – 유물론

영혼은 존재하지 않는다

형이상학(形而上學)
사물의 본질, 존재의 근본 원리를 사유나 직관으로 탐구하는 학문을 말한다. 명칭은 아리스토텔레스의 철학서인 『형이상학』에서 유래한다.

차르바카는 고전적 유물론을 펼친 인도의 한 학파입니다. 차르바카는 '세상에 순종하는 사람'이라는 뜻이에요. 사후 세계와 경전의 권위를 부정하고, 자아의 불멸성을 의심하는 유물론자들이 차르바카를 형성했지요.

유물론자들은 "실존하는 것은 물질뿐이므로 모든 정신적 작용은 물질에 귀착될 수 있다."라고 주장했어요. 물질이 가장 근본적이고 원초적이므로 가장 비물질적이라고 할 수 있는 인간의 정신 작용, 곧 사고, 추리, 기억도 물질의 작용이라고 말할 수 있다는 뜻이지요.

유물론
독일의 베를린에 위치한 마르크스와 엥겔스의 동상이다. 이들이 19세기 전반에 유물 사관을 알리고 강조함으로써 유물론이라는 용어가 널리 쓰이게 되었다.

유물론자들은 '물질적 차원을 넘어서는 모든 철학은 형이상학적 난센스(nonsense, 무의미한 어떤 것)'라며 뿌리쳐 버렸어요. 대신 이 세상에는 바람, 불, 물, 흙의 4원소로 구성된 물질만 존재한다고 주장했습니다. 인간 또한 4원소로 구성된 존재이고, 인간이 죽으면 4원소가 흩어지므로 영혼은 존재하지 않는다고 보았지요.

그러나 유물론자들도 인간에게 의식이 존재한다는 점은 인정했습니다. 다만 의식의 속성도 물질이라고 보았어요. 하나하나의 물질에 의식이 없다고 해서 물질들이 결합한

빈랑나무
빈랑나무의 열매는 열대 아시아에서 오래전부터 즐긴 기호품 가운데 하나다. 4억 명 이상이 이것을 씹고 있으며 인도에서는 연간 10만 톤 이상을 소비한다고 한다.

새로운 물체에도 의식이 없다고 생각해서는 안 된다는 것이지요. 예를 들어 종려나뭇과인 **빈랑나무**의 잎과 열매, 과일을 함께 씹으면 어디서도 찾아볼 수 없던 붉은색을 얻을 수 있습니다. 식물에서 분비되는 당밀을 발효시키면 원래 당밀에는 없던 취기를 느끼게 하는 성분을 얻을 수 있지요.

이와 마찬가지로 인간의 육체적 기관들이 따로따로일 때는 물질이지만 이것들이 모여 한 몸을 이룰 때 비로소 영혼이라는 독특한 존재가 생겨난다고 보았어요. 그래서 구성 물질인 육체가 죽으면 더불어 영혼도 없어지게 되지요.

천국은 없다, 현재를 즐겨라

유물론자들에게 사후 세계나 신이 존재한다는 주장은 허구적 신화일 뿐이에요. 세계는 신이 창조한 것이 아니라 물질적 요소들이 결합해 만들어진 것으로 생각했기 때문이지요. 따라서 유물론자들은 신을 기쁘게 하려고, 또는 죽은 후 천국에서 즐거움을 누리기 위해 종교 의식을 행하는 것은 어리석은 일이라고 보았어요. 그래서 종교 지도자에 대해서도 비판적이었지요.

"종교 지도자는 종교에 대한 봉사를 직업으로 선택한 생활인에 불과하다. 먹고살기 위해 신과 어리석은 사람들을 이용할 뿐이다. 그러므로 현명한 사람은 이 세상에서 가능한 한 최고의 쾌락을 누리는 것을 목표로 한다."

유물론자들은 윤리적인 세계 질서가 있다는 사실을 부정했어요. 따라서 유물론자들이 윤리에 대한 이론을 주장했을 리는 없지요. 일부 유물론자는 "인간의 유일한 목표는 감각적 욕망이다."라고 서슴없이 주장했어요. 한 유물론자는 왕에게 이렇게 말했다고 합니다.

"종교에서 내세우는 계율은 어리석은 자들을 속이기 위한 것입니다. 저는 도덕적 의무를 다하고자 하는 사

토라나에 새겨진 향락하는 모습
인도의 산치 유적에 위치한 토라나다. 여기에는 향락을 일삼는 모습이 새겨져 있다. 인도에서 입구에 세우는 문을 토라나라고 하는데, 토라나에는 시대상이 담겨 있다.

람들을 보면 딱한 생각이 듭니다. 그들은 하염없이 상제(上帝, 우주를 창조하고 주재하며 인간의 선악을 판단해 그에 따라 화복을 내린다는 신)에게 공물을 바칩니다. 이는 풍성하게 잘 차린 음식을 낭비하는 일에 지나지 않습니다. 라마여, 피안(彼岸, 현실적으로 존재하지 아니하는 관념적으로 생각해 낸 현실 밖의 세계)은 존재하지 않고 희망이나 믿음도 헛된 것입니다. 지금 당신의 삶을 즐기십시오. 덧없이 현혹하는 모든 것을 멸시하십시오."

아편을 피우는 고행자들
인도의 고행자들이 아편을 피우는 모습을 그린 작품이다. 열심히 수행해야 할 고행자가 향락을 위해 아편을 피우는 모습이 모순적이다.

또 다른 유물론자는 "향락에는 반드시 고통이 따른다. 그렇다고 해서 이를 멀리하려는 사람은 참으로 어리석다."라고 말한 후 그 까닭을 이렇게 설명했어요.

"희고 통통한 쌀알에 얇은 겨가 덮여 있다고 이를 마다할 필요가 있는가? 껍질 때문에 과일의 속살을 거부하고, 일하는 가축이 불쌍하다고 봄에 씨뿌리기를 그만두어서야 되겠는가? 우리는 현재의 삶 속에서 고통을 줄이고 쾌락을 느끼는 데 최선을 다해야 한다."

놀랍게도 많은 사람이 이런 쾌락주의를 추종했어요. 그래서 청강을 원하는 수많은 사람을 모두 수용할 수 있도록 거대한 건물까지 마련했다고 합니다.

라마(lama)
당시 최고 권력자를 가리키는 말이다. 티베트 불교에서는 정신적 스승을 나타낸다.

2 살생을 금지하라 – 자이나교

굶어 죽은 부모를 보고 금욕적 삶을 살다

자이나교의 기원은 선사 시대까지 거슬러 올라갑니다. 자이나교는 24명의 티르탕카라를 통해 전해졌어요. 티르탕카라는 윤회에 성공하고, 다른 사람들이 따를 길을 만든 구원자를 가리키는 말이랍니다. 24명의 티르탕카라 가운데 마지막 사람이 마하비라예요. 오늘날 자이나교에서 마하비라는 창시자보다는 개혁자로 여겨집니다. 마하비라 때에 이르러서야 자이나교가 종교로서 체계를 갖추었기 때문이지요.

석가모니와 같은 시대에 살았던 마하비라는 부유한 귀족 가문에서 태어났습니다. 그의 부모는 죽은 후에도 영원히 사는 것을 저주스럽게 여겼고, 자살을 허용하는 종파에 속해 있었어요. 그들은 교리에 따라 스스로 굶어 죽고 말았지요. 이를 곁에서 지켜본 마하비라는 극도

자이나교 돔 사원

인도의 치토르가르 요새에 위치한 자이나교 돔 사원이다. 자이나교는 '번뇌를 극복한 승자의 가르침'이라는 뜻이다. 자이나교에서는 불교와는 다른 고행을 강조했다.

왕좌에 앉아 있는 마하비라

1472년에 인도의 파탄에서 제작된 문서다. 마하비라가 고행의 길을 떠나기 전에 금과 은, 군대, 전차 등 그가 가진 모든 것을 다른 사람들에게 나누어 주었다는 내용을 글과 그림으로 남긴 것이다.

티르탕카라

24명의 티르탕카라를 그린 1850년 무렵의 회화 작품이다. 티르탕카라는 회화나 조각에서 부동의 자세로 서 있거나 책상다리를 하고 앉아 있는 모습으로 묘사된다. 티르탕카라들은 완벽한 존재이므로 상징적인 색깔이나 표상을 제외하고는 거의 모습의 차이가 없다.

로 금욕적인 삶을 살았습니다. 12년을 넘게 고행한 끝에 그는 최상의 지혜를 얻었어요. 이로써 그는 '애착이나 탐욕 등 모든 욕망을 정복한 자'라는 뜻의 지나(jina)가 되었지요.

영혼은 존재한다

자이나교에서는 차르바카의 유물론을 거부했어요. 왜냐하면 인간이 지각한다는 사실이 모든 생명체에 자아(영혼)가 존재한다는 사실을 증명하기 때문이지요. 이를테면 우리는 오렌지의 색깔, 형태, 냄새 등을 지각해 오렌지가 존재함을 알게 됩니다. 마찬가지로 우리가 쾌락이나 고통 또는 자아의 다른 성질을 마음속으로 알아차릴 때 자아

자이나교의 세계관
1800년대 말에 인도에서 만든 지도로, 자이나교의 세계관을 보여준다. 자이나교에서는 이 세계의 사물을 생물과 무생물로 구분한다. 생물 가운데 오감(五感)을 모두 지닌 인간이 가장 발달한 존재이고, 촉각만 지닌 식물이나 4대 원소가 가장 저급한 것이라고 보았다.

의 존재를 인정해야 해요. 만일 우리에게 육체와 감각 기관들을 조절하는 의식적 실체가 없다면 우리 몸이 이토록 체계적으로 활동할 수는 없겠지요? 따라서 우주에는 생명체의 수만큼이나 많은 자아(영혼)가 존재한다고 볼 수 있어요. 자이나교에서는 동물뿐만 아니라 식물, 심지어 먼지 알갱이 속에도 자아가 존재한다고 보았답니다.

자이나교의 상징
1974년에 모든 종파에서 받아들인 자이나교의 공식 심볼이다. 펴진 손바닥에는 '멈춘다'라는 뜻이 담겨 있고, 손바닥 위에 쓰여진 단어는 '아힘사'를 의미한다.

벌레 한 마리도 죽이지 말라

자이나교에서는 만물에 자아가 존재한다고 믿었기 때문에 생명을 중시했습니다. 자이나교의 규약 가운데는 모든 살생을 금지하라는 내용이 있어요. 동물을 죽이거나 신 앞에 바치는 공물로 이용하면 안 되고, 음료수 속에 벌레가 빠져 있더라도 절대 잡으면 안 되고 입으로 불면서 마셔야 했답니다. 숨을 쉴 때도 벌레를 들이마시면 안 되므로 언제나 얼굴을 천으로 가려야 했지요. 걸음을 옮기다 생명체를 밟아 죽이면 안 되기 때문에 걷기 전에 미리 방바닥을 깨끗이 쓸어야 했어요. 농사를 짓다 보면 땅속에 살고 있던 벌레를 자기도 모르는 사이에 죽일 수 있으므로 농사마저 짓지 않았다고 합니다. 규약이 너무 지나치다고요? 하지만 과학적 근거가 있는 내용이기도 해요. 생명이 없는 사물들 속에도 미세한 생명체가 존재한다는 사실은 현대 과학에서 인정된 내용이지요.

살생을 금지하는 '불살생(不殺生)' 사상은 자이나교만의 교리가 아니에요. 힌두교나 불교, 자이나교 등 인도 종교 문화를 아우르는 중요한 덕목이지요. 간디 또한 '아힘사'라고 부르는 불살생 사상을 실천한 것으로 유명합니다. 그가 독립 운동을 벌일 때는 '비폭력'이라는 뜻으로 사용되었지요.

일곱 지옥
자이나교의 우주론에 묘사된 지옥의 광경을 담은 작품이다. 자이나교에서는 업(業)이 무거워지면 지옥에 가까운 세계에서 다시 태어나게 된다고 믿었다.

자이나교 신도들이 지켜야 할 규약에는 살생을 금지하는 일 외에도 여러 가지가 있었어요. 거짓말을 하면 안 되고, 자신에게 주어지지 않은 것은 어떤 것도 가져서는 안 되며, 현세와 관련된 것에서 쾌락을 추구하면 안 된다는 규약이 포함되어 있었습니다. 이런 목표를 달성하기 위해서는 고행해야 한다고 믿었고요. 하지만 지나치게 엄격한 교리 탓에 자이나교는 대중 속으로 파고들지 못하고 극소수를 통해서만 명맥이 이어졌습니다. 그런데도 오늘날 자이나교 신도 수가 300만 명에 이른다는 내용이 보고되었어요. 자이나교 신도끼리는 서로 도우려는 경향이 강한 데다 신도들 가운데 상인이나 금융업자들이 많아 인도 사회에 경제적으로 막강한 영향력을 끼친다고 합니다.

생각해 보세요

유물론과 쾌락주의는 어떤 관계가 있을까요?

인도의 유물론자들은 "이 세상에 영혼이란 존재하지 않고 네 가지 원소로 구성된 물질만이 존재할 뿐이다. 따라서 사후 세계는 없다. 신이 존재한다는 주장 역시 허구일 뿐이다. 현명한 사람은 이 세상에서 가능한 한 최대의 쾌락을 누리는 것을 목표로 삼는다."라고 주장했습니다. 유물론이 쾌락주의로 귀착되는 현상은 서양 철학에서도 나타났지요. 그리스의 철학자인 데모크리토스는 원자론을 주장했어요. 그는 "사물과 마찬가지로 인간의 신체와 영혼 역시 원자로 구성되어 있다. 따라서 인간이 죽는다는 것은 인간을 형성했던 원자들이 흩어진다는 것과 같다. 그러므로 사후 세계란 없다."라고 말했습니다. 이 원자론을 에피쿠로스 학파에서 채택했는데, 결국 쾌락주의 윤리설로 발전했지요. 죽은 후 한 줌 흙으로 돌아간다는 입장에서는 살아 있는 동안이나마 즐겁게 살자는 주장이 자연스럽게 나오겠지요. 즉, 데모크리토스의 유물론적 세계관에서는 쾌락주의 윤리가 나올 수밖에 없답니다. 이를 통해 쾌락주의자인 에피쿠로스가 왜 데모크리토스의 유물론을 기초로 삼았는지 짐작할 수 있지요.

데모크리토스의 흉상

3 신은 여럿이면서 하나다 | 힌두교

힌두(Hindu)라는 말은 인더스 강의 산스크리트어 명칭인 '신두', 곧 '큰 강'이라는 뜻에서 유래했습니다. '인도(印度)'라는 말도 똑같은 어원을 가지고 있어요. 그래서 힌두교를 다른 말로 인도교(印度教)라고도 한답니다. 힌두교의 역사는 사실 더 오래되었지만 보통은 300년경부터라고 봅니다. 이때 아리아인의 브라만교가 토착 민간 신앙과 합쳐지고, 불교 등의 영향을 받으면서 종교의 모습을 갖추기 시작했어요. 이 신앙이 오늘날의 힌두교랍니다. 힌두교는 특정한 교조와 체계를 가지고 있지 않아요. 오히려 다양한 신화, 경전, 전설, 의례, 제도, 관습 등을 포함하고 있지요.

- 힌두교와 브라만교는 모두 베다가 근본 경전이지만 예배의 형식과 숭배의 대상에는 차이가 있다.
- 힌두교는 다신교처럼 보이지만 신들을 하나로 통일해 유일신을 설정했으므로 일신교라고도 볼 수 있다.
- 힌두교의 운명론은 대중들의 삶의 만족도를 높였지만 사회 발전을 가로막는 요인이 되기도 했다.
- 다른 종교의 영향을 받아 신(新)힌두이즘을 주장한 힌두교 개혁 운동이 일어나기도 했다.

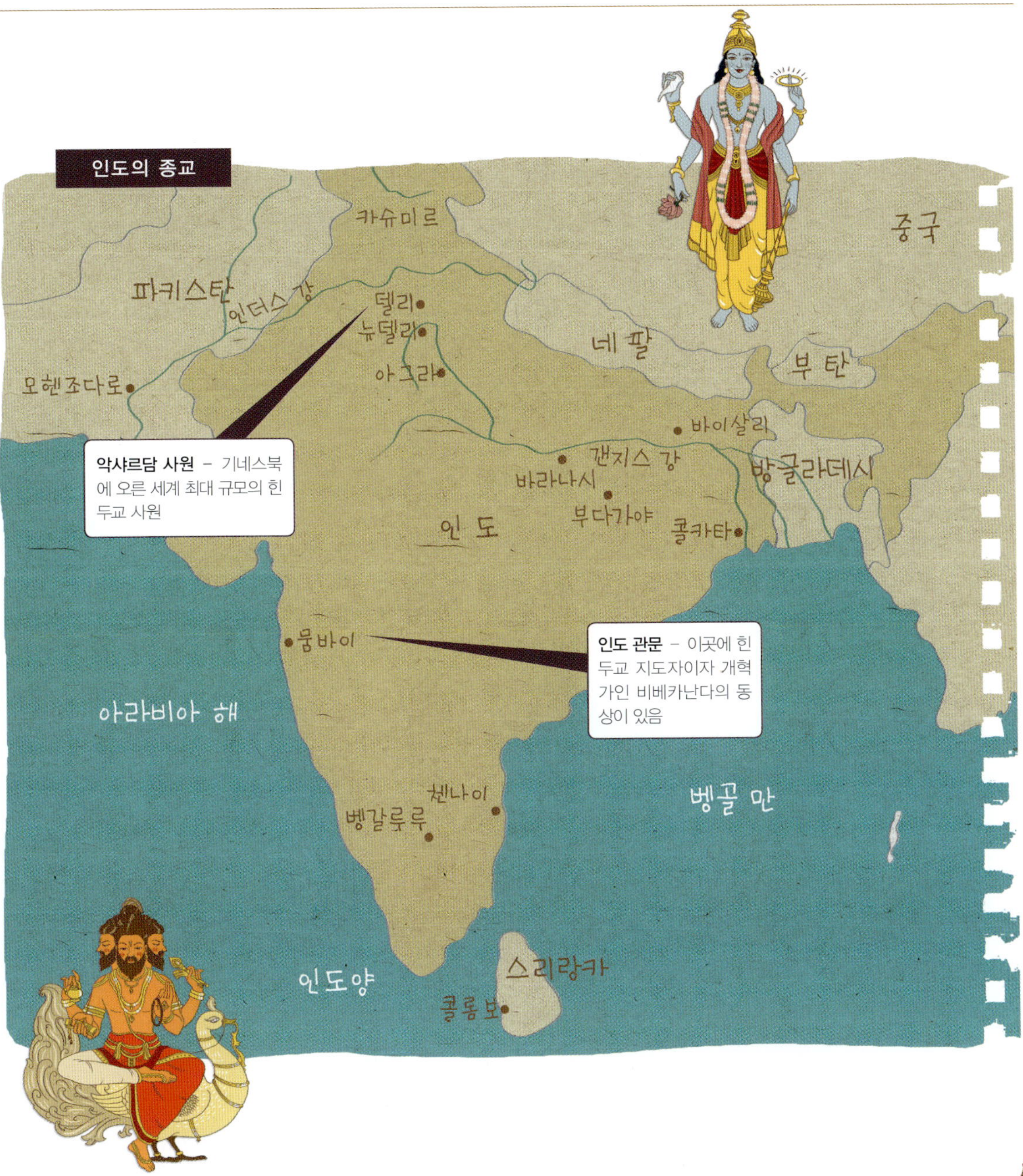

1 베다에는 신의 영감과 계시가 담겨 있다

힌두교와 고대 브라만교의 차이점은 무엇일까요? 베다에 근거를 둔 브라만교에서는 희생제를 중시합니다. 신전이나 신상 없이 자연신을 숭배하고요. 이에 비해 힌두교에서는 제물을 바치는 일에 반대해 육식을 금지하고, 신전과 신상을 예배의 대상으로 삼습니다. 또한 사람과 똑같이 느끼고 생각하며 판단하는, 마음과 의지 등을 갖춘 인격신(人格神)을 믿지요.

힌두교의 근본 경전은 베다와 『우파니샤드』이며, 몇 가지 문헌이 더 있습니다. 힌두교 경전들은 인도의 종교적 · 사회적 이념의 원천이 되고 있어요. 힌두교 신도들은 베다의 절대적 권위를 인정하며 천계 성전(天啓聖典)이라고 부릅니다. 천계란 신이 우리가 사는 현상 세계에 자기의 마음을 내보이는 것을 말하지요. 즉, 천계 성전이란 천지신명

힌두교 사원

인도의 델리에 위치한 악샤르담 사원이다. 이 사원은 2005년에 완공되었으며 세계 최대 힌두교 사원으로 기네스북에 올라 있다. 넓이가 축구장의 16배 정도인 약 12만m²에 달한다.

의 계시를 담은 거룩한 경전이라는 의미예요. 베다는 신이나 인간이 만든 것이 아니고, 신의 영감과 계시를 받은 리시(rishi, 성자)가 만든 것이라고 합니다.

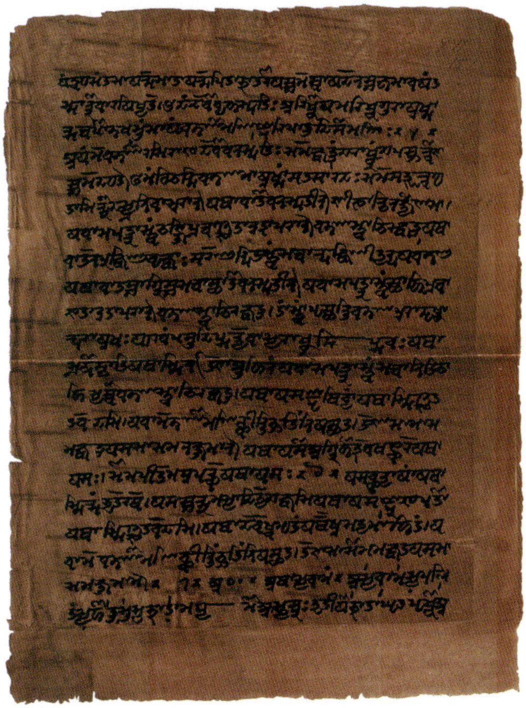

2 브라흐마, 비슈누, 시바는 하나다

힌두교는 언뜻 보면 다신교 같아 보여요. 하지만 힌두교에서는 신들의 배후에 유일한 최고 존재자를 설정하고, '여러 신이란 결국 최고신이 나타난 모습'이라고 주장합니다. 신들을 하나로 통일해 유일신을 설정했다는 점에서 일신교의 형태를 취하고 있어요. 힌두교의 성전 문학인 『푸라나』에 나타난 트리무르티가 좋은 예지요. 트리무르티는 창조의 신 브라흐마, 유지의 신 비슈누, 파괴의 신 시바를 한 몸으로 통일한 삼신일체(三神一體)를 말합니다. 이 트리무르티를 최고의 실재 원리로 삼은 것이지요.

슈루티
베다는 슈루티와 스므리티로 나눌 수 있다. 슈루티는 리시가 신의 계시를 전한 것이고, 스므리티는 스승이 제자에게 전한 것이라고 한다. 베다 문헌인 『삼히타』, 『브라마나』, 『아란야카』, 『우파니샤드』, 『수트라』 가운데 수트라를 제외한 나머지 문헌은 모두 슈루티에 해당한다.

비슈누, 시바를 숭배하는 사람들이 힌두교에서 가장 큰 종파를 형성했습니다. 비슈누 파에는 사회 상층부가 속해 있었고, 학문적 경향이 짙었지요. 이에 비해 시바 파에는 사회 하층부가 분포해 있었어요. 수행자들의 고행과 주술, 열광적인 제사 의례가 특색이었지요. 비슈누는 자비롭고 온화한 신으로, 시바는 거칠고 역동적인 신으로 알려졌는데, 신도들의 성향을 살펴보니 마치 자기들이 숭배하는 신을 닮은 것 같네요.

트리무르티

힌두교의 바드라칼리 여신을 찬미하는 트리무르티를 묘사한 작품이다. '세 가지 형상'이라는 뜻인 트리무르티는 힌두교의 주요 신인 브라흐마 · 비슈누 · 시바가 일체화된 신 또는 존재다. 힌두교의 삼위일체(三位一體)라고 불리기도 하지만 기독교의 삼위일체와 유사한 점은 없다. 트리무르티를 표현하는 양식에는 세 신이 개별로 표현된 형태가 있고, 하나의 목 위에 세 머리가 달린 형태도 있다. 머리 하나에 서로 다른 방향을 보고 있는 세 얼굴을 그려 넣은 형태도 흔하다.

3 육체 단련을 위해서는 고행을, 정신 통일을 위해서는 요가를

힌두교의 특징은 윤회와 업, 해탈, 도덕적 행위를 중시하는 것, 경건한 신앙 등으로 요약할 수 있어요. 윤회와 업 사상은 민간 신앙에서 받아들인 것으로 『우파니샤드』에도 나타나 있습니다. 이 두 사상은 인도 사람들에게 도덕관념을 심어 주었어요. 하지만 운명론을 싹트게 해 사회 발전을 가로막는 요인이 되기도 했답니다. 운명론이란 이 세상의 모든 일이 미리 정해진 필연적 법칙에 따라 일어난다고 보는 견해예요. 인도 사람들은 대체로 평화로운 표정을 짓고 있고 가난한 사람들조차도 삶의 만족도가 높다고 합니다. 자신에게 벌어지는 모든 일을 숙명으로 받아들이기 때문이겠지요.

라마크리슈나 수도원
인도의 첸나이에 위치한 라마크리슈나 수도원이다. 라마크리슈나 미션에서는 의료 봉사와 빈민 구제, 교육 사업 등 다양한 자선 활동을 벌이고 있다. 『우파니샤드』를 현대적으로 해석해 보급하는 일도 하고 있다.

힌두교에서는 인간이 죽은 후의 운명에 대해서도 깊게 성찰했습니다. 업의 속박에서 벗어나는 것은 신들에게도 벅찰 만큼 어려운 일이었어요. 업에서 벗어나 해탈하는 방법으로 집을 나와 떠돌아다니는 생활, 고행, 요가 등이 전수되었습니다. 고행은 주로 육체를 단련하는 것이고, 요가는 정신의 통일을 목적으로 했지요.

힌두교는 이슬람교 및 그리스도교와 접촉하는 과정에서 여러 영향을 받았어요. 근세에는 몇 차례 힌두교 개혁 운동이 일어나기도 했지요. 특히 라마크리슈나 미션에서는 박애주의와 보편주의에 근거해 신(新)힌두이즘을 주장했습니다. 라마크리슈나 미션은 모든 종교는 하나로 합쳐진다는 라마크리슈나의 사상을 이어받아 그의 제자인 **비베카난다**가 설립한 교단이에요. 이 교단에서는 보편적 종교관을 지향하고 있어 세계적으로 많은 신도가 따르고 있습니다. 그들은 세계 난민 구제와 사회 복지를 위한 여러 활동을 하고 있답니다.

비베카난다

'인도 관문'에 세워진 비베카난다 동상이다. 비베카난다는 1893년에 시카고 세계 종교 의회에서 한 연설을 계기로 세계적인 강연가가 되었다. 그 후 미국과 영국 등을 돌아다니며 강연했다. 인도로 돌아온 그는 자선 활동을 하다가 1902년에 39세라는 젊은 나이로 생을 마감했다.

생각해 보세요

불교의 윤회와 힌두교의 윤회는 어떻게 다를까요?

힌두교에서는 인간이 죽어 무(無)로 돌아가는 것이 아니라 각자의 업(業)에 따라 내세에서 새로운 육체를 얻는다고 생각합니다. 이러한 윤회 사상은 업이나 해탈 등과 더불어 힌두교의 중요한 특징 가운데 하나지요. 힌두교에서는 윤회를 '특정한 자아가 각각 독립적으로 존재하는 형태(아트만)'라고 봅니다. 하지만 불교에서는 윤회를 '각각의 자아가 수많은 조건을 만나서 서로 의존하고 연결되어 새로 형성되는 것'이라고 보지요. 이렇듯 불교와 힌두교에서 윤회를 다르게 생각하는 이유는 무엇일까요? 불교에서는 원래 '나'라고 할 만한 실체가 없다고 말합니다. 모든 것이 인연에 따라 이루어지기 때문이지요. 이런 생각을 제법무아(諸法無我)라고 합니다. 모든 것은 서로의 인연에 따라 생겨나고 소멸하기 때문에 이 세상 모든 것은 제행무상(諸行無常)할 수밖에 없어요. 늘 변해 한 모양으로 머물 수 없지요. 그래서 불교에서는 "밖으로 드러나는 표면적인 것만 보고 그에 집착하면 안 된다. 제법무아와 제행무상의 이치를 깨닫고 나면 고통은 자연스럽게 없어진다."라고 가르친답니다. 이런 생각이 힌두교와는 다른, 불교의 독특한 윤회 사상에 영향을 미친 것으로 보입니다.

자이나교 · 힌두교 · 불교의 석굴이 한곳에 있는
엘로아 석굴

4 어떻게 하면 욕망을 끊을 수 있나요? | 불교

석가모니는 넉넉한 환경에서 좋은 교육을 받으며 자랐어요. 하지만 성장기를 거치면서 심각한 고민에 빠지게 됩니다. 사람은 어디에서 오고 어디로 가는 것일까? 영원히 죽지 않고 행복하게 살 수는 없을까? 모든 고통이 욕망 때문에 생긴다면 욕망을 끊어 버릴 수는 없을까? 괴로워하던 석가모니는 부모와 처자의 곁을 떠나 도에 정진하기 시작합니다. 석가모니는 가족과 세상에 대한 욕망으로부터 벗어나 해탈의 경지에 이르게 되지요. 부처가 된 석가모니는 세계 3대 종교 가운데 하나인 불교의 창시자가 되었습니다. 석가모니는 50년 동안 설교했고, 남녀 불교도가 생기는 모습도 보았어요. 석가모니는 쿠시나가라의 사라수 아래에서 80세로 생을 마감했지요.

- 석가모니는 가족과 세상에 대한 욕망이 한없이 덧없다는 사실을 깨닫고 영원한 구도의 길을 선택했다.
- 석가모니는 보리수 아래서 큰 깨달음을 얻어 부처가 되었다.
- 석가모니의 겸허한 자세와 개방적 태도, 관용의 정신이 바탕이 된 불교는 세계적인 종교가 되었다.
- 초기 불교가 발전하는 데에는 석가모니의 10대 제자들의 활약이 컸다.

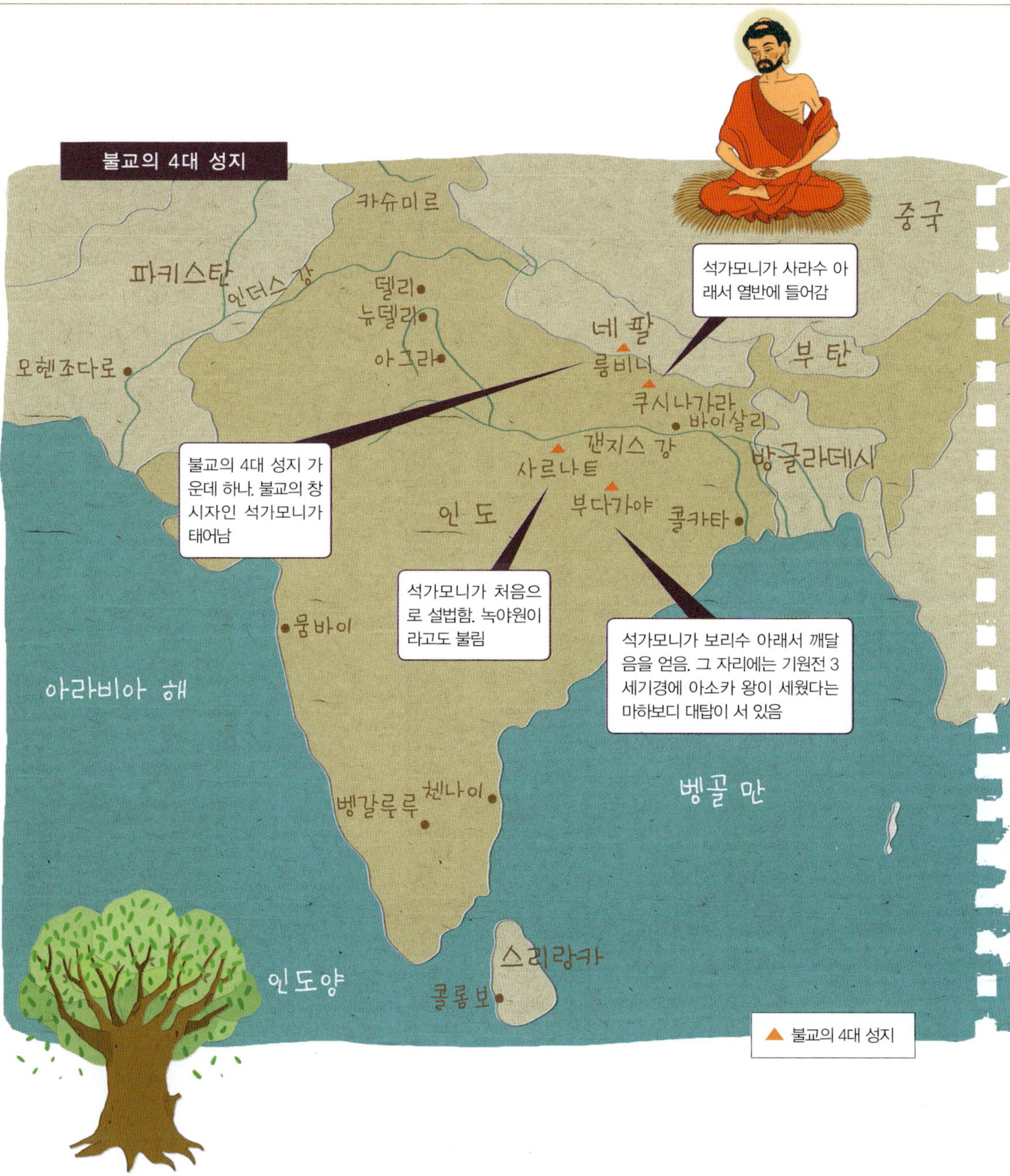

1 승려가 된 왕자 – 석가모니

하얀 코끼리가 마야 부인의 무릎에 앉다

불교의 창시자인 석가모니는 지금의 네팔에 해당하는 카필라바스투에서 성주의 아들로 태어났어요. 석가모니의 본명은 고타마 싯다르타입니다. '석가'는 그가 속한 종족인 샤카를 뜻하고, '모니'는 성자(聖者)라는 뜻이에요. 즉, '샤카족에서 나온 성자'라는 뜻으로 석가모니라 불리게 된 것이지요. 이밖에도 그를 높여 부르는 이름이 많답니다. 붓다(Buddha), 불타(佛陀), 세존(世尊, 세상에서 가장 존귀한 존재), 부처 등이 있지요.

아버지 슈도다나와 어머니 마야 부인은 인도의 명문 혈통을 이어받은 호족에 속했습니다. 대대로 왕통을 이어 내려오는 집안이었지요. 마야 부인은 석가모니를 임신했을 때 태몽을 꾸었다고 해요. 꿈속에서 마야 부인은 네 명의 왕에게 유괴되어 은산(銀山)의 가장 높은 곳에 있는 황금 궁전으로 끌려갔습니다. 그곳에서 은색 콧등에 연

니그로다 수도원 유적지
카필라바스투에 해당하던 지역에 위치한 니그로다 수도원 유적지다. 석가모니가 출가 후에 고향인 카필라바스투를 방문했을 때 주로 머물며 설법하던 곳이다.

마야 부인의 꿈
영국의 대영 박물관에 있는 조각품이다. 마야 부인이 석가모니를 임신했을 때 꾸었던 하얀 코끼리에 대한 꿈을 세밀하게 묘사했다.

꽃을 달고 있는 하얀 코끼리가 그녀 주변을 세 번 돌더니 오른쪽 무릎에 앉았지요. 태몽을 전해 들은 슈도다나는 지혜로운 승려 64명을 불러 꿈 이야기를 털어놓았어요.

"왕비는 틀림없이 사내아이를 낳을 것입니다. 아이가 집에 머물러 있으면 왕이나 지배자가 되어, 무기를 쓰지 않고 법으로 세계를 다스리는 전륜성왕이 될 것입니다. 아이가 아버지 곁을 떠난다면 세계 인류의 무지를 벗겨 줄 대각자(大覺者, 크게 깨달은 자), 곧 부처가 될 것입니다."

전륜성왕(轉輪聖王)
인도 신화 속에 나오는 임금이다. 통치의 수레바퀴를 굴려 세계를 지배하고 통일하는 이상적인 제왕이다.

석가모니가 태어난 지 불과 7일 만에 어머니 마야 부인이 죽고 맙니다. 석가모니는 이모인 마하파자파티의 손에서 자라게 되었지요. 그는 매우 영리해 7세 때 학예와 무술을 통달했다고 합니다. 자랄수록 사물에 대해 깊이 생각하게 되었고, 진리에 대해 명상하는 버릇도 생겼지요. 16세 때는 콜리야족의 아름다운 여인 야쇼다라와 결혼해 아들 라훌라를 낳았답니다.

왕자가 출가한 까닭은?

석가모니의 아버지 슈도다나는 아들에게 왕좌를 물려주려고 했어요. 그는 아버지의 배려 덕분에 현실 세계의 어려움과 상관없는 좋은 환경에서 교육을 받을 수 있었지요. 어느 날, 석가모니는 수레를 타고 길을 가다가 네 사람을 차례로 보게 되었습니다. 첫째는 늙어서 제대로 걷지도 못하는 노인, 둘째는 높은 열로 고통받는 병자, 셋째는 이미 썩어 버린 시체, 넷째는 세상의 고통을 초월해 안식을 누리는 승려였어요. 이를 본 석가모니는 모든 부와 명예, 권력, 가족을 버리고 집을 떠나기로 하지요.

불교 신도들은 석가모니가 19세에 출가해 30세에 도를 이루었고, 81세에 입적(入寂, 승려의 죽음)한 것으로 봅니다. 다른 견해에 따르면 석가모니는 10세 때 결혼하고, 29세에 출가해 35세에 도를 이루었으며, 80세에 입적했다고 해요. 석가모니의 출가 배경에 관해서도 다양한 해석이 있습니다. 역설적으로 현실에 대한 애착이 너무 강해 출가를 선택했다고 보는 견해도 있어요. 그는 사랑하는 가족들과 영원히 살고자 하는 열망이 다른 사람보다 강했는데, 그의 바람과는 반대로 이 세상이 한없이 덧없다는 사실에 경악했다는 것이지요. 그래서 차라리 영원한 구도의 길을 떠나기로 했다는 거예요.

슈도다나와 아기 석가모니
인도 국립 박물관에 있는 조각상이다. 가운데를 기준으로 왼쪽엔 슈도다나를, 오른쪽엔 아기 석가모니를 새겼다. 아기 석가모니는 아지타 선인의 무릎 위에 올려져 있다.

샛별이 반짝이는 새벽, 보리수 아래 앉아 크게 깨닫다

석가모니는 출가하기 전에 기존 종교들에 대해 나름의 지식이 있었던 것으로 보입니다. 당시에 유명했던 수도자들을 찾아 두 차례에 걸쳐 그들이 추구하는 최고의 경지에 도달하기도 했지요. 석가모니가 도달했다는 최고의 경지는 '존재하는 것은 없다고 체득한 경지'를 뜻하는 무소유처(無所有處)와 '생각이 있는 것도 아니고, 생각이 없는 것도 아닌 경지'를 뜻하는 비상 비비상처(非想非非想處)예요. 하지만 이 역시 인생의 근본 문제를 해결할 수는 없다는 생각이 들어 수도자들 곁을 떠나게 되지요.

고행하는 석가모니
미국 앨라배마 주의 버밍햄 예술 박물관에 있는 석가모니상이다. 고된 수행으로 심신이 쇠약해진 석가모니의 모습을 묘사했다.

석가모니는 히말라야 산속에서 하루에 삼(긴 섬유가 채취되는 뽕나뭇과에 속하는 식물을 통틀어 이르는 말) 씨앗 한 알과 보리 한 알로 목숨을 이어 가며 6년 동안 고행했어요. 수행에 정진하다가 마음과 몸이 쇠약해져 기절하기도 했지요. 하지만 어디에서도 만족을 얻지 못했어요.

석가모니는 고통과 즐거움을 모두 물리치는 좌선(坐禪, 고요히 앉아 참선함)의 묘한 이치를 깨달아 가부좌를 틀고 수도하기 시작했습니다. 장소는 갠지스 강 유역인 부다가야의 보리수 아래였어요. 그는 보리수를 등진 채 동쪽을 향해 자리를 잡고, 길상초로 만든 방석 위에 앉아 "번뇌가 다하지 않으면 영원히 일어나지 않으리라. 만일 내가 깨닫지 못한다면 내 피와 살이 메마르고 말 것이다."라고 굳게 결심했다 합니다.

아난다 보리수

인도 우타르프라데시 주의 기원정사에 위치한 보리수다. 불교의 가장 신성한 3대 보리수 가운데 하나다. 석가모니가 기원정사에서 20년이 넘게 머물며 설법을 펼치던 때에 선정(禪定)에 들었던 곳이기도 하다. 인도의 수행자나 불교 신도들은 아난다 보리수를 석가모니라고 믿는다.

명상하는 석가모니

미국 뉴욕의 브루클린 미술관에 있는 석가모니상이다. 보리수 아래서 명상하는 석가모니의 모습을 묘사했다. 초기 불교 미술에서는 보리수를 석가모니의 상징으로 사용했다. 원래 석가모니는 뽕나무의 일종인 어떤 나무 아래서 깨달음을 얻었는데, 그 후 나무의 이름을 보리수라고 했다고 한다.

좌선을 지속하던 어느 날, 석가모니는 동쪽 하늘에서 샛별이 빛을 발할 때 불현듯 모든 것을 깨달았다고 해요. 지축을 흔들고 하늘을 울리는 큰 깨달음이었지요. 금강좌에 앉은 지 7일 만에 대각 성도(大覺成道), 즉 크게 깨달아 도를 이룬 것입니다. 이때부터 석가모니는 가족을 사랑하는 마음을 비롯한 모든 애착에서 벗어나게 되었지요.

금강좌(金剛座)
석가모니가 보리수 아래서 도를 닦을 때 앉았던 자리다. 금강이란 본래 '금속 가운데 가장 단단한 금강석'을 일상적으로 이르는 말이다. 곧 금강좌는 '굳고 단단해 어떠한 번뇌라도 깨뜨릴 수 있는 자리'를 뜻한다.

부처가 되어 최초로 불법을 전하다

석가모니는 부처가 되어 모든 지혜를 얻음으로써 온갖 번뇌에서 벗어나게 되었어요. 열반에 이르러 해탈함으로써 세상에서 가장 존귀한 존재, 즉 세존(世尊)이 된 것이지요. 세존이 된 후 석가모니는 **사르나트**에서 최초로 설교했습니다. 대상은 예전에 고행을 함께했던 다섯 명의 수행자였지요. 녹야원이라고도 불리는 사르나트는 오늘날 인도의 우타르프라데시 주에 있어요. 석가모니가 처음 설법한 장소라고 해서 불교 4대 성지 가운데 하나가 되었지요. 이곳에는 많은 불교 유물과 유적이 있어요. 인도의 마우리아 왕조를 지배하던 아소카 왕의 유물이 있고, 아소카 왕 때 세워지고 굽타 왕조 시대에 증축된 거대한 원통형 전탑인 다메크 탑도 있지요.

사르나트
인도의 바라나시 북쪽에 위치한 불교 유적지다. 석가모니가 깨달음을 얻은 후 처음으로 설교한 곳이다. 이 유적지에서는 기원전 3세기경부터 기원후 12세기까지의 유적이 다수 발굴되었다.

네 종류의 남녀 불교도가 생기다

석가모니는 부처가 된 후 50년 동안 설교했어요. 먼저 인도 고대 왕국인 마가다의 수도 라자그리하에서 교화 활동을 했습니다. 그 후 고향인 카필라바스투로 돌아가는 중에 카시아파 삼 형제와 그 제자 1,000여 명을 불교에 귀의하도록 했어요. 날란다에서는 사리푸트라와 마우드갈리아야나를 교화해 그 제자 1,250명을 불교로 이끌었지요. 고국에 도착해서는 아버지 슈도다나를 비롯해 가족들을 신도로 삼았어요. 북서쪽에 있는 코살라국의 슈라바스티로 가서는 수닷타와 기타 태자를 제자로 삼았습니다. 수닷타는 자비심이 많아 가난한 사람들에게 아낌없이 베풀었다고 해요. 그는 '고독한 사람들에게 보시를 많이 한 부자'라는 뜻인 '급고독장자(給孤獨長者)'라고 불리기도 했지요. 수닷타와 기타 태자는 불교 사원인 **기원정사**를 세워 석가모니에게 기증했어요. 기원정사는 7층이나 되는 큰 절이었고 석가모니의 설법은 대부분 이곳에서 행해졌다고 합니다.

교화 활동을 펼친 지 5년째 되던 해에 석가모니는 바이살리로 가서 이모이자 양어머니인 마하파자파티와 아내였던 야쇼다라를 제자로 삼았어요. 마하파자파티는 최초의 여자 승려, 즉 비구니가 되었지요.

기원정사

기원정사에서 불교 행사를 진행하는 모습이다. 기원정사는 원래 7층 건물이었는데 화재로 소실되었다. 당(唐)의 승려인 현장이 기원정사를 순례했는데, 그때 이미 황폐했다고 한다.

이로써 비구, 비구니, 우바새, 우바이라는 네 종류의 남녀 불교도가 확립되었습니다. 비구란 250계를 받고 걸사(乞士, 위로는 부처에게 법을 빌고, 아래로는 시주에게 밥을 비는 일) 수행으로 교단의 기강을 확립해 가는 남자 승려를 가리켜요. 비구니란 다른 부분은 비구와 같으나 348계를 받는다는 점과 여자라는 점만 다르지요. 우바새는 속세에 있으면서 불교를 믿는 남성 신도를 말하고, 우바이는 속세에 있으면서 불교를 믿는 여성 신도를 가리킵니다. 오늘날에는 독실한 불교 신도를 가리키는 말로 쓰이지요.

쿠타가라살라 승방
인도의 바이살리에 위치한 승방이다. 자이나교의 개조라고 여겨지는 마하비라가 바이살리 근교의 마을에서 태어났기 때문에 원래 바이살리에서는 자이나교가 융성했었다. 석가모니와 제자들이 바이살리 사람들을 전향시키면서 불교도 차차 융성하게 되었다.

사리가 되어 탑에 모셔지다

탑(塔)
원래는 석가모니의 사리를 묻고 그 위에 돌이나 흙을 높이 쌓은 무덤을 가리키는 말이었다. 이후 불교에서 탑은 위대한 자의 정신을 한데 모아 놓은 신앙의 표적을 상징한다.

교화 기간이 지나 노년에 이르자, 석가모니는 자신이 열반에 들었었던 쿠시나가라로 돌아가 사라수라는 나무 아래서 조용히 80세의 생을 마쳤어요. 석가모니가 죽기 직전 수바드라라는 고행자가 급히 찾아와 불교에 귀의해 석가모니의 마지막 제자가 되었답니다. 석가모니가 입적할 때 하늘에서 꽃다발이 쏟아져 내리고 음악이 울려 퍼졌다고 해요.

"이 세상 모든 것은 무상할 뿐이다. 쉬지 말고 몸과 마음을 다해 정진해라."

석가모니의 마지막 말이었습니다. 입적한 뒤 7일 만에 그의 시체는 수제자인 마하카시아파의 주재로 화장되었고, 8종족의 왕들에게 분배해 봉안하도록 했어요. 석가모니를 화장한 후 8곡 4두의 사리(舍利, 석가모니의 유골)가 나왔는데, 이것으로 세계 곳곳에 8만 4,000개의 탑을 세웠다고 합니다. 그 가운데 하나로 추측되는 것이 네팔의 남쪽 국경 지대인 피프라흐와에 있는 큰 탑이에요. 1898년에 영국의 고고학자인 알렉산더 커닝햄 박사와 발굴지의 소유주인 윌리엄 페페가 이 탑에서 석가모니의 사리를 발굴했습니다. 지금은 인도와 영국의 박물관에 안치되어 있지요. 석가모니와 관련된 4대 성지는 그가 태어난 카필라바스투의 룸비니, 큰 깨달음을 얻은 마가다 왕국의 부다가야, 최초로 설법을 전한 사르나트, 열반에 든 쿠시나가라랍니다.

진신 사리(眞身舍利)
석가모니의 몸에서 나온 사리를 진신 사리라고 한다. 세계 곳곳의 절에 진신 사리가 보관되어 있는데, 우리나라에는 5개의 절에 석가모니의 사리가 보관되어 있다.

산치 스투파

인도의 산치에 있는 스투파로 산치 대(大)탑이라고도 불린다. 스투파란 인도의 탑으로, 사리를 봉안하기 위한 건축물이다. 산치 스투파에서 출토된 사리는 영국의 빅토리아 앤드 앨버트 박물관에 보존했었다. 2차 세계 대전 후에는 스리랑카와 미얀마 및 동남아시아에 위치한 불교 국가가 나누어 보존했다. 현재는 1952년에 산치 스투파 옆에 건립된 사원에서 보관하고 있다.

2 석가모니의 사상과 불교 교리

석가모니의 사상, 세계적인 종교로 발돋움하다

이제부터 불교 교리의 원천이라고 할 수 있는 석가모니의 사상에 대해 알아볼까요? 첫째, 석가모니는 실천적 윤리로 중도(中道)를 강조했어요. 중도란 고통과 쾌락 가운데 어느 한쪽으로 치우치지 않는 것을 말합니다. 보통 중용의 도리라고 하지요.

"비구들아, 출가자가 피해야 할 두 가지 극단의 길이 있다. 첫째는 향락 생활이고 둘째는 헛되이 몸을 괴롭히는 고행 생활이다."

당시 풍조에 따라 고행에만 몰두하는 수련 집단이나 향락에 빠져 버린 퇴폐주의자 모두를 경계해야 한다는 가르침입니다. 출가자가 피해야 할 두 가지 극단이 향락과 고행이라면, 속세에 머무는 자들이 피해야 할 두 극단은 가난과 분에 넘치는 부유겠지요.

둘째, 석가모니는 평등을 강조했어요. 석가모니는 베다의 권위나 브라만 지상주의를 인정하지 않았습니다. 혈통으로 사람의 신분이나 계급이 정해진다는 것은 말이 안 되며, 오직 자신의 수행에 의해서만 다른 사람의 존경을 받을 수 있다고 가르쳤어요. 인간은 본질적으로 평등한 존재임을 선언한 것이지요. 붓다 또는 부처라는 말

보살상

도쿄 국립 박물관에 있는 간다라 양식 보살상이다. 보살은 원래 깨달음을 얻기 전의 석가모니를 가리키는 말이었으나 차츰 깨달음을 추구하면서 중생을 구제하는 존재를 가리키게 되었다.

아잔타 석굴

인도의 마하라슈트라 주에 위치한 동굴 사원이다. 화강암 절벽을 20m 정도 파내어 만든 동굴이 약 30개나 된다. 기원전 1세기부터 기원후 7세기에 걸쳐 만들어졌으며 내부의 장식이 유명하다. 특히 다채로운 불교 전설이 담긴 벽화가 눈길을 끈다.

팔리어로 쓰여진 불경
프라크리트어를 대표하는 팔리어로 쓰여진 불경이다. 팔리어는 불교 연구에 매우 중요한 언어일 뿐만 아니라 현재도 종교 활동에서 사용되는 언어다.

도 '깨달은 자', 즉 각자(覺者)라는 의미를 지니고 있어요. 인간이면 누구나 부처가 될 수 있다는 뜻이지요.

셋째, 석가모니는 세계주의적 휴머니즘에 근거해 자신의 사상을 펼쳤어요. 불교는 국수주의를 넘어 초계급적 · 초국가적으로 교리를 확장해 전 세계로 전파되었지요.

넷째, 석가모니는 겸손한 구도자의 자세를 잃지 않았어요. 자신의 사상을 진리라고 주장하지 않았고, 자신이 신격화되는 것도 바라지 않았지요. 인간 고타마 싯다르타에 대한 신격화 작업은 그가 죽은 후 200여 년 사이에 벌어진 일이었습니다. 석가모니의 사상은 한번도 절대적 권위를 갖는 교리인 도그마(dogma)로 강요되지 않았어요. 브라만교 경전들이 귀족어인 산스크리트어 위주로 쓰인 데 비해, 불교 경전은 당시의 통속어인 프라크리트어로 쓰였지요. 석가모니의 겸허한 자세와 개방적 태도, 관용의 정신은 불교가 세계적인 종교로 발전하는 데 중대한 영향을 끼쳤습니다. 다른 종교에 비해 순교자가 적다는 것만 보아도 이를 알 수 있지요.

국수주의(國粹主義)
자기 나라의 역사 · 전통 · 정치 · 문화 등 국민적 특수성만을 가장 우수한 것으로 믿고 유지 보존하되, 다른 나라 것은 배척하는 태도를 말한다.

세 가지 변함없는 진리, 삼법인

지금부터 우리가 살펴볼 불교 교리는 삼법인(三法印)입니다. 삼법인은 '세 가지 변함없는 진리'라는 뜻이에요. 삼법인 가운데 첫째는 제행무상(諸行無常)입니다. 모든 것은 서로의 인연에 따라 시시각각 생겨나고 소멸하므로 이 세상 모든 것은 그 자리에 가만히 머물러 있지 않고 늘 변한다는 뜻이지요. 밖으로 드러나는 것만 보고 그것에 집착하면 안 된다는 가르침이에요.

둘째는 제법무아(諸法無我)입니다. 모든 것이 실제로 존재하는 것은 아니라는 뜻이지요. 『우파니샤드』에서는 개인의 본질, 즉 자아를 아트만이라고 했지만 불교에서는 '나'라고 할 만한 실체가 없다고 봅니다. 왜냐하면 모든 존재는 인연에 따라 생기는 것으로 생각했기 때문이에요. 내가 선생인 것은 학생이 있기 때문이고, 내가 아들인 것은 아버지가 있기 때문이라는 것이지요.

원이삼점과 삼법인
큰 원 안에 점 3개를 그린 그림을 원이삼점이라고 한다. 사진은 해인사의 합각에 그려진 원이삼점이다. 세 점이 삼법인, 즉 제행무상, 제법무아, 열반적정을 각각 상징한다고 보는 견해가 있나.

『구운몽』
서울 대학교 규장각한국학연구원에 있는 고전 소설 『구운몽』이다. 김만중이 쓴 『구운몽』은 불교의 공(空) 사상을 소설적으로 표현한 작품이라고 평가받는다.

셋째는 열반적정(涅槃寂靜)입니다. 열반의 경지는 고요하고 청정하며 안정한 곳이라는 뜻이지요. 모든 중생을 열반의 경지에 들게 하려고 열반의 진리를 주장한 거예요.

위의 세 가지에 일체개고(一切皆苦)를 추가해 사법인(四法印)을 주장하기도 합니다. 일체개고란 인간이 제행무상과 제법무아를 깨닫지 못하고 영생에 집착해 온갖 고통이 생겨난다는 뜻이에요. 인간은 어리석게도 자아만 고집하기 때문에 아집과 오류에 빠지고, 고통에 시달리며 살아간다고 본 것이지요.

그렇다면 인생은 왜 고통일 수밖에 없을까요? 인간은 누구나 영원한 세계에 머물며 오래 살기를 바랍니다. 하지만 모든 것이 늘 변하니 마음속에서 고통이 우러나오는 거예요. 덧없는 것을 두고 늘 그 자리에 머물 것이라고 생각하거나 본래 '나'라고 할 만한 것이 없는데도 고집스럽게 '나'를 주장하기 때문에 좌절과 슬픔을 경험하게 되는 것이지요. 이러한 고통을 자연스럽게 없애고 마음의 평화를 얻으려면 어떻게 해야 할까요? 불교에서는 사물의 실제 모습이 텅 빈 공(空)이라는 것을 깨달아야 한다고 합니다. 불교의 근본 교리 가운데 하나인 공(空)은 비었다는 것, 즉 없다는 의미예요. 과연 무엇이 없다는 뜻일까요? 영원하고 고정된 실체가 없다는 것이지요.

공 사상은 원시 불교에도 있었지만 이를 이론적으로 체계화한 사람은 인도의 불교 학자인 나가르주나입니다. 그는 많은 저서를 남겼는데, 그 가운데서도 『중론』에 공 사상이 잘 나타나 있지요.

네 가지 신성한 진리, 사성제

또 다른 불교 교리로는 네 가지 신성한 진리인 사성제(四聖諦)가 있어요. 깨달음을 얻은 석가모니가 최초로 설법할 때 사성제에 대해 언급했을 정도로 사성제는 중요한 불교 교리입니다. 모든 삶은 고통이라는 고성제(苦聖諦), 이 고통은 인간의 쓸데없는 욕망에서 싹튼다는 집성제(集聖諦), 그러므로 모든 욕망에서 벗어나 고통이 사라지는 열반의 경지에 들어야 한다는 멸성제(滅聖諦), 여덟 가지 바른길을 따라가면 열반의 경지에 도달할 수 있다는 도성제(道聖諦)가 바로 네 가지 신성한 진리입니다.

오음(五陰)
세계를 구성하는 다섯 요소이다. 육체를 뜻하는 색(色), 감각을 뜻하는 수(受), 상상을 뜻하는 상(相), 마음의 작용을 뜻하는 행(行), 의식을 뜻하는 식(識, 의식)을 말한다.

첫째, 고성제와 관련해 불교에서는 태어나는 것도 괴로움이고, 늙는 것도 괴로움이며, 병드는 것과 죽는 것도 괴로움이라고 주장합니다. 즉, 생로병사(生老病死)가 모두 고통이라는 뜻이지요. 하지만 인생의 고통에는 이것만 있는 것이 아니에요. 사랑하는 것들과 헤어질 수밖에 없는 고통인 애별리고(愛別離苦), 싫어하는 것들을 만나지 않을 수 없는 고통인 원증회고(怨憎會苦), 구해도 얻지 못하는 고통인 구부득고(求不得苦), 오음이 불같이 일어나서 생기는 고통인 오음성고

사성제
석가모니가 제자들에게 사성제에 대해 가르치는 모습을 표현한 석상이다. 가운데의 기둥은 교육 장치고, 일부가 훼손된 오른쪽에는 석가모니의 손 모양이 남아 있다.

(五陰盛苦) 등이 있습니다. 생로병사의 고통에 이 네 가지 고통을 추가한 여덟 가지 고통을 팔고(八苦)라고 해요.

둘째, 집성제와 관련해 불교에서는 현재의 삶이 고통인 까닭을 밝히고자 합니다. 괴로움은 세 가지 좋지 않은 마음, 즉 삼독심(三毒心) 때문에 일어난다고 해요. 삼독심이란 탐욕스러운 마음인 탐심(貪心), 분노하는 마음인 진심(瞋心), 어리석은 마음인 치심(痴心)을 말합니다. 이 가운데 가장 근본이 되는 것이 치심이에요. 인간은 근본적으로 어리석어서 남의 것을 탐하고, 시기 · 질투 · 분노를 느끼며, 그릇된 행동을 하지요. 불교 경전에서는 평범한 사람이 이 세 가지 나쁜 마음과 오욕(五慾)에 집착하는 것을 갈애(渴愛)라고 표현하고 있어요. 마치 목마를 때 애타게 물을 찾듯이 삼독 오욕을 탐한다는 말이지요. 오욕이란 재욕(財慾), 색욕(色慾), 식욕, 명예욕, 수면욕 등 다섯 가지 욕망을 가리켜요.

셋째, 멸성제와 관련해 불교에서는 열반의 경지가 곧 이상이라고 주장합니다. 위의 세 가지 나쁜 마음을 다스려 고통이 소멸한 상태를 열반이라고 부르지요. 열반이란 산스크리트어 니르바나를 소리 나는 대로 적은 것으로 '끓어 내다'라는 뜻입니다. 번뇌를 가라앉히고 다시

팔정도(八正道)

티베트의 포탈라 궁을 배경으로 찍힌 다르마 휠(Dharma Wheel)이다. 8개의 바퀴살은 팔정도를 형상화한 것으로, 팔정도란 깨달음에 이르는 여덟 가지 길을 의미한다.

는 그것에 사로잡히지 않게 된다는 표현이지요. 불교에서는 열반에 도달해야만 인간의 모든 비극이 해결된다고 보았어요.

넷째, 도성제와 관련해 불교에서는 열반에 이르기 위한 수행법으로 **팔정도**를 제시합니다. 팔정도란 깨달음으로 이끄는 여덟 가지 바른길을 말해요. 이를 구체적으로 알아보면 바르게 보는 정견(正見), 바르게 생각하는 정사유(正思惟), 바르게 말하는 정어(正語), 바르게 행동하는 정업(正業), 바른 수단으로 생계를 유지하는 정명(正命), 바르게 노력하는 정정진(正精進), 바른 신념을 지니는 정념(正念), 바르게 마음을 안정시키는 정정(正定)이랍니다.

3 석가모니 이후의 불교

비구가 초기 불교 교단을 이끌다

초기 불교 교단에 속하려면 누구나 삼보(三寶)에 귀의해야만 했어요. 즉, 당시에 불교 신도가 되기 위해서는 불(佛), 법(法), 승(僧)에 의지할 것을 맹세해야 했지요. '불'은 불교를 최초로 세운 석가모니를, '법'은 석가모니가 가르친 교훈을, '승'은 석가모니의 가르침을 실천하는 승려를 가리킵니다. 그런데 왜 이것들을 보(寶), 즉 보배라고 부를까요? 세 가지를 믿고 석가모니의 가르침을 실천하면 세상의 정신적 · 물질적 가난을 없애는 보배가 된다고 믿었기 때문이랍니다.

초기 불교 교단의 중심은 출가한 남자 승려인 비구였어요. 비구가 되려면 부모의 승낙을 받고 스승을 선택해 250계를 받아야 했습니다. 출가한 후 사미(沙彌, 불교 교단에 처음 입문해 10계를 받고 수행하는 남자 승려)를 거쳐야 했고 나이가 20세가 넘어야만 250계를 받을 수 있는 자격이 주어졌지요. 여성 출가자인 비구니는 석가모니의 이모이자 양어머니인 마하파자파티가 최초였어요. 석가모니는 마하파자파티의 출가를 허락하고 나서도 348계를 받게 하는 등 비구니에게 훨씬 엄격한 규칙과 법을 요구했지요. 이런 까다로운 규율 탓에 초기 불교 교단에서 비구니는 큰 역할을 하지 못했던 것으로 보입니다.

비구
캄보디아 앙코르 와트의 비구들이다. 비구승은 출가해 구족계를 받고 독신으로 불도를 닦는 승려를 말한다. 결혼해 아내와 자식을 거느린 승려인 대처승과 구별된다.

머리를 깎는 이유는?

당시 인도 사회에서 출가는 관습이었어요. 사람들은 집을 떠나 수행하는 사람을 '부지런히 노력하는 사람'이라는 의미로 사문(沙門)이라고 불렀습니다. 사문은 속세에서 느끼던 사랑이나 욕망에서 벗어나 홀로 사는 것을 이상으로 삼았지요. 사문은 탁발(托鉢)로 목숨을 유지해 나갔어요. 탁발이란 집집을 돌아다니며 불교 경전을 외면서 동냥하는 것을 말합니다. 또한 사문은 옷 세 벌과 공양 그릇인 **바리때** 외에는 아무것도 몸에 지니지 않았고, 무언가를 저축하지도 않았어요. 사문은 작은 절이나 큰 나무 아래서 좌선하기도 하고, 산속의 동굴에 머물며 정사(精舍, 수련에 정진하는 승려들이 머무르는 집)를 지어 집단생활을 하기도 했습니다. 열대 기후에 속하는 인도에서 비가 많이 내리는 우기에는 외출할 수가 없었기 때문에 사문들은 한곳에 모여 생활하며 수행에 전념했어요. 이를 안거(安居)라고 하지요.

바리때
바리때는 승려의 공양 그릇이다. 석가모니가 탁발할 때 음식이 아무리 많아도 넘치지 않고, 아무리 적어도 그릇이 가득 찼다고 해서 응량기(應量器)라고도 부른다.

여러분이 봤었던 승려의 모습을 떠올려 보세요. 삭발한 머리와 특유의 옷차림이 생각나지 않나요? 출가자들이 머리를 깎는 것은 모든 번뇌를 끊어 버리겠다는 정신적 의지를 상징합니다. 법복(法服)을 입는 것은 중생을 교화하는 방편 가운데 하나예요. 법복을 복전(福田)이라고도 하는데, 복전이란 '복을 낳게 하는 밭'이라는 뜻이지요. 법복을 입음으로써 온갖 복덕이 심어지고 자란다고 해서 붙여진 이름이랍니다. 중생의 복을 위해 살겠다는 각오를 표현하기 위해 법복을 입는 거예요.

탁발

태국의 승려들이 탁발하는 모습이다. 탁발은 원래 인도 수행자들의 풍습인데 불교에 도입된 것이다. 탁발의 본래 취지는 수행자가 간소한 생활을 하도록 함으로써 아집을 버리게 하려는 데 있다. 속세에 있는 사람들은 탁발 승려에게 보시함으로써 공덕을 쌓을 수 있다고 여겼다

안거

동남아시아의 불교 공동체에서는 매년 우기에 해당하는 3개월 동안 승려들이 일정한 거처에 머무르며 수도한다. 석가모니 생전에 인도에서는 안거가 널리 행해졌고, 석가모니 또한 깨달음에 이른 뒤 바라나시에 있는 거처에서 우기를 보냈다고 한다.

중요한 계율을 어기면 교단에서 쫓겨난다

집단생활을 할 때는 엄격한 규율이 필요했어요. 출가자들은 기본적으로 다섯 가지 계율, 즉 오계(五戒)를 지켜야 했지요. 오계는 살아 있는 생명을 죽이지 말라는 불살생(不殺生), 남의 물건을 훔치지 말라는 불투도(不偸盜), 간음하지 말라는 불음(不淫), 거짓말을 하지 말라는 불망어(不妄語), 술을 마시지 말라는 불음주(不飮酒)를 말합니다. 오계는 결혼해서 집에 머무는 신도들에게도 똑같이 적용되었어요. 다만 불음이 불사음(不邪淫), 즉 '부부 관계 이외에 사사로이 다른 사람과 간음하지 말 것'으로 바뀌는 것뿐이었지요.

석가모니가 살아 있을 동안은 그때그때 직접 석가모니에게 가르침을 받으면 되었기 때문에 따로 계율을 정할 필요가 없었습니다. 석가모니가 입적한 후 계율을 정할 필요가 생겨 48가지의 비교적 가벼운 계율과 비구의 250계율, 비구니의 348계율이 나오게 되었지요. 계율을 지키지 못했을 때는 정해진 법회에 나가 참회하고 따로 지도를 받아야 했어요. 가장 엄하게 금한 바라이(波羅夷)를 저지른 경우에는 교단에서 추방당하는 무거운 벌을 받기도 했답니다. 살생 · 음행(淫行) · 절도 · 망언(妄言)이 비구의 바라이고 비구니의 바라이는 여기에 또 다른 넷을 더한 여덟 가지랍니다.

호계첩

대한 제국 시대의 호계첩이다. 호계첩이란 석가모니의 가르침을 받는 자가 지켜야 할 계율에 대한 서약서다.

한국 불교 미술 박물관 소장

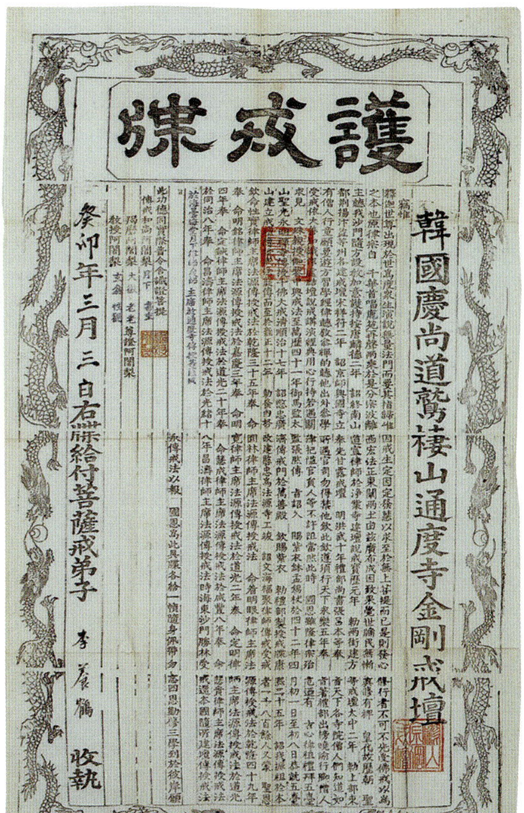

석가모니의 입적

석가모니의 입적 순간을 비단 위에 그린 작품이다. 석가모니는 심한 이질을 앓다가 쿠시나가라에서 입적했다. 석가모니는 자신의 병이 위독하다는 것을 알고 마지막을 준비했다. 그는 목욕을 마친 후 숲 속으로 들어가 머리를 북쪽으로 두고 오른쪽으로 누워 발을 포갰다. 그날 밤, 제자들에게 "쉬지 말고 수행하라."라는 말을 남기고 입적했다.

10대 제자들의 활약

석가모니는 종교의 파벌을 떠나 진리가 보편적임을 밝혀 많은 신도를 가르치고 끌어들일 수 있었어요. 초기 교단이 발전하는 데에는 석가모니의 10대 제자들의 활약을 빼놓을 수가 없습니다. 석가모니의 10대 제자는 사리푸트라, 마우드갈리아야나, 마하카시아파, 수부티, 푸르나마이트라니, 카티야야나, 아니루다, 우팔리, 라훌라, 아난다예요. 교단에서 신임받던 사리푸트라와 마우드갈리아야나가 스승인 석가모니보다 일찍 세상을 떠났기 때문에 마하카시아파에게 교단 통솔 권한이 넘어갔습니다. 그는 교단의 우두머리로 존경을 받았답니다. 욕심이 적은 데다 계율을 엄격하게 지키며 청정하게 도를 닦았기 때문이지요. 우팔리와 아난다는 불교 경전을 편찬하는 데 큰 역할을 했어요.

석가모니의 제자들
상아에 조각한 석가모니와 제자들의 모습이다. 10대 제자 가운데 지혜가 가장 뛰어났다는 사리푸트라와 신통력을 가지고 있었다는 마우드갈리아야나가 석가모니의 추종자가 되는 순간을 담았다.

불교 교단은 석가모니 생전에 이미 공동 재산을 가지고 있었고, 안거 장소를 기부하는 신도들 덕분에 넓은 토지와 정사를 소유할 수 있었어요. 승려들이 행한 중요한 의식으로는 포살(布薩)과 자자(自恣)가 있었습니다. 포살이란 같은 지역에 사는 승려들이 보름날과 그믐날에 함께 모여 참회하는 의식이에요. 자자란 함께 안거하던 승려들이 안거의 마지막 날에 각자의 잘못을 고백하고 뉘우치거나 서로를 훈계하는 의식이지요.

4 불교에 대한 상식

불교를 상징하는 것들

불교를 나타내는 상징으로는 만(卍) 자, **연꽃**, 법륜, 일원상(◯), 원이삼점(∵), 보리수, 오색기 등이 있어요. 만 자는 원래 태양의 광명을 나타냅니다. 하지만 불교에서는 부처가 한마음으로 상서로운 기운을 내쏟다는 서기 방광(瑞氣放光)을 뜻하지요. 부처의 가슴, 손발, 머리에 나타나는 길상(吉相, 복을 많이 받을 징조), 경복(慶福, 경사스럽고 복된 일), 행운의 상징이랍니다.

연꽃은 진흙탕에서 피어나면서도 물에 젖지 않고 꽃과 열매를 동시에 맺어요. 이런 연꽃은 석가모니가 오탁악세(五濁惡世)에 태어났으면서도 오탁에 물들지 않고 중생을 교화한 데 비유되지요. 오탁악세는 다섯 가지 더러움이 가득한 세상이라는 뜻이에요. 다섯 가지 더러움, 곧 오탁은 사람의 목숨이 점점 짧아진다는 명탁(命濁), 중생이 죄악을 많이 저질러 괴로움과 질병 등 사회악이 많아진다는 중생탁(衆

연꽃
연꽃은 진흙 속에서 싹을 틔우고 자라면서도 더럽혀지지 않는다. 이것은 마치 세속에 있는 불교 신도가 세상의 더러움에 물들지 않고 오직 석가모니의 가르침을 받드는 것과 같다고 해석된다.

生濁), 사랑과 욕망을 탐해 마음을 괴롭히고 여러 가지 죄를 범하게 된다는 번뇌탁(煩惱濁), 말세에 이르러 악한 사상이 일어나 세상을 어지럽힌다는 견탁(見濁), 기근과 질병과 전쟁이 연달아 일어난다는 겁탁(劫濁)을 말합니다.

법륜이라는 말에는 석가모니가 진리의 수레바퀴로 세계를 정복한다는 뜻이 담겨 있어요. 인도 신화 속에 등장하는 전륜왕이 금륜(金輪), 은륜(銀輪), 동륜(銅輪), 철륜(鐵輪)이라는 네 개의 수레바퀴를 굴리며 거침없이 나아가 사방을 굴복시킨 것에 비유해 생긴 말이지요.

법륜(法輪)
8세기경 태국 드바라바티 왕조 시대의 조각으로 불교의 상징인 법륜을 형상화한 것이다. 법륜은 '진리의 수레바퀴'인데 여기서 진리란 인간을 구원으로 이끌어 줄 올바른 길을 뜻한다.

일원상은 모든 법의 진리가 널리 융통해 하나가 됨으로써 조금의 거리낌도 없다는 뜻의 원융무애(圓融無礙)와 시간의 영원성을 내포하고 있습니다. 원이삼점은 불교의 공(空), 성(性), 상(相)의 교리가 떠나지도 붙지도 못함을 나타내는 산스크리트어예요. 더 나아가 참된 것과 속된 것, 출세간과 속세간, 승려와 일반 사람은 하나라는 진속 불이(眞俗不二)를 나타내기도 하지요.

보리수는 자각 각타(自覺覺他, 스스로 깨달음과 동시에 남을 깨닫게 만드는 일)와 각행 원만(覺行圓滿, 깨닫고 행동하는 일이 어느 한쪽에 치우치지 않고 두루 통함)을 상징해요. 오색기는 동쪽, 서쪽, 남쪽, 북쪽, 중앙의 다섯 방향을 표시하기도 하고, 청색, 황색, 적색, 백색, 흑색의 오색 인종이 하나가 되는 것을 의미하기도 합니다.

화두와 불상

여러분은 화두를 던진다는 말을 들어 본 적이 있나요? '이야기의 말머리'라는 뜻의 화두(話頭)는 일종의 문제의식을 말해요. 화두의 의미를 알려 주는 이야기가 하나 있습니다. 당에 **조주**라는 승려가 있었어요. 조주는 성품이 침착하고 사려가 깊어 세속의 것을 탐내지 않았다고 합니다. 그는 진강 만수사에 머물면서 화엄의 대강을 풀이하고, 자신이 입적할 날짜를 예언했어요. 조주에게 어떤 승려가 질문했습니다.

조주(趙州, 778~897)
원래 이름은 종심이나 조주 지역 사람이라고 해서 조주라고 불렸다. '구자무불성(拘子無佛性)'이라는 화두로 유명한데, 이는 선종에서 해탈을 위한 방편으로 드는 대표적인 화두가 되었다.

"스님, 개에게도 불성, 즉 부처님의 성품이 있습니까?"

"없다."

"그렇다면 왜 부처님은 모든 중생에게 불성이 있다고 하셨을까요?"

이런 물음을 통해 모든 중생에게 불성이 있는지 없는지를 계속 탐구해 가는 것이 바로 화두예요. 즉, 화두란 문제를 논의하기 위한 예비적 언어이자 첫머리에 해당하지요.

불상이 처음 만들어진 것은 지금의 신장웨이우얼 자치구 허톈에 있던 고대 국가 우전국 왕에 의해서입니다. 우전국은 석가모니 생전에 있었던 나라예요. 불상의 재료는 향나무였다고 합니다. 불교 신도들이 불상을 모시는 까닭은 석가모니가 모든 인류의 스승으로서 마땅히 존경받아야 한다고 믿기 때문이에요. 불상은 불교 신앙을 상징적으로 나타내는 표적이기도 하지요.

공양과 49재

부처에게 공양을 올리는 행위 역시 스승을 공경하는 마음에서 나온 것입니다. 공양에는 여섯 가지가 있어요. 첫째는 등 공양입니다. 등은 진리의 등불을 상징하며, 등이 밝혀지면 세상이 밝아진다는 뜻이 담겨 있어요. 둘째는 향 공양입니다. 향이 켜지면 세상이 맑아진다는 뜻이 담겨 있어요. 셋째는 차 공양입니다. 차가 충만하면 세상에 목마른 자가 없어진다는 뜻이 담겨 있어요. 넷째는 꽃 공양입니다. 꽃은 아름다움의 상징으로, 꽃 공양을 하면 꽃 같은 법신(法身, 부처의 몸)이 된다고 해요. 다섯째는 곡식 공양입니다. 곡식은 씨앗을 상징하는데, 곡식 공양을 하면 세상의 모든 직업이 깨끗해진다고 해요. 여섯째는 과일 공양입니다. 과일은 결실을 상징하는 것으로, 과일 공양을 하면 세상에 해탈의 과실이 무르익는다고 하지요.

흔히 49재, 100일재를 지낸다는 말을 많이 합니다. 재(齊)는 몸과 입과 뜻을 깨끗하게 한다는 의미를 지니고 있어요. 즉, 모든 영혼과 산 사람의 정신 및 육체를 맑게

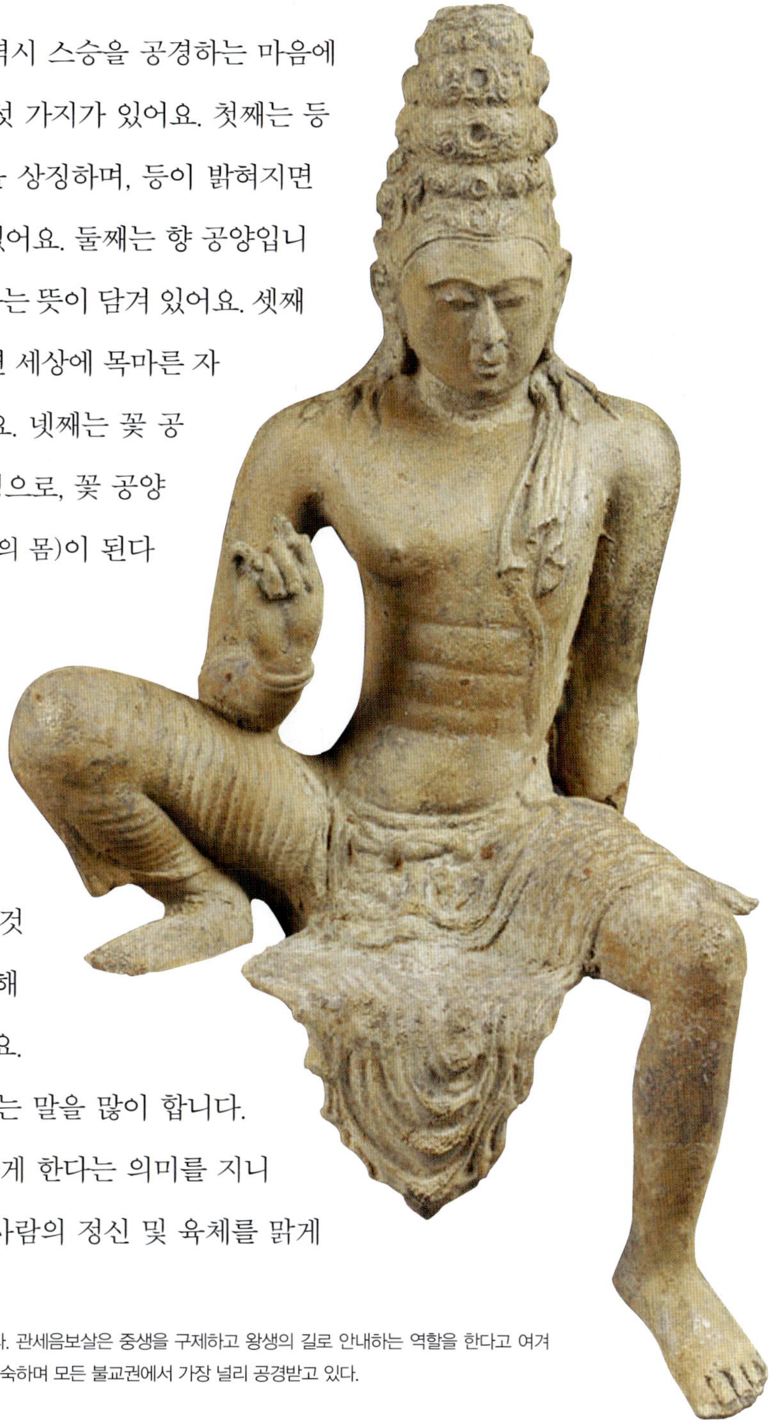

관세음보살

미국의 버밍햄 예술 박물관에 있는 관세음보살상이다. 관세음보살은 중생을 구제하고 왕생의 길로 안내하는 역할을 한다고 여겨진다. 불교의 여러 보살 가운데 일반인들에게 가장 친숙하며 모든 불교권에서 가장 널리 공경받고 있다.

하는 일을 말하지요. 모든 불교 행사에 '재'라는 용어를 사용하고 있답니다.

불교 신도들은 부처와 보살을 생각하면서 **염불**을 외웁니다. 기쁘고 평온한 마음을 얻기 위해서지요. 염불할 때는 부처의 모습을 마음속으로 그리고, 부처의 이름을 입으로 부르며 귀로 들어야 합니다. 염불을 외울 때는 손에 염주를 들고 돌려요. 염주는 마음속의 구슬을 상징하고, 염주를 굴리는 것은 염불하는 횟수를 헤아리기 위해서라고 합니다.

염불
염불을 외우고 있는 부탄의 승려다. 오른손에 들고 있는 것은 마니차라는 법구로, 불교 경전을 넣어 돌릴 수 있도록 둥글게 만든 통이다. 한 번 돌릴 때마다 경문을 한 번 읽는 것과 같다고 여긴다.

과연 부처가 병과 액을 막아 줄 수 있을까요? 그것은 알 수 없습니다. 다만 부처의 마음은 원래 깨끗해서 병들거나 죽는 액운이 있을 수 없어요. 따라서 부처를 믿고 실천해 부처의 마음을 깨달으면 영생은 물론이고 현실의 온갖 고통과 액운을 없앨 수 있겠지요. 복과 지혜는 스스로 이루고 받는 인과(因果)이기는 하나, 부처의 성품을 닮아 가려고 노력하면 복의 성질과 지혜의 마음이 일어날 수 있습니다. 그렇다면 결과적으로 부처가 복과 지혜를 준 것이 되지 않을까요?

생각해 보세요

제행무상과 만물 유전은 서로 어떤 관계가 있을까요?

불교에서 말하는 제행무상과 고대 그리스의 철학자인 헤라클레이토스가 말한 만물 유전(萬物流轉)은 서로 어떤 관계가 있을까요? 제행무상에 의하면 이 세상 모든 것은 변하게 마련이고, 덧없이 흘러갈 뿐입니다. 모든 것은 시간 속에서 서로의 인연에 따라 생겨나고 소멸하며 그 일을 계속 이어 가기 때문에 이 세상 모든 것은 늘 변할 수밖에 없다는 것이지요. 즉, 인간은 밖으로 드러나는 것만 보고 집착하면 안 된다는 가르침입니다. 헤라클레이토스는 "모든 것은 흐르고 변한다. 고정된 것은 없다."라고 했어요. 하지만 그는 끊임없이 변하는 표면 뒤에 단일성, 즉 통일적 법칙이 있다고 생각했지요. 또 그는 만물의 근본을 불로 보았습니다. 불이 바탕이 되어 발전이 이루어진다는 근본 법칙을 '대립의 통일'로 설명했지요. 불교의 재행무상을 통해 자신을 다스리는 방법을 배울 수 있다면, 헤라클레이토스의 만물 유전을 통해서는 우리 모두가 치열한 투쟁의 장으로 옮겨 가는 듯한 느낌을 받을 수 있어요.

고대 그리스의 철학자인
헤라클레이토스의 흉상

3 한국 철학

함께 알아볼까요

한국 철학을 대표하는 철학자로 이황이나 이이, 서경덕을 드는 경우가 많습니다. 그러나 대부분 이들은 자신들의 문집을 통해 중국 철학자들의 사상을 드러내는 데 그치고 있어요. 그렇다면 한국 철학에서 독창성을 엿볼 수 없는 것일까요?

무(無)에서 유(有)를 만들어 낸다는 의미의 독창성은 맨 처음부터 존재하지 않을지도 모릅니다. 완벽히 독창적인 것은 논리적으로나 현실적으로 불가능한 일이지요. 그래서 보통 창의성이라 하면 맨 처음에 있던 것에서 새로운 것을 만들어 내는 것을 가리켜요.

한국 철학이 중국 철학에 뿌리를 두고 있기는 하지만 한국에서 전개된 모든 논의는 한국 철학의 독창적 성과라고 할 수 있어요. 원효의 화쟁(和諍) 사상이나 이황과 기대승 사이에 일어난 사단 칠정(四端七情) 논쟁, 이이의 기발이승일도설(氣發理乘一途說) 등에서 한국 철학의 독창성을 찾아볼 수 있지요. 하지만 현대에 형성된 한국의 법이나 정치사상 등은 조선 이전의 불교 사상이나 유교 사상과는 별로 관련이 없고, 미국과 영국, 독일, 프랑스 철학에서 기원을 찾을 수 있어요.

오늘날의 한국

1 유교 · 불교 · 도교, 삼국에 전해지다 | 삼국 시대

유학 사상은 삼국에 전해지면서 막강한 영향력을 발휘하게 됩니다. 고구려에서 유학 사상은 가장 중요한 교육 과정이었고 인재 등용의 기준이었어요. 백제에서는 벼슬의 명칭이나 관복의 색깔을 정할 때, 중앙 관제 및 지방 행정 기구의 편제를 짤 때 유학의 정신을 담았지요. 신라 화랑의 세속 오계에서도 유학의 영향을 찾아볼 수 있어요. 고구려에서는 대승 불교인 삼론종이 크게 발달했고, 백제에서는 불교가 유학의 예(禮) 사상과 조화를 이루었어요. 신라에서 불교는 호국 이념으로 확대되어 삼국을 통일하는 데 중요한 사상적 기반이 되었지요. 도교는 삼국의 토착 사상과 뒤섞여 발전했어요. 신라 하반기에는 낙향 귀족이나 육두품 계열의 지식인 사이에 도교적 은둔사상이 유행하기도 했답니다.

- 유학은 삼국이 체제를 정비하고 질서를 유지하는 데 사상적 기반이 되었다.
- 삼국에 전해진 불교는 왕권 강화와 호국을 위한 이념으로 작용했다.
- 삼국은 모두 불교문화를 바탕으로 많은 예술품을 만들었다.
- 도교는 우리 민족의 고유 사상과 비슷한 부분이 많아 사람들에게 친숙하게 받아들여졌다.

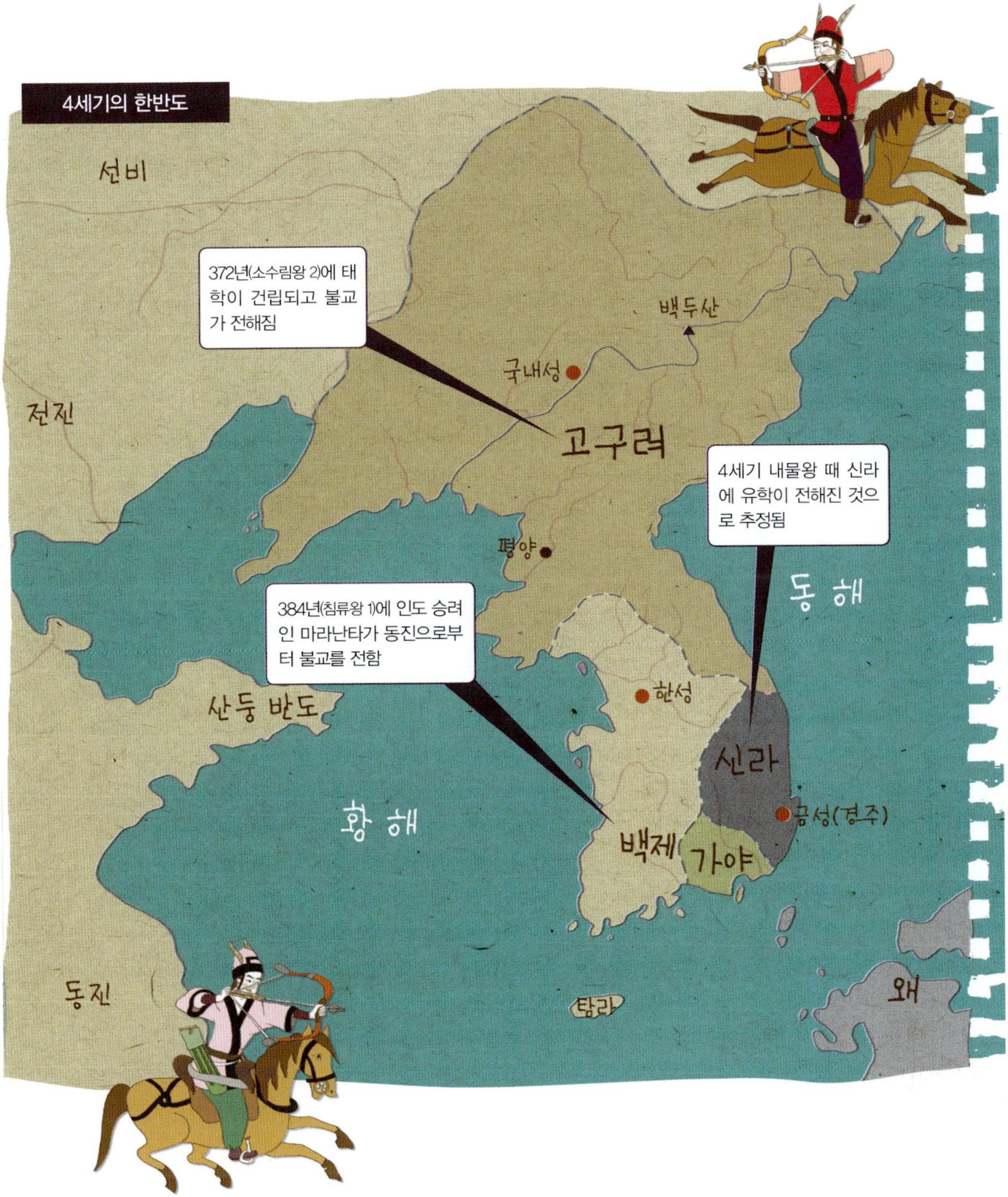

1 유학 사상을 기반으로 국가 체제를 정비하다

효와 조상 숭배가 강조되다, 고구려의 유학

태학은 고구려의 최고 국립 교육 기관이에요. 372년(소수림왕 2)에 건립되었지요. 태학이 설립되기 전에도 고구려에는 현자를 존중하는 기풍과 선비 정신이 뿌리내리고 있었습니다. 다만 유학 사상이 고구려에 완전히 정착한 시점을 태학이 설립된 때라고 보는 것이지요. 이때를 전후로 선진 문물제도가 전해지고, 국가의 형법과 행정법 체계인 율령도 반포되었거든요.

〈무용총 수렵도〉
중국의 지린 성에 위치한 무용총에서 출토된 작품이다. 고구려인들이 사냥하는 모습을 묘사했다. 말에 탄 고구려인들과 도망가는 동물들을 생동감 넘치게 표현했다.

태학에서는 유학의 오경(五經)을 중심으로 역사와 문학, 무술을 가르쳤습니다. 이를 통해 유학 사상이 국가의 통치 이념이었음을 알 수 있어요. 문무를 겸한 인재를 양성하려고 했다는 사실도 알 수 있지요. 고구려에는 평민 교육을 담당하는 경당이 있었어요. 이곳 학생들은 유사시에 전쟁터로 나갈 수 있는 상비군이기도 했답니다.

유학의 영향으로 매매혼(賣買婚, 신랑이 신부 집에 결혼 자금을 지급함으로써 성립되는 혼인)과 같은 풍습이 사라졌습니다. 부모와 남편이 죽으면 3년 동안 상복을 입는 등 유교적 예법이 백성들 사이에 널리 퍼졌어요. 효에 대한 관념과 조상 숭배 사상이 강화되기도 했답니다.

사택지적비
백제 의자왕 때 대좌평이라는 최고 관직에 있던 사택지적(砂宅智積)이 남긴 비석이다. 백제 권력층의 삶과 사상 및 백제의 관등을 이해하는 데 도움이 되는 유물이다.
국립부여박물관 소장

백제의 제도에는 유학 사상이 녹아 있다, 백제의 유학

백제는 260년(고이왕 27)에 관제의 기본 틀을 만들었고, 웅진 시대에 이르러서는 지방의 군현 제도까지 정비했어요. 백제의 여러 제도에는 유학 사상이 담겨 있습니다. 16관등의 명칭이나 관복의 색깔, 중앙 관제 및 지방 행정 기구의 편제 등에 음양과 오행 사상, 십간과 십이지 관념이 깔려 있어요. 역대 임금들이 어려운 백성들을 돕는 데 힘을 쏟고, 풍년과 흉년에 따라 세금을 다르게 매기는 정책 등을 펼친 것도 유학의 덕치(德治) 개념에서 나왔다고 볼 수 있지요.

당시 백제의 지식인 계층은 유학 경전과 제자백가의 책들을 폭넓게 읽었고, 한학(漢學) 수준도 상당했어요. 근초고왕 시대에는 이미 박사 제도가 있었답니다. 이를 통해 고구려보다 먼저 교육 기관을 설치했다는 추정이 가능하지요. 여러 분야의 박사들은 학문, 기술 등 문화를 부흥시키는 데 큰 역할을 담당했습니다. 일본에도 파견되어 일본의 학술을 진흥시키는 데 결정적인 역할을 하기도 했지요.

임신서기석

1934년에 경주에서 발견된 비석이다. 두 화랑이 3년 동안 유교 경전을 열심히 공부할 것을 맹세하는 내용이 새겨져 있다.

국립경주박물관 소장

화랑도의 세속 오계에 유교의 실천 윤리를 담다, 신라의 유학

신라는 지리적 여건상 외국과의 교류가 활발하지 못했어요. 이런 점 덕분에 신라 문화의 고유한 특성이 잘 지켜질 수 있었답니다. 신라에 유학이 전해진 시기는 4세기 내물왕 때로 추정하고 있어요.

지증왕에서 법흥왕에 이르는 시기에는 유학 사상을 근본으로 국가 체제와 사회 질서를 유지하려 했습니다. 지증왕은 지배층에 속하는 사람이 죽었을 때 강제로 혹은 자진해 산 사람을 함께 묻던 순장을 금지하고, 국가의 명칭을 '신라(新羅)'로 통일했어요. '신라'는 '덕업일신 망라사방(德業日新 網羅四方)'이라는 말에서 유래했는데, 덕을 쌓는 일이 날마다 새로워 사방 천지를 아우른다는 뜻이지요. 또한 지증왕 때에는 여러 이름으로 불리던 지배자를 '왕'이라 칭하기 시작했고, 중국식 상복제와 지방 군현제를 제정했습니다. 지증왕의 뒤를 이은 법흥왕은 '건원'이라는 독자적 연호를 사용하고 율령을 반포했지요.

신라의 화랑도에서도 유학 사상의 영향을 받았습니다. 신라 화랑의 다섯 가지 계율인 세속 오계(世俗五戒)는 각각 충(忠), 효(孝), 신(信), 용(勇), 인(仁)으로 해석될 수 있어 유학의 실천 윤리와 관계가 깊지요. 세속 오계는 진평왕 때의 승려인 원광이 정한 것이에요. 중국 수에서 돌아온 원광은 운문산의 가슬갑사에 머물고 있었습니다. 가슬갑사는 오늘날의 **운문사** 근처에 있던 절이지요. 이때 귀산과 추항이라는 두 화랑이 찾아와 가르침을 청했고 원광은 그들에게 다섯 가지 계율을 가르쳤어요. 충성을 다해 임금을 섬긴다는 사군이충(事君以忠), 효도로써 어버이를 섬긴다는 사친이효(事親以孝), 믿음을 바탕으로 벗을 사귄다는 교우이신(交友以信), 싸움에서 물러서지 않는다는 임전무퇴(臨戰無退), 살생을 함부로 하지 말고 가려서 해야 한다는 살생유택(殺生有擇)이 세속 오계의 내용입니다.

운문사
경북 청도의 운문산에 있는 신라 시대의 사찰이다. 560년(진흥왕 21)에 신승이 창건했고 608년(진평왕 30)에 원광이 이곳에 머물면서 중건했다. 오늘날 국내 최대의 비구니 사찰이다.

2 새로운 정치 이념으로 떠오르다 – 불교

미륵보살 반가 사유상
금동 미륵보살 반가 사유상(왼쪽)과 고류 사 목조 미륵보살 반가 사유상(오른쪽)이다. 일본의 고류 사 목조 미륵보살 반가 사유상은 삼국 시대의 반가 사유상과 비슷해 한반도에서 제작된 것으로 보인다.
국립중앙박물관 소장(왼쪽)
일본 고류 사 소장(오른쪽)

불교를 정치에 이용하다

삼국에 불교가 전해진 시기는 대체로 중앙 집권 국가로서 체제를 정비할 무렵이었습니다. 그 배경에는 과거의 샤머니즘과 점술로는 이제 사회를 지탱할 수 없다는 인식이 깔려 있었어요. 새롭게 등장한 왕들이 왕권을 강화하기 위해 불교 이념이 필요했던 까닭도 있었지요. 불교에서는 하늘의 권위를 인정하는 대신, 모든 것은 인간의 자발적인 의지에 따라 결정된다고 봅니다. 이런 인과론적 불교 사상은 새로운 왕이 정치적 기반을 강화하는 데 도움을 주었지요.

특히 인도 불교에서 이상적 제왕으로 여겨지는 전륜성왕에 대한 내용은 새로운 왕들의 구미를 돋우기에 충분했습니다. '하늘이 내려준 새로운 왕'의 출현을 사상적으로 뒷받침해 주었기 때문이지요. 심지어 전륜성왕이 다스리는 불국토(佛國土)를 건설한다는 명목하에 정복 전쟁마저 합리화시켰답니다.

한편, 삼국은 모두 불교문화를 바탕으로 많은 예술품을 만들었습니다. 특히 삼국 시대에는 미륵보살 반가 사유상이 많이 만들어졌는데 삼산관을 쓰고 있는 금동 미륵보살 반가 사유상이 널리 알려졌지요.

삼국에 전해진 불교, 삼색으로 발전하다

372년(소수림왕 2)에 고구려에 불교가 전해졌습니다. 중국 전진의 왕 부견이 순도라는 승려를 통해 고구려에 불교를 전해 주었다고 해요. 소수림왕은 부견에게 감사를 표하고, 순도를 왕자의 스승으로 삼았습니다. 고구려에서는 대승 불교인 삼론종이 크게 발달했어요. 고구려 말기에는 유교 · 불교 · 도교를 조화롭게 하려는 정책에 따라 당에서 도교를 받아들여 우대함으로써 불교가 점점 위축되기 시작했지요. 백제에는 384년(침류왕 1)에 인도 승려 마라난타가 중국 동진으로부터 들어와 불교를 전해 주었다고 해요. 599년(법왕 1)에는 전국에 명령을 내려 살생을 금지했습니다. 백성들이 기르던 매를 놓아주는가 하면, 물고기를 잡거나 사냥하는 기구를 모두 불태우게 했다는 내용이 기록에 나와 있지요. 백제에서 불교 사상은 유학의 예(禮) 사상과 조화를 이루었어요. 하지만 호국 신앙보다는 개개인의 윤리 규범과 신앙 형태로 머무르는 경향이 강했답니다. 신라에서는 527년(법흥왕 14)에 이차돈이 순교하면서 불교가 공인되었어요. 이후 왕과 귀족의 지원 아래 귀족 불교로 발전했지요. 법흥왕은 토착 신앙이 널리 퍼져 있던 신라 사회를 불교를 통해 사상적으로 통합하려고 했습니다. 전륜성왕이라는 개념을 왕권 강화에 이용하기도 했지요. 승려 자장은 부처나 보살이 머물고 있는 땅이 신라라는 '신라불국토설(新羅佛國土說)'을 주장했습니다. 신라에서 불교는 호국의 이념으로 확대되었고, 통일을 달성하는 데 사상적 기반으로 작용했어요.

금동 연가 7년명 여래 입상

국보 제119호로, 6세기 말의 대표적인 고구려 불상이다. 신라 지역인 경남 의령에서 발견되었다는 점이 특이하다. 광배 일부분이 손상되었으나 여전히 도금까지 남아 있는 희귀한 불상이다.

국립중앙박물관 소장

3 삼국을 신선 사상과 은둔사상으로 물들이다 – 도교

유교나 불교와 달리, 도교는 우리 민족의 고유 신앙과 비슷한 부분이 매우 많았어요. 중국의 음양 사상과 도참사상(圖讖思想, 앞날의 길흉에 대한 예언을 믿는 사상)이 전래해 우리 토착 사상과 뒤섞였지요. 삼국에서는 도교에 앞서 도가 사상이 지식인의 교양이자 경세제민(經世濟民, 세상을 다스리고 백성을 구제함)의 원리로 폭넓게 받아들여지기도 했어요.

도교는 영류왕 때 고구려에 전해졌습니다. 하지만 그 이전부터 고구려 사람들은 도가적인 생활에 익숙했어요. 보장왕 때 당시의 실세

〈현무도〉
평남 남포의 고구려 시대 고분인 강서대묘에 그려진 〈사신도〉 가운데 하나다. 〈사신도〉는 도교적 색채를 띤 것으로, 〈현무도〉는 도교에서 북쪽의 수호신이라고 여겨지는 현무를 묘사한 작품이다.

산수무늬 벽돌

충남 부여에서 출토된 7세기 백제의 벽돌로 보물 343호다. 신선 사상을 바탕으로 산과 나무, 구름 등이 묘사되어 있어 도교적인 느낌을 준다. 산사(山寺)로 보이는 건물과 승려상이 새겨져 있어 불교적인 색채도 엿보인다. 산수무늬 벽돌에는 자연과 더불어 살고자 하는 생각이 담겨 있다. 좌우 대칭의 안정된 구도 속에 산과 구름을 원근법으로 표현한 백제 미술의 걸작이다.

국립중앙박물관 소장

백제 금동 대향로

충남 부여에서 출토된 6세기 백제의 향로로 국보 287호다. 땅속에 묻혀 있다가 1993년에 능산리 절터를 발굴하다가 출토되었다. 높이 61.8㎝, 무게 11.85㎏인 대작으로 신선들이 산다는 신산(神山)이 표현되어 있다. 뚜껑에는 여러 짐승과 인물을 세밀하게 묘사했다. 도가 사상이 절묘하게 표현된 걸작으로 평가받는다.

국립중앙박물관 소장

였던 연개소문이 보장왕에게 권해 도교를 국교로 삼게 되었습니다. 하지만 유교 · 불교 · 도교의 조화를 강조하던 상황에서 도교가 유독 성하게 되자 불교계의 반발이 심해졌어요. 이러한 갈등과 사상적 혼란으로 고구려는 멸망의 길을 재촉하게 되었답니다.

무령왕릉 신수문경
충남 공주 송산리의 무령왕릉에서 출토된 6세기 백제의 청동 거울이다. 창을 든 신선이 네 마리의 신수(神獸)들을 사냥하는 모습이 표현되어 있다. 백제의 도교 사상을 엿볼 수 있는 작품이다.
국립중앙박물관 소장

고구려와 마찬가지로 백제에도 신선사상이 널리 퍼져 있었어요. 무령왕릉에서 출토된 거울에는 "신선은 늙음을 모르고, 불로불사하는 과일 대추를 먹는다."라고 적혀 있답니다. 하지만 백제에서는 도교가 종교적인 세력을 갖추지는 못했어요.

도가 사상과 도교는 신라의 고유한 사상과 비슷한 점이 많았기 때문에 신라 사람들이 이를 받아들이는 데 큰 어려움이 없었습니다. 이미 불교가 국교로 인정되어 도교가 종교적 세력을 구축하지는 못했지만 학문으로는 충분히 연구되었지요. 신라 하반기에는 정치적 싸움에서 밀려난 낙향 귀족이나 진골의 탄압을 받은 육두품 계열의 지식인 등을 중심으로 현실을 부정하는 도교적 은둔사상이 유행하기도 했어요.

생각해 보세요

백제와 일본의 관계에 대해 알아볼까요?

일본 역사책에는 아직기와 왕인이 일본 태자에게 유학 경전을 가르쳐 준 스승이라고 기록되어 있습니다. 특히 왕인은 지금까지도 일본 사람들의 존경을 받고 있지요. 왕인은 백제의 근초고왕 때 학자로, 일본의 초청을 받아 『논어』 10권과 『천자문』 1권을 가지고 건너가 유학을 강의했습니다. 4세기 말 백제에서는 국가적 차원에서 유학을 가르쳤지만 일본은 문자 생활조차 제대로 하지 못하던 상황이었어요. 이런 어두운 사회에 왕인이 나타났던 것이지요. 경서에 대한 학식이 넓었던 왕인은 일본 사람들의 신임을 받았고 토도치랑자 태자의 스승이 되었어요. 백제의 학자였던 아직기 또한 근초고왕의 명령으로 일본에 건너가 말 기르는 일을 주관했습니다. 이후 일본 왕은 경서에 능통한 아직기를 태자의 스승으로 삼았지요. 그 후에도 백제는 513년(무령왕 13)에 유학 경전에 능한 오경박사를 일본에 파견했고, 천문과 의학에 뛰어난 이들과 음악인들도 일본으로 보내 많은 도움을 주었어요. 성왕 때 파견된 승려 혜총은 쇼토쿠 태자의 스승이 되기도 했지요. 또한 많은 기술자를 보내 일본 사람들이 절과 탑을 세우도록 돕고, 불상을 만들어 주기도 했답니다.

도쿄 우에노 공원에 있는
왕인 기념비

2 불교문화가 정점에 다다르다 | 통일 신라 시대

통일 신라 시대에는 육두품 계열의 유학자가 활약했고, 국학이 설치되어 고급 관리들이 배출되었어요. 신분이 낮은 관료들은 충효를 중시하는 유교 사상을 바탕으로 왕과 결합했습니다. 그래서 통일 신라는 강력한 중앙 집권 체제를 구축할 수 있었지요. 통일 신라 말기에는 왕권이 약화되고, 왕위 계승을 둘러싼 치열한 투쟁이 전개되었습니다. 이때 많은 유학자가 당으로 유학을 떠나 자신의 신분적 한계를 극복하려고 했어요. 하지만 신라의 정치적 혼란은 계속되었고, 골품 제도는 여전히 폐쇄적인 신분 제도였습니다. 신라에서 자신의 이상을 펴는 것은 매우 어려워 보였지요. 결국 유학자 대부분은 산속으로 숨어 버렸어요.

- 원효는 화쟁(和諍) 사상으로 불교의 대립적인 이론들을 조화시키려고 했다.
- 의상은 『화엄경』의 핵심 내용을 집약한 『법계도』를 만들었다.
- 최치원은 유교를 바탕으로 불교와 도교를 받아들여 삼교가 서로 통하는 경지를 추구했다.
- 최치원은 재능이 뛰어났지만 신분제의 한계에 가로막혀 뜻을 펼치지 못했다.

1 광대 복장을 하고 표주박을 두드리다 – 원효

원효(元曉, 617~686)
원효는 원래 화랑으로 활동한 신라의 귀족이었다. 15세 때 어머니가 죽자 충격을 받고 삶과 죽음에 대해 고민하다가 출가해 승려가 되었다.

원효는 신라의 고승으로 널리 알려졌습니다. 원효는 스승 없이 전국을 돌아다니며 불교 진리를 탐구하는 데 매진했어요. 그는 어려운 사람을 돌보고 불공을 드려 병든 사람을 치유해 주기도 했지요. 의상과 함께 당으로 떠났다가 해골에 괸 물을 마시고 깨달은 바가 있어 되돌아왔다는 이야기는 유명합니다. 요석 공주와 인연을 맺어 설총을 낳은 이야기도 널리 알려졌지요.

경덕왕 때의 대학자인 설총은 학문과 문장이 뛰어난 신라 십현(新羅十賢) 가운데 한 사람이었어요. 강수, 최치원과 더불어 신라 삼문장(新羅三文章)으로 꼽히기도 하지요. 그가 지은 「화왕계」가 『삼국사기』 열전에 실려 전해지고 있습니다. 설총은 신문왕에게 향락을 멀리하고 도덕을 엄격히 지킬 것을 간하기 위해 「화왕계」를 지었다고 하지요.

승복을 벗어 던진 원효는 광대 복장을 하고 표주박을 두드리면서 『화엄경』에 담긴 이치를 노래로 지어 불렀어요. 이런 원효의 기이한 행동에 다른 승려들은 고개를 절레절레 내저었지요. 하지만 왕이 당에서 구해 온 『금강삼매경』을 잘 해석해 명성을 떨쳤답니다.

원효는 서로 모순된 것처럼 보이는 불교 이론들을 어떻게 정리하고 체계화할 것인가에 관해 고민했어요. 그는 서로 모순되거나 대립하는 견해들을 정리할 때 화쟁이라는 독특한 개념을 사용했습니다. 화쟁(和諍)은 모든 대립적인 이론들을 조화시키려는 불교 사상이에요. 원효로부터 시작되어 한국 불교의 전통으로 이어지고 있지요.

원효는 당시 왕실과 귀족 등 상류층에서만 받아들인 불교를 일반 백성들에게 전파하기 위해 노력했어요. 다른 승려들과 다르게 그는 제자를 양성하는 데 뜻을 두지 않았습니다. 당시 신라에서 높은 평가를 받지도 못했지요. 하지만 원효는 화엄학(華嚴學, 석가모니가 깨달은 내용을 설법한 경문인 『화엄경』을 연구하는 학문)이 성립되는 데 선구적 역할을 했고, 그가 쓴 『화엄경소』는 중국에까지 널리 알려졌어요. 특히 고려 시대에 들어와 화쟁 국사로 추증(追贈, 공로가 있는 벼슬아치가 죽은 후에 품계를 높여 주던 일)되면서 재평가되기 시작했습니다.

경주 분황사 모전 석탑

경북 경주의 분황사에 위치한 신라의 석탑이다. 분황사는 원효와 관련이 깊은 사찰이다. 원효는 분황사에 머물며 불경을 연구하고 『화엄경소』를 지었다고 한다. 그가 70세에 입적하자 아들인 설총이 유골을 빻아 분황사에 안치했다고 전해진다.

2 『화엄경』의 정수를 모으다 – 의상

의상은 원효와 함께 당 유학길에 나섰던 인물입니다. 원효는 신라로 되돌아왔지만 의상은 중국 화엄종의 제2조인 지엄의 아래에서 공부했어요. 그는 신라로 돌아와 신라 화엄종을 창설했습니다. 『화엄경』의 요지를 집약한 『법계도』를 쓰기도 했지요. 210자로 된 『법계도』는 『화엄경』 180권의 핵심 내용을 담고 있어요. 260자로 된 『반야심경』이 600권이나 되는 『반야경』의 정수를 모은 것이라면, 『법계도』는 충분히 '화엄심경'이라고 부를 수 있는 책이지요. 의상은 『법계도』의 210자를 쓰며 글자 하나하나가 제멋대로 자리다툼만 한다면 의미 있는 글이 될 수 없다고 생각했어요. 이후 의상은 통일과 조화를 강조했습니다. 획일주의나 전체주의와는 다른, 하나의 마음을 나타낸 것이지요.

부석사 무량수전
경북 영주의 부석사에 있는 목조 건물이다. 우리나라에 남아 있는 목조 건물 가운데 가장 오래된 건물이다. 부석사는 676년(문무왕 16)에 의상이 왕명을 받들어 세운 화엄종 사찰이다.

3 황소를 떨게 한 문장가 – 최치원

통일 신라 말기의 대표적인 유학자로는 최치원을 들 수 있어요. 최치원은 당 유학 시절에 외국인이 치를 수 있었던 빈공과에 합격했습니다. 당에 황소의 난이 일어났을 때는 황소에게 토황소격문을 보내 큰 공을 세웠어요. 황소는 이 글을 읽고 너무 놀라 침상 아래로 굴러떨어졌다고 하지요. 최치원은 공적을 인정받아 승무랑 전중시어사 내공봉에 임명되기도 했습니다. 신라에 와서는 기울어 가는 신라의 국운을 회복시키기 위해 시무책 10여 조를 진성 여왕에게 올리기도 했어요. 하지만 자신의 이상이 현실에서 받아들여지지 않자 숨어 지내며 학문에만 전념했다고 합니다. 최치원은 만년(晩年)을 **해인사**에서 머물다가 세상을 떠났어요. 해인사에는 그의 자취가 여럿 남아 있답니다. 해인

황소(黃巢)의 난
중국 당 때 황소가 일으킨 반란이다. 875년에 산둥에서 봉기해 전국에서 세력을 형성했다. 황소가 왕위에 올랐다가 내부 분열로 884년에 진압되었다.

해인사
경남 합천의 가야산에 위치한 사찰이다. 해인사는 세계기록유산인 대장경판을 비롯한 다수의 국보와 보물을 소장하고 있는 우리나라의 대표적인 사찰이다.

사 길상탑의 내부에서는 최치원이 지었다는 4장의 탑지(塔誌, 탑의 건립에 관련된 내용과 관련 인물들을 밝힌 기록)가 발견되기도 했어요. 해인사 학사대 근처에는 최치원이 심었다고 전해지는 전나무가 아직도 자리를 지키고 있지요.

최치원(崔致遠)
육두품 출신인 최치원은 12세에 중국 당으로 유학을 떠날 정도로 재능이 뛰어났다고 한다. 하지만 골품제의 벽에 가로막혀 자신의 사상을 펼치지 못했다.

최치원은 유교나 불교나 그 근본 원리는 똑같다고 보았어요. 도가 인간의 본성이므로 사람을 차별하면 안 된다고 주장했지요. 그는 유교를 바탕으로 불교와 도교를 받아들여 삼교가 서로 통하는 경지를 추구했어요. 나아가 그는 유교에 가려 드러나지 않던 우리 전통 사상에 주목했습니다. 전통 사상의 뿌리를 화랑도에서 찾고, 화랑도에 삼교의 사상적 요소가 이미 포함되어 있다고 보았지요.

최치원은 우리나라가 옛날부터 동방예의지국이라는 사실을 강조하며, 만물의 원천은 동쪽의 사람이나 사물이라고 주장했어요. 이는 중국의 화이사상에 맞서 우리 민족의 역량도 그에 뒤지지 않는다는 사실을 강조한 것이랍니다. 화이사상(華夷思想)이란 중국 민족이 자신을 중화(中華)라 칭하며 존중하고, 주변 민족을 이적(夷狄)이라 부르며 천하게 여기던 사상입니다.

생각해 보세요

도교에서 미화한 인물은 누구누구일까요?

통일 신라 시대에는 유교나 불교와 마찬가지로 도교에서도 역사적 인물들을 미화한 설화가 전해지고 있어요. 김유신, 원효, 의상, 최치원, 최승우 등에 관한 이야기지요. 김유신은 신라가 삼국을 통일하는 데 중요한 역할을 한 장군입니다. 그의 어머니 만명(萬明)이 아버지 서현과 혼인하려 했을 때 외할아버지 숙흘종은 서현의 가문과 신분에 반대해 딸을 가두었다고 해요. 그런데 갑자기 벼락이 쳐서 만명(萬明)이 탈출에 성공할 수 있었다고 하지요. 최치원에 관한 이야기도 있습니다. 최치원은 12세 때 중국 당으로 유학을 떠났어요. 이때 아버지 견일이 "10년 안에 과거에 합격하지 못하면 내 아들이 아니다." 라고 말했다고 합니다. 최치원은 졸음을 쫓기 위해 상투를 천장에 달아매고 가시로 살을 찌르며 공부했어요. 그 결과 18세 때 빈공과에 합격할 수 있었다고 하지요. 『삼국사기』에는 최치원이 '신라가 망하고 고려가 새로 일어날 것'을 미리 내다보는 내용을 적어 왕건에게 편지를 보냈다고 기록되어 있습니다. 또한 의상, 김가기, 최승우가 중국 중난 산 광법사에서 신선이 되는 내단법을 수련하고, 이를 최치원과 이청에게 전해 주었다는 설화도 있지요.

김유신 장군의 동상

3 불교가 꽃피고 성리학이 싹트다 | 고려 시대

고려 시대의 불교계는 선종과 교종의 조화를 새로운 과제로 삼았어요. 선종에서는 참선을 통해 깨닫고자 했지만 교종에서는 경전의 이해를 통해 깨달음을 얻고자 했습니다. 왕건이 고려를 세울 때까지만 해도 지방 호족의 후원을 받던 선종이 주를 이루었어요. 고려가 중앙 집권 체제를 갖추자 문벌 귀족의 힘을 받아 교종이 일어나기 시작했지요. 백성들 사이에서는 여전히 윤회설과 업설을 기반으로 불교가 성행했어요. 여기에 도교와 풍수지리설 등이 결합해 기복 불교나 의례 불교의 성격이 강하게 나타났지요. 고려 시대에는 성리학이 도입되었습니다. 성리학은 초기에 겉으로 드러나는 차원에서 연구되었으나 고려 말기에 이르러 정치적 · 사상적으로 힘을 얻게 되지요.

- 불교의 폐해가 심해지자 승려 본연의 자세로 돌아가자는 자각 운동이 일어났다.
- 현실 도피적 분위기가 형성된 고려 사회에서는 풍수지리설과 도참사상 등 신비주의가 성행하기 시작했다.
- 정몽주는 고려 말엽에 새로운 이념으로 도입된 주자학을 적극적으로 연구했다.
- 정몽주는 고려에 성리학의 기초를 세우고 성리학적인 명분을 지키며 죽었다.

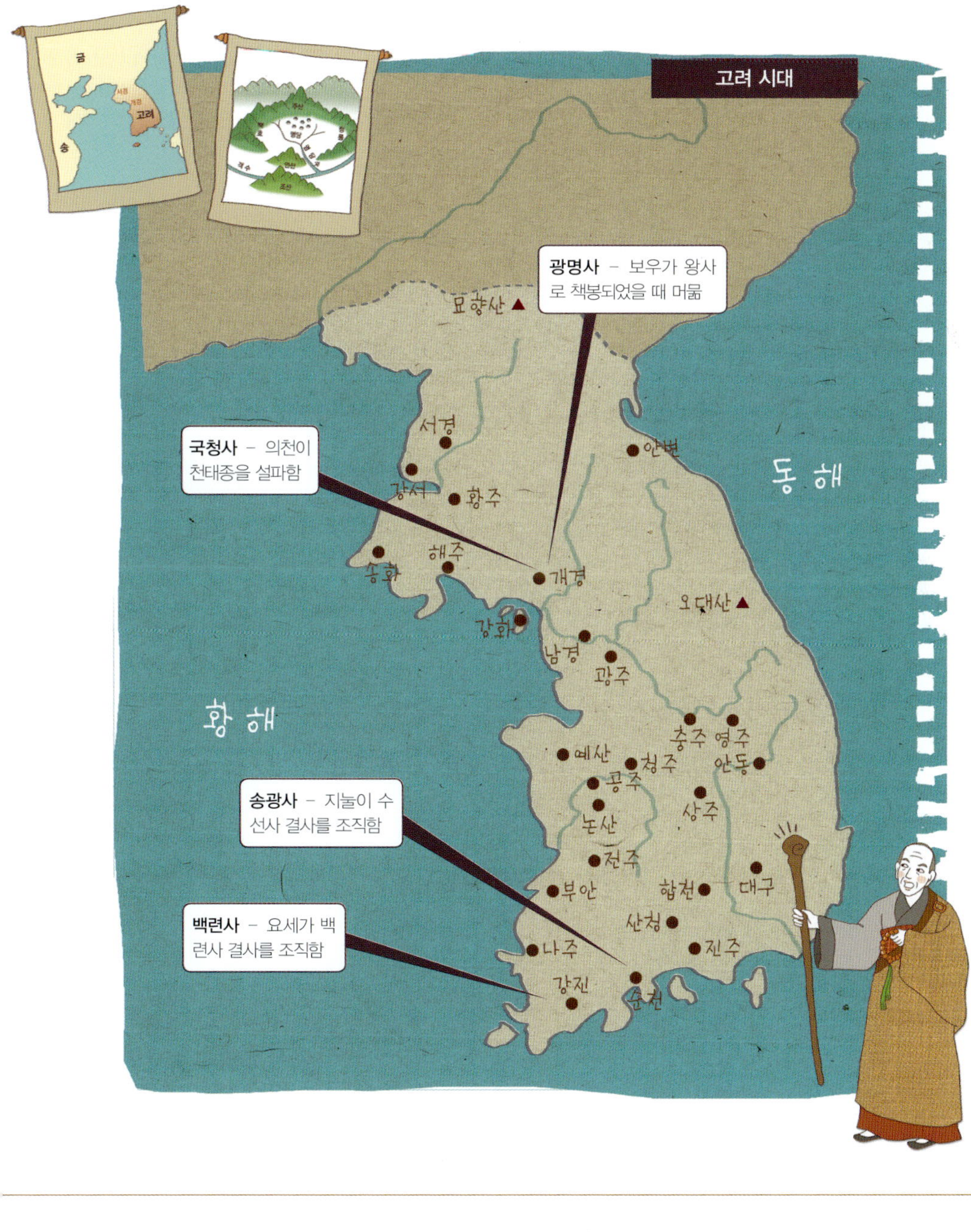

1 고인 물이 썩듯 변질하는 불교

승려 본연의 자세로 돌아가자

의천(義天, 1055~1101)
의천은 왕실의 지원을 받아 천태종을 열었고 교관겸수(敎觀兼修)를 주장하며 선종과 교종의 대립을 극복하려고 했다.
국립중앙박물관 소장

거란족의 침입 이후 고려에서는 신라 후기 불교의 영향에서 벗어나 새로운 불교를 확립하려는 시도가 있었어요. 그 중심에 대각 국사 **의천**이 있습니다. 의천은 우리나라에 처음으로 천태종을 열어 선종과 교종의 대립을 극복하려고 했어요.

고려 시대에는 개인적인 신앙보다 국가의 목적을 달성하기 위한 신앙이 주를 이루었습니다. 부처의 힘으로 국가를 보호하고자 한 것이지요. 12~13세기는 고려에 나라 안팎의 여러 가지 어려움이 잇따른 시기였습니다. 그래서 부처의 힘으로 어려움을 극복하기 위한 불교 행사가 성행했지요. 하지만 수많은 탑 건축과 번잡스러운 불교 행사로 국민 생활과 국가 경제에 막대한 피해를 안겨 주었어요. 뿐만 아니라 군역을 피하려고 일부러 출가하는 경우가 많아 승려의 자질이 떨어지고 풍기가 문란해졌습니다. 불교의 폐해를 지적하는 상소가 올라오기에 이르렀지요.

상황이 이렇게 되자 불교계에서는 승려 본연의 자세로 돌아가자는 자각 운동이 일어났습니다. 이런 불교의 혁신 운동을 결사(結社)라고 해요. 보조 국사 **지눌**이 벌인 수선사 결사와 원묘 국사 요세가 벌인 백련사 결사가 유명하지요. 지눌은 구산선문(九山禪門, 선종을 주도한 아홉 갈래의 대표적 승려 집단)을 통합해 조계종을 중흥시킨 인물입니다. 요세는 한때 침체한 천태종을 중흥시킨 인물이지요. 수선사 결사는 지식인과 문신 관료로부터, 백련사 결사는 일반 백성들로부터 지지를 받았습니다.

하지만 이런 노력에도 불구하고 불교는 계속 타락의 길을 걸었습니다. 결국 기복적인 궁중 불교와 고답적인 산중 불교 모두 백성과는 거리가 먼 종교가 되어 버렸지요. 게다가 몽골의 지배 아래 의례가 남발됨으로써 불교는 고려가 멸망하는 원인으로까지 작용하게 되었어요.

지눌(知訥, 1158~1210)
지눌은 돈오점수(頓悟漸修)와 정혜쌍수(定慧雙修)를 주장하며 선종의 입장에서 선종과 교종의 갈등을 이론적으로 극복하려고 했을 뿐만 아니라 결사를 통해 이를 실천한 인물이다.
전남 순천 송광사 소장

보우, 일하지 않는 자는 먹지 말라

고려 말기에도 승단의 문란한 기풍을 바로잡기 위한 노력이 있었어요. 보우는 일하지 않는 자는 먹지 말라는 실천 규범을 내걸었습니다. 왕가에서 시주를 많이 했기 때문에 불교 교단에서는 노동의 필요성을 느끼지 못했어요. 이 때문에 부패와 타락이 심해지는 것을 똑똑히 본 보우는 근로정신을 강조한 것이지요.

보우가 어떤 인물인지 더 알아볼까요? 그는 공민왕의 왕사(王師, 임금의 스승)로 책봉된 인물이에요. 고려 제31대 왕인 공민왕은 반원 자주 개혁을 추진했습니다. 군사를 일으켜 동북면과 서북면 지방의 옛 영토를 회복하고, 지방 군관들이 원으로부터 받았던 군번표를 모두 몰수해 병권을 회복했답니다. 원의 연호를 폐지하고 관제를 고려 초

공민왕과 노국 공주

14세기 중반에 이르러 공민왕은 원·명 교체기를 이용해 개혁을 추진했다. 공민왕의 개혁은 대외적으로 반원 자주를 실현하고, 대내적으로 왕권을 강화하려는 것이었다.

국립고궁박물관 소장

기 체제로 되돌려 놓기도 했지요. 아마 공민왕의 정치적 개혁에 보우의 간언(諫言, 웃어른이나 임금에게 옳지 못하거나 잘못된 일을 고치도록 하는 말)이 영향을 끼쳤을 거예요.

또한 보우는 고려의 무궁한 발전을 위해 오늘날의 서울인 한양으로 수도를 옮길 것을 주장했어요. 하지만 신돈과의 권력 다툼 끝에 뜻을 이루지 못했고, 왕사 직위에서도 잠시 물러나게 되었지요.

보우는 제자들에게 화두(話頭)에만 주목해 골똘히 사색하라고 가르쳤어요. 지눌이 지적인 이해를 적극적으로 도입한 것과 대조를 이루지요.

2 정치적으로 이용된 도참사상

전쟁과 혼란이 끊임없이 이어지자 고려 사회에는 현실 도피적 분위기가 형성되었습니다. 풍수지리설과 도참사상(圖讖思想) 등 신비주의가 성행하기 시작했어요. 왕건에게 도참사상을 전한 인물은 도선이었습니다. 신라 말기의 승려인 도선은 풍수지리설의 대가였어요. 그는 왕건의 아버지에게 개성의 집터를 가리키며 "장차 고귀한 인물이 이 집에서 태어나 후삼국을 통일할 것입니다."라고 예언했답니다. 이 인연으로 왕건과 도선은 가까워졌지요. 훗날 왕건은 『훈요십조』에서 "도선 선사가 지정하지 않은 곳에 함부로 절을 짓지 마라."라며 도선의 이름을 언급하기도 했어요.

도선은 중국의 풍수지리설과 음양 도참설을 골자로 해 『도선비기』를 썼습니다. 『도선비기』는 중국의 체계화된 풍수 사상을 최초로 우리나라에 전한 책인데, 오늘날 전해지지는 않아요. 『도선비기』에 담긴 내용은 정치적으로 이용되기도 했습니다. 묘청은 『도선비기』를 근거로 '서경 천도'를 주장했어요. 그러나 그는 서경 천도 운동을 벌이다 반역죄로 몰려 몰락하고 말았답니다. 신돈 역시 이 책을 근거로 공민왕에게 수도를 옮길 것을 권유했지요. 백성들이 왕권에 대항할 때도 『도선비기』를 들고 나왔다고 해요.

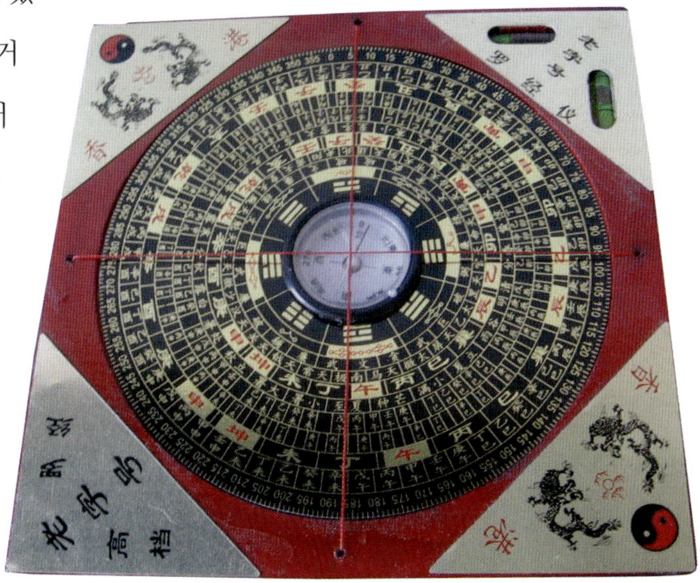

신돈(辛旽)
고려 말기의 승려로, 공민왕에게 등용되어 국정을 맡았다. 개혁 정치를 펴고 국가 재정을 잘 관리해 민심을 얻었으나 역모에 휘말려 참형되었다.

윤도(輪圖)
지관(地官)들이 풍수지리설에 따라 집터나 묏자리 등의 좋고 나쁨을 가려낼 때 사용하거나 여행자들이 방향을 알기 위해 사용하던 일종의 나침반이다.

3 고려를 무너뜨리고 조선을 일으킨 성리학

봉선 홍경사지 사적갈비
홍경사의 사적을 기록한 비석이다. 석비에는 머릿돌이나 지붕돌을 따로 얹지 않는 것이 보통이지만 이 비는 거북 받침돌과 머릿돌을 모두 갖추고 있다. 최충이 비문을 지었다.

흥하던 유학, 무신 집권으로 쇠하다

유학의 비중이 점차 커지자 성종은 유학 사상을 국가의 지도적 이념으로 삼았어요. 불교 의례를 없애기까지 했지요.

고려 중기 이후에는 사설 교육 기관인 사학(私學) 육성에 힘을 기울였습니다. 문종 때 최충이 세운 구재 학당(九齋學堂)이 유명하지요. 최충은 문장과 글씨가 뛰어나 '해동공자'라고도 불린 고려의 문신입니다. 구재 학당은 최충의 시호(諡號, 왕이나 사대부들이 죽은 후 공덕을 찬양해 붙이는 이름)를 따 '문헌공도'라고 불리기도 합니다. 구재 학당은 우리나라 사학의 효시로 인정받고 있어요. 최충이 죽은 후에도 오랫동안 과거 준비 기관으로 존속했지요. 시설적인 면이나 교육적인 면에서 국자감보다 나았기 때문에 과거 응시자들이 많이 몰려들었다고 합니다.

인종 때는 사서오경을 연구하는 경학을 중히 여기고 강론에 힘을 쏟아 유학을 일으키려 했어요. 이때 유교적 역사관에 근거한 『삼국사기』가 편찬되었지요.

고려 조정에서 문인을 우대하고 무인을 차별하자 무신들이 반란을 일으켰어요. 무신의 집권과 몽골의 침략으로 유학은 다시 쇠퇴의 길을 걷게 되었습니다. 국가 문서를 기록하거나 불교 행사를 미화하는 도구로 전락하고 말았지요. 유학자들 사이에서는 유학의 근본정신을 되찾으려는 운동이 일어났고, 신흥 사대부가 중심이 되어 성리학을 받아들이게 되었어요.

정몽주, 성리학의 기초를 세우고 철퇴에 맞아 죽다

고려 말의 신흥 사대부 가운데는 의리를 중시하고 도덕의식을 개발하는 데 주목하는 온건 개혁파가 있었고, 현실에 대응해 창의적인 변혁을 강조하는 급진 개혁파가 있었습니다. 이들은 서로 대립하게 되었어요. 온건 개혁파의 대표적인 인물로는 정몽주를, 급진 개혁파의 대표적인 인물로는 정도전을 들 수 있습니다.

『주자가례』
송(宋)의 유학자인 주희가 가정에서 지켜야 할 예의범절에 관해 저술한 책이다. 관혼상제에 관해 지켜야 할 덕목을 잘 정리해 놓았다.

정몽주는 고려 말기의 학자이자 정치가입니다. 그는 중국 명과 일본을 오가며 외교적 역량을 발휘해 고려와 우호적인 관계를 맺게 했어요. 이성계의 지휘 아래에서 왜구 토벌에 참전한 적도 있었지요.

정몽주는 고려 말엽에 새로운 이념으로 도입된 주자학을 적극적으로 연구했습니다. 오부 학당과 향교를 세워 주자학을 널리 보급하는 데도 이바지했지요. 오부 학당(五部學堂)은 고려 말 공양왕 때 성균관 대사성을 겸하고 있던 정몽주가 개성의 중앙과 동서남북에 세운 학교랍니다. 교육을 받지 못하는 개성의 학생들을 대상으로 향교에서 가르치는 정도의 교육을 제공한 기관이지요. 정몽주는 예(禮)를 사회에 전파하기 위해 『주자가례』의 가르침에 따라 가묘(家廟, 한 집안의 사당)를 세우고, 신주(神主, 죽은 사람의 위패)를 처음 세우기도 했습니다.

정몽주(鄭夢周, 1337~1392)
고려 말의 충신인 정몽주의 초상화다. 조선 후기의 궁중 화가인 이한철이 개성의 숭양 서원에 남아 있던 정몽주의 초상화를 옮겨 그린 것이다.
국립중앙박물관 소장

고려의 정치적 부패가 극도에 이르러 국운이 기울어 갈 때였습니다. 정몽주는 이성계의 아들인 이방원과 마주 앉았어요. 이방원은 그 유명한 「하여가」를 읊습니다. 썩어 가는 고려 왕실만 붙들려 하지 말고, 서로 사이좋게 지

선죽교

개성에 있는 돌다리이다. 정몽주가 이성계를 문병했다가 돌아올 때 이방원이 보낸 조영규와 그 일파에게 암살된 곳이다. 정몽주가 철퇴에 맞고 흘린 피가 선죽교의 교각에 일부 묻었는데 『백범일지』에 따르면 1945년에 김구(金九)가 선죽교를 방문할 때까지도 그 흔적이 남아 있었다고 한다. 정몽주가 이 돌다리 위에서 죽은 뒤 선죽교 돌 틈에서 대나무가 자라나 그의 충절을 나타냈다는 이야기가 전해진다. 원래 선지교라고 했으나 선죽교로 이름이 바뀌었다. 정몽주가 선죽교에서 죽은 것이 아니고 부상당한 채로 피를 흘리며 피신하다가 그의 뒤를 따라온 자객에게 살해되었다는 설도 있다.

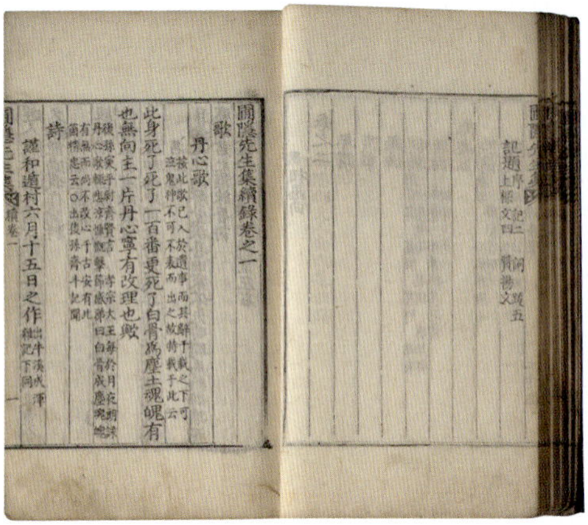

『포은집』

정몽주의 문집으로 1439년(세종 21)에 정몽주의 아들인 정종성이 처음 펴낸 이후 여러 차례 간행되었다. 「하여가」와 「단심가」도 수록되어 있다.

국립중앙박물관 소장

내는 것이 어떻겠느냐는 내용이지요. 정몽주는 「단심가」로 대응하며 고려 왕조에 대한 충성심을 나타냈어요. 이 잘못된 만남으로 결국 정몽주는 선죽교 위에서 철퇴에 맞아 숨을 거두고 말지요.

정몽주는 고려에 성리학의 기초를 세우고 성리학적인 명분을 지키며 죽었어요. 그래서 이후 '동방 이학(東方理學)의 조(祖)'라고 추앙받았지요. 하지만 주자학의 이념을 실천하는 데는 다소 소극적이었다는 평가를 받기도 합니다. 정도전의 급진적인 토지 개혁에 반대하고, 불교에 대해서도 절충적인 태도를 보였기 때문이지요.

정몽주는 비록 조선 건국 이전에 죽었지만 고려 말 · 조선 초의 관료와 문인 가운데는 정몽주의 제자가 다수 포함되어 있었습니다. 정몽주의 사상은 그들을 통해 조선에 지속적으로 영향을 끼쳤다고 볼 수 있지요. 정몽주가 죽은 후 조선에서는 예의에 관한 가르침을 중시하는 성리학적 질서에 따라 사회 체제가 정비되고, 성리학의 이념에 따라 법령이 반포되었어요.

생각해 보세요

몽골의 침략에 대해 알아볼까요?

부족 단위로 유목 생활을 하던 몽골족이 13세기 초에 통일 국가를 이루면서 금을 공격했습니다. 금의 지배를 받던 거란 일부가 몽골에 쫓겨 고려로 침입해 오자, 고려는 몽골과 연합해 거란을 토벌했어요. 이후 몽골은 자기들이 도와준 대가를 들먹이며 지나친 공물을 요구해 왔지요. 그런데 고려를 방문한 몽골 사신이 귀국하던 길에 피살되는 일이 발생했어요. 몽골군은 이를 구실로 1231년에 고려를 침략해 수도인 개성을 포위했습니다. 고려가 몽골의 요구를 받아들이기로 하자 몽골군은 큰 소란 없이 물러갔지요. 당시 집권자였던 최우는 강화도로 도읍을 옮기고, 장기 항전을 위한 방비를 강화했습니다. 이를 빌미로 몽골군이 다시 침입해 왔어요. 승려 출신의 장군인 김윤후가 몽골 장수 살리타를 사살하자 몽골군은 퇴각했습니다. 이후 고려는 여섯 번에 걸친 몽골의 침략을 끈질기게 막아 냈지요. 이 무렵 고려 조정에서는 몽골과 강화를 맺으려는 주화파가 득세해 최씨 정권이 무너지고 전쟁은 끝나게 되었습니다. 몽골은 고려와 강화 조약을 맺고, 고려의 주권과 고유한 풍속을 인정했어요. 이는 고려의 끈질긴 항전의 결과였지요.

해인사 대장경판

4 성리학이 붕당 정치로 흘러가다 | 조선 시대

고려 후기에 본격적으로 중앙 정계에 진출한 신흥 사대부는 불교를 배척하고 성리학을 바탕으로 정책을 확립해 나갔습니다. 신흥 사대부는 성리학의 윤리적이고 현실적인 면을 사회에 적용하려고 했어요. 정치적으로는 고려를 침범한 원을 배척하고, 유학의 이념을 표방하는 명을 존중하는 정책을 선택했지요. 신흥 사대부는 고려 말에 이성계를 중심으로 등장한 신흥 무인 세력과 결합해 조선을 건국합니다. 조선의 건국 세력들이 성리학만 받아들인 것은 아니에요. 육구연의 학문과 그 밖에 다양한 사조들을 고루 수용했습니다. 세종 때 과학 기술이 발달하고, 농업과 의학에 관한 서적들이 많이 간행된 것을 보면 알 수 있지요.

- 정도전은 불교를 비판하며 성리학을 조선의 근본 사상으로 삼으려 했다.
- 조선 중기에 불교는 유교나 도교, 민간 신앙과 결합하는 경우가 많았다.
- 붕당의 폐해로 어수선한 사회 분위기 속에서 실생활에 도움이 되는 학문인 실학이 등장했다.
- 실학자들은 조선의 사회적 · 경제적 모순을 해결하고 백성의 생활을 안정시키려고 노력했다.

	무오사화	갑자사화	기묘사화	을사사화
시기	연산군 4년 (1498년)	연산군 10년 (1504년)	중종 14년 (1519년)	명종 1년 (1545년)
원인	김종직의 「조의제문」	윤씨 폐출 사건	조광조의 급진적 개혁	외척 간 정권 다툼
결과	김일손 등 신진 사류가 화를 당함	사림들이 화를 당함	훈구파가 조광조 일파를 몰아냄	소윤이 대윤을 몰아냄

1 조선을 지배하다 – 성리학

조선의 개국 공신 정도전, 왕자에게 죽임을 당하다

이성계를 도와 조선 왕조를 여는 데 절대적으로 공헌한 사람이 바로 정도전이에요. 고려 말에 이성계 등의 급진 개혁파는 중앙 집권을 강화하고 불교를 철저히 비판했습니다. 대신 새로운 정신적 무기, 즉 성리학을 국가의 근본으로 삼으려고 했어요. 개혁파의 핵심 인물인 정도전은 성리학적 정치 이념을 실현하는 데 앞장서다가 한때 보수 세력에 밀려 유배되기도 했지요.

정도전(鄭道傳, 1342~1398)
충북 단양의 도담 삼봉에 위치한 정도전 동상이다. 정도전은 이성계를 새로운 왕으로 추대하는 역성혁명을 일으켜 조선 왕조를 세웠다.

이성계와 정도전은 위화도 회군(威化島回軍)을 계기로 고려의 정치권 · 군사권을 장악하게 됩니다. 위화도 회군은 1388년 중국 명의 랴오둥 반도를 공략하기 위해 출정했던 이성계가 위화도에서 군사를 돌려 정변을 일으킨 사건이에요. 조선 왕조를 창건하는 데 결정적인 계기가 되었지요. 1388년 무렵부터 정도전은 조준의 전제 개혁안을 받아들이고 불교의 폐해를 주장하는 등 새로운 왕조를 여는 데 앞장섰습니다. 1391년에 이성계가 삼군도총제부를 설치하고 병권을 장악하자 정도전은 우군도총제로서 이성계를 보필했어요.

결국 1392년에 **이성계**는 고려를 무너뜨리고 조선을 세웁니다. 이후 정도전의 건의에 따라 조선은 수도를 한양으로 옮깁니다. 정도전은 조선의 통치 이념으로 성리학을 채택해 고려의 통치 이념이었던 불교 사상을 극복하려고 했어요. 또한 백성 본위의 이념과 관료의 도덕성이 바탕이 되는 유교적 이상 국가를 실현하기 위해 노력했지요.

정도전은 세자 자리에 강비(康妃)의 소생인 이방석을 천거해 이방원과 대립각을 세웠어요. 정도전은 모든 왕자를 궁중으로 불러들여 없앨 계략을 꾸몄으나 사전에 음모가 발각되어 죽임을 당하고 말았지요. 세자 이방석은 이방원에게 살해당하고, 유약한 이방과가 세자 자리에 올라 정종이 되었어요. 정종에게 소생이 없자 또 한 번 왕위 계승권을 두고 이방원과 이방간 사이에 다툼이 벌어졌습니다. 결국 이방원이 정종의 뒤를 이어 태종이 되었지요. 왕위 계승을 둘러싼 두 차례의 난을 흔히 '왕자의 난'이라고 부릅니다.

이성계(李成桂, 1335~1408)
태조 이성계는 즉위한 뒤 단군 조선을 계승한다는 의미로 나라 이름을 조선이라 하고 한양으로 수도를 옮겼다.
어진 박물관 소장

조광조, 훈구파의 눈 밖에 나 반역죄를 뒤집어쓰다

조광조는 젊었을 때부터 장래가 기대되는 유학자였어요. 그는 당대의 유명한 유학자인 김굉필의 제자였습니다. 김굉필은 갑자사화 때 죽임을 당하지요. 갑자사화는 1504년(연산군 10)에 폐비 윤씨와 관련된 많은 선비가 죽임을 당한 사건입니다. 신진 사류인 윤필상, 이극균, 김굉필 등이 윤씨 폐위에 찬성해 처형되었고, 나머지 신진 사류들은 삭탈

삭탈관직(削奪官職)
죄지은 자의 벼슬과 품계를 빼앗고 벼슬아치 명부에서 그 이름을 지우던 일을 말한다.

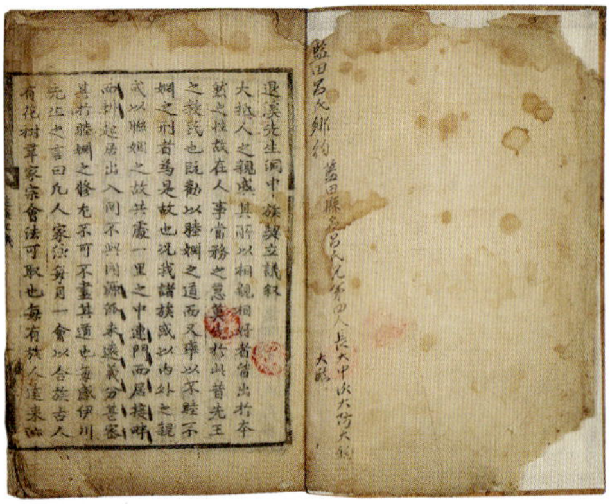

『여씨향약언해』
중국 송 때 만들어진 『여씨향약』을 1518년에 김안국이 번역한 것이다. 조광조는 향약을 각 지방에 보급하기 위해 『여씨향약』을 번역 · 반포했다.
국립중앙박물관 소장

관직을 당하거나 유배되었지요. 갑자사화를 겪고 난 후 조광조는 죽은 스승을 대신해 제자들을 가르치는 데 평생을 보내기로 마음먹었어요.

1506년에 박원종 등 훈구 세력은 연산군을 몰아내고 그의 이복동생을 왕으로 추대합니다. 이른바 '중종반정'이지요. 이후 중종은 훈구 세력을 견제하기 위해 사림의 학자들을 등용하기 시작했어요. 이 무렵 조광조는 진사 회시에 급제하고, 알성시에도 급제해 주목을 받게 되었습니다.

알성시(謁聖試)
조선 시대 과거 제도 가운데 비정규적으로 시행한 시험의 하나다. 왕이 문묘에 가서 제례를 올린 후 성균관 유생들에게 시험을 치르게 하고 성적이 우수한 사람을 선발했다. 나중에는 지방 유생들에게도 응시 자격을 주었다.

마침내 조광조는 중종의 신임을 얻어 여러 관직을 맡기 시작했어요. 그는 성리학적 이상 정치를 실현하고자 다양한 개혁을 시도했습니다. 조광조는 무력으로 다스리는 패도 정치에 반대하고, 인의(仁義)에 따르는 왕도 정치를 주장했어요. 현량과(賢良科) 설치, 노비법 · 서얼법 개선 등을 추진하고 한전론(限田論)을 주장하기도 했지요. 조광조의 개혁 정치로 사림파가 조정에서 힘을 얻게 되었습니다. 하지만 신진 사림의 우두머리로서 유교적 도덕 정치를 실현하려던 조광조의 꿈은 훈구파에 의해 좌절되고 말았어요.

훈구파는 조광조에게 반감을 품을 수밖에 없었어요. 조광조의 건의로 시행된 현량과는 학문과 덕행이 뛰어난 인재를 천거로 등용하는 제도입니다. 과거 제도를 기반으로 인재를 등용하던 기존의 틀을 깨는 것을 보수파인 훈구 세력이 달가워할 리 없었지요. 또한 조광조가 주장한 한전론은 특정인에게 토지가 치우치지 않도록 토지 소유의 상한을 정하자는 내용을 골자로 합니다. 당시 막대한 토지를 소유하고 있던 훈구파에게 한전론을 주장한 조광조는 눈엣가시였을 거예요.

훈구파는 조광조를 제거하기 위해 희빈 홍씨의 아버지인 홍경주를 끌어들였어요. 그들은 희빈 홍씨의 심복을 매수해 후원의 나뭇잎에 꿀물로 '주초위왕(走肖爲王)'이라는 네 글자를 쓰게 했습니다. 벌레들은 꿀물을 빨아 먹기 위해 글자 모양대로 나뭇잎을 파먹기 시작했어요. 희빈 홍씨는 중종을 후원으로 이끌어 나뭇잎 모양을 자세히 살펴보도록 했지요. 주초(走肖)라는 두 글자를 합치면 조(趙)가 되기 때문에 '주초위왕'이란 조광조가 왕이 된다는 의미랍니다. 조광조의 지나친 개혁에 염증을 느끼고 있던 중종은 조광조를 반역죄로 다스렸어요. 조광조는 전남 화순 땅의 능주로 귀양을 갔다가 끝내 사약을 받고 말지요. 이 사건을 기묘사화라 합니다.

창덕궁 후원

'주초위왕'에 관해 전해지는 바에 따르면 이 이야기가 펼쳐지는 후원이 창덕궁 후원이라고 한다. 창덕궁 후원은 1997년에 창덕궁과 함께 세계문화유산으로 지정되었다.

서경덕, 황진이의 유혹을 물리치다

16세기 이후 조선에서는 도학을 숭상하는 사림파가 정국을 장악했어요. 몇 차례의 사화를 거치면서 사림은 재야에 숨어 지내는 산림 유(山林儒)와 출사해 정치에 참여하는 묘당 유(廟堂儒)로 나누어졌지요. 산림 유를 대표하는 인물로 서경덕과 조식을, 묘당 유를 대표하는 인물로 이황과 이이를 들 수 있어요. 하지만 후대로 가면서 이들 사이의 경계가 모호해졌답니다.

중종 때의 학자인 서경덕은 25세 때 이미 전국에 이름을 떨칠 정도로 학문에 조예가 깊었어요. 그가 활약하던 당시는 현량과를 통해 인재를 선발하던 때였습니다. 현량과에 응시하려면 먼저 후보자 120명 가운데 한 사람으로 추천을 받아야 했어요. 조광조가 서경덕을 가장 먼저 추천했지만 서경덕은 이를 거부했습니다. 쌀이 떨어져 며칠씩 굶고 지내는 형편인데도 조정의 녹봉에는 전

박연 폭포
경기 개성에 있는 폭포다. 금강산의 구룡 폭포, 설악산의 대승 폭포와 함께 3대 폭포로 불린다. 폭포수가 떨어지는 모습은 마치 은하수와 같고 그 소리는 천둥 소리와 같다고 전해진다.

혀 관심이 없었지요. 이후에 그는 생원시에 붙기도 하고 조정에 또다시 추천되기도 했지만 끝내 벼슬길에 오르지 않았답니다.

서경덕은 개성 송악산 자락에 자리를 잡았어요. 화담 부근에 초막을 짓고 학문에 정진했지요. 개성의 이름난 기생 황진이가 그를 여러 번 유혹했으나 끝내 성공하지 못했다는 이야기는 너무나 유명해요. 이후 개성 사람들은 황진이, **박연 폭포**, 서경덕을 '송도삼절(松都三絶)'이라 불렀다고 합니다. 개성의 옛 이름이 송도이므로 송도삼절이란 '개성의 세 가지 빼어난 존재'라는 뜻이지요.

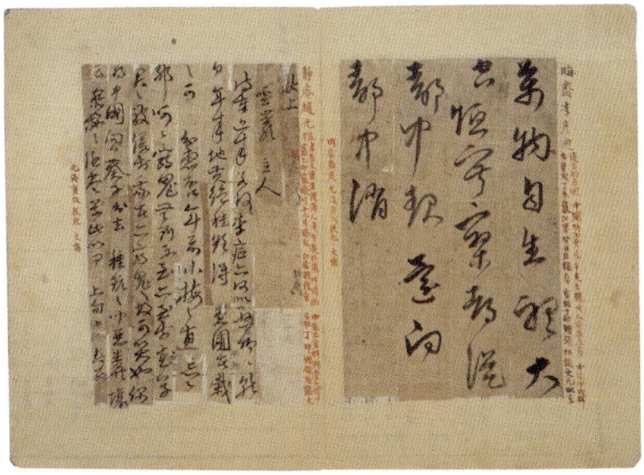

『조선명현필첩』
조선의 저명한 학자와 관료들의 친필 편지를 모아 엮은 것으로 총 두 권으로 이루어져 있다. 이 책은 두 권 가운데 조광조, 서경덕, 이황, 조식 등의 편지와 서예, 그림이 들어 있는 것이다.
국립중앙박물관 소장

서경덕은 기(氣)가 만물의 근원이라고 보는 기일원론(氣一元論)을 주장했어요. 주리론(主理論)으로 기울던 당시 학계는 큰 충격을 받았지요. 서경덕의 주장에 따르면 천지 만물은 모두 기로 말미암아 생성되는 물질에 지나지 않아요. 기는 우주 공간에 가득 차 있어서 덩어리가 큰 기는 해, 달, 땅, 별이 되고, 작은 기는 풀, 나무 등이 된다고 합니다.

서경덕은 모든 운동과 변화의 원인이 기라고 보고, 기가 모이고 흩어지는 것을 통해 현상계를 설명했어요. 이(理)라는 관념적 존재의 실재성을 인정하지 않은 것이지요. 서경덕은 귀신이나 죽음과 관련된 문제 역시 기가 모이고 흩어지는 것으로 설명해 당시 성행하던 풍수지리설과 미신도 배척했습니다. 이러한 서경덕의 기일원론은 이황의 격렬한 비판을 받게 되지요.

이황, 한국 성리학의 국가 대표

이황은 선조 때의 유학자로 호를 따 퇴계로 불리기도 합니다. 그는 6세 때부터 천자문을 배우고, 9세 때부터 독서에 열중했다고 해요. 먹고 자는 일을 잊어 가며 매진하는 바람에 소화 불량까지 얻고 말았지요. 고기만 먹으면 체해 언제나 채소만을 즐겼다고 합니다.

선조의 총애를 받은 이황은 수많은 벼슬을 거쳤습니다. 그러나 정3품 이상의 벼슬은 서류상으로만 임명과 사퇴를 되풀이했을 뿐 실제로 받아들인 적은 한 번도 없었어요. 어머니가 중앙의 고관(高官, 지위가 높은 벼슬이나 관리)은 하지 말라고 당부했기 때문이라고 합니다. 이황은 주리론(主理論)을 주장했어요. 주리론에 의하면 이(理)야말로 천지 만물을 생성하고 주재하는 근원입니다. 이황은 "사단은 이가 일으킨 것이고, 칠정은 기가 일으킨 것이다."라고 주장했어요. 이에 기대승은

도산 서원

경북 안동에 위치한 도산 서원의 전교당이다. 도산 서원은 퇴계 이황을 기리기 위해 만든 것으로 그가 사망한 지 4년 후인 1574년에 설립되었다.

이황에게 다른 의견을 담은 편지를 보냅니다. 기대승은 "사단과 칠정은 모두 이와 기가 함께 작용해 이루어졌다."라고 반박하지요. 이황과 기대승이 8년여에 걸쳐 전개한 이 논쟁이 그 유명한 '사단 칠정 논쟁'이에요. 이 논쟁을 통해 이황은 "사단은 이가 일으켜 기가 그것을 탄 것이요, 칠정은 기가 일으켜 이가 그것을 탄 것이다."라는 말로 자신의 견해를 정리했습니다. 논쟁을 거치면서 이황의 사상은 상당한 체계를 갖추게 되었어요. 나아가 이황은 조선 성리학의 수준을 한 차원 높인 인물이라는 평가를 받게 되었지요. 우리나라를 대표하기에 충분한 이황의 사상은 오늘날 동양은 물론, 전 세계 학계의 주목을 받고 있답니다.

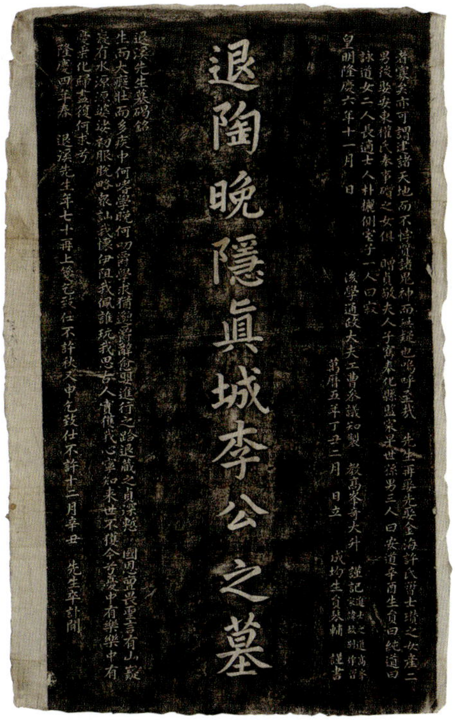

이황의 묘비 탑본

퇴계 이황의 묘비를 탁본한 것이다. 이황은 명예를 과시하기 싫어해서 묘비에 관직을 적지 않았다고 한다. 그는 다른 사람들이 묘비명을 과장하지 못하도록 살아 있을 때 손수 써 두었다고 한다.

국립중앙박물관 소장

기대승, 성적이 매우 좋아 시험에 낙방하다

선조 때의 문신이자 학자인 기대승은 절개가 뛰어난 집안에서 태어나 일찍부터 학문에 통달했습니다. 하지만 피비린내 나는 을사사화를 목격한 기대승은 식음을 전폐하다시피 하며 두문불출했어요. 23세 때 생원과 진사를 뽑는 사마시에 합격했지만 곧이어 치른 알성시에서는 낙방의 고배를 마시고 말았지요. 성적이 나빠서가 아니라 성적이 매우 좋아서 일부러 떨어뜨렸다고 해요. 사림파의 반대 세력인 윤원형이 기묘명현(己卯名賢, 기묘사화로 화를 입은 신하)의 후손을 등용하지 않으려 했기 때문이지요. 기대승은 기묘사화 때 유배되었던 기준의

『양선생서』
성리학에서 핵심 개념으로 다루어진 '사단 칠정'을 둘러싸고 이황과 기대승 사이에 오고 간 논쟁과 기타 글을 모아 엮은 책이다.
국립중앙박물관 소장

조카였어요.

이후 기대승은 대사성을 거쳐 대사간까지 진급했지만 반대 세력들에 의해 여러 차례 삭탈관직을 당했어요. 이런 와중에도 그는 기묘사화 때 희생된 조광조, 이언적 등의 추증을 건의하는 용기를 보였답니다.

앞에서 살펴보았듯이 기대승은 이황과 '사단 칠정 논쟁'을 벌인 인물이에요. 논쟁 당사자들끼리는 사이가 나쁠 것 같지만 정작 두 사람은 서로 예의를 갖춰 정중하게 대했다고 합니다. '사단 칠정 논쟁'으로 말미암아 조선의 성리학은 주리파(主理派)와 주기파(主氣派)로 나뉘게 되지요.

이이, 영남학파에 맞선 기호학파의 거두

이이는 조선 중기의 문신이자 학자로, 율곡이라는 호로도 유명합니다. 외갓집 **오죽헌**에서 태어난 이이는 사헌부 감찰을 지낸 이원수와 신사임당의 셋째 아들이에요. 이이의 어머니인 신사임당은 현모양처로 잘 알려졌을 뿐만 아니라 뛰어난 예술가이기도 했지요. 이이는 외할머니의 사랑을 받으며 어린 시절을 보냈습니다. 이후 그는 친가인 서울을 거쳐 경기도 파주의 율곡에서 살았어요.

22세 때 이이는 이황을 방문해 학문에 관해 토론했어요. 당시 이황은 원숙한 노대가였고, 이이는 홍안(紅顔, 젊어서 혈색이 좋은 얼굴을 이르는 말)의 청년이었지요. 이틀에 걸쳐 토론한 후 이황은 이이의 박식함을 칭찬하며 "후생들이 가히 두렵구나."라고 말했답니다.

이이가 병조 판서로 있을 때 그는 십만 양병설(十萬養兵說)을 주장했어요. 왜구 등의 침략을 예상하고 서울에 2만 명, 조선 팔도에 각각 1만 명씩 군사를 양성해 배치하라고 역설한 것이지요.

이이는 독자적인 이기 일원론(理氣一元論)을 내놓았습니다. 이황을 대표로 하는 주리파가 "사단은 이가 일으킨 것이고, 칠정은 기가 일으킨 것이다."라고 한 데 대해 이이는 "사단과 칠정 모두 기가 일어난 것이다."라고 주장했어요. 그가 말한 바로는 "이란 형체도 없고 행위도 없다. 오직 기만이 형체와 행위가 있다. 그러므로 사단 역시 기가 일어나 이가 그것을 탄 것에 지나지 않는다."라고 합니다. 이황의 주리론이 관념론이라면 이이의 주기론은 일종의 유물론이라고 할 수 있어요. 이황의 영남학파와 이이의 기호학파는 서로 대립하며 조선 성리학의 쌍벽을 이루었지요.

오죽헌

강원 강릉에 위치한 이이의 생가(生家)다. 뒤뜰에 검은 대나무인 오죽이 많이 자라서 오죽헌이라는 이름이 붙었다. 조선 중기의 양반집 모습이 잘 보존되어 있다.

2 성리학의 그늘에 가려지다 – 불교

다시 피지 않는 불꽃

고려 말에 일어난 배불(排佛, 불교를 배척함) 운동은 순수한 이념적 대립이라기보다는 정치적 목적에서 일어난 일이었습니다. 보우, 혜근 등과 같은 명승이 나타났지만 유학자들의 정치적 공세로 말미암아 불교계는 암흑기를 맞게 되었지요.

조선이 건국된 후로는 세조 때 국가적 규모로 불경 간행 사업을 벌인 적도 있지만 성종 때 다시 억불(抑佛) 정책이 시행되었어요.

성리학이 지배적인 조선에서 불교의 명맥을 유지한 사람은 명종 때의 문정 왕후였습니다. 문정 왕후는 어린 아들인 명종을 대신해 나라를 다스린 인물이지요. 문정 왕후는 설악산 백담사에 있던 보우를 중

회암사지
경기 양주의 회암사가 있던 자리다. 명종 때 문정 왕후의 도움으로 전국 제일의 사찰이 되었으나 이후 억불 정책으로 절이 불태워졌다고 한다.

요한 자리에 임용하고, 봉은사를 선종, 봉선사를 교종의 근거지로 삼았어요. 하지만 보우 역시 유생들의 미움을 받아 비명 속에 죽음을 맞이하게 되지요.

문정 왕후의 어보(御寶)
"성열대왕대비지보"라는 글자가 새겨져 있다. 성열 대왕대비는 문정 왕후를 높여 부른 호칭이다. 문정 왕후는 을사사화를 일으킨 인물이기도 하다.

살길을 찾기 위해 현실과 타협하다

조선 중기에는 유교식 사립 교육 기관인 서원이 세워졌어요. 조정에서 서원을 공인하고 사액(賜額, 임금이 지어 준 사당 · 서원 등의 이름을 써넣은 널빤지)을 내리는 등 지방에까지 유교 가치관이 뿌리를 내렸지요. 이런 분위기는 조선 불교의 사상적 빈곤을 가져올 수밖에 없었답니다.

조선 중기에 불교는 유교나 도교, 민간 신앙과 결합하는 경우가 많았어요. 절에서 조상의 명복을 비는 예식이 진행되기도 했는데, 이는 유교적 인륜인 '효'를 강조하는 사회 분위기를 반영한 것이지요. 또한

소수 서원
왕이 최초로 이름을 지어 내린 사액 서원으로, 경북 영주에 위치해 있다. 1550년에 당시 풍기 군수를 지냈던 이황의 요청으로 사액을 받았다.

절 안에 산신각이나 칠성각 등을 세우기도 했어요. 절을 운영하기 위해 백성들이 믿던 산신이나 칠성신을 절 안에 모신 것이지요. 의례 역시 현세 기복적 성격의 진언(眞言)을 중심으로 이루어졌습니다. 진언은 범문을 음(音) 그대로 외는 일인데, '다라니'라고도 해요. 진언을 외면 탈아(脫我)의 경지로 들어가거나 높은 차원의 정신적 깨달음에 도달하게 된다고 합니다. 또한 불운에서 벗어날 수 있다고 믿어서 심리적 안정을 찾기 위해 진언을 외기도 했어요.

휴정, 암울한 불교계에 활력을 불어넣다

성리학의 그늘이 드리웠어도 명승은 나타났습니다. 조선 중기의 승려이자 승병장인 서산 대사 휴정은 금강산과 묘향산 등지에서 수행하며 수많은 제자를 길렀어요. 임진왜란 때는 도총섭(都摠攝, 승려 가운데 최고의 직책)이 되어 승군을 지휘하며 나라를 구하는 데 앞장섰지요. 그의 활약에 힘입어 한양을 되찾을 수 있었답니다. 이렇듯 휴정은 후진 양성과 국난 극복에 힘써 암울했던 불교계에 새로운 활력을 불어넣었답니다.

휴정은 "아무리 산승(山僧)이라 할지라도 부모, 왕, 스승, 어른, 사회에 대한 은혜를 잊어서는 안 된다."라고 주장했어요. 또한 불교에만 얽매이지 않고 서로 어긋나는 뜻이나 주장을 조화롭게 풀이하고자 했습니다. 휴정은 사상가나 학자가 아닌, 순수하게 참선하는 승려였는데도 말이에요.

휴정(休靜, 1520~1604)
휴정은 임진왜란 때 승병(僧兵)을 일으켜 공을 세운 것으로 유명하다. 유교 · 불교 · 도교, 즉 삼교 통합설의 기반을 마련했다고 평가받는다.
국립중앙박물관 소장

〈산신도〉

조선 중기의 작품이다. 한반도의 토착 신앙인 산신 신앙이 불교와 결합하면서 사찰 안에 모셔지기 시작했다. 신기하고 묘한 분위기를 풍기는 노인이 호랑이를 거느리고 있다. 곁에 선 동자가 그의 시중을 들고 있다. 호랑이는 민화풍으로 묘사했으며 험준한 산을 배경으로 그렸다. 전형적인 산신도와 마찬가지로 배경은 단순하게 표현하고 산신을 두드러지게 표현했다.

국립중앙박물관 소장

3 조선 후기의 철학

정조, 붕당 정치의 폐해를 극복하려 노력하다

조선 후기에는 붕당의 대립이 점점 심각해졌어요. 영조는 당쟁을 막기 위해 각 당파에서 고르게 인재를 등용하던 탕평책을 썼지만 결국 노력은 수포로 돌아갔습니다. 노론은 소론 쪽에 가까웠던 사도 세자를 제거하고 세손까지도 폐위하려 했어요. 하지만 영조의 보호 아래 세손은 가까스로 왕위에 올랐는데, 그가 바로 정조입니다.

규장각
창덕궁에 있는 건물로 1층은 왕실의 도서를 보관하던 규장각이고 2층은 열람실인 주합루다. 규장각은 왕실 도서관의 기능만 했었으나 정조가 비서실의 기능까지 부여했다. 이후 과거 시험을 주관하고 문신을 교육하는 일도 이곳에서 처리했다.

정조는 당색에 영향을 받지 않는 새로운 정치 세력을 양성하기 위해 **규장각**과 장용영을 설치했어요. 정조가 즉위한 직후인 1776년 3월에 설치된 규장각은 역대 임금들이 지은 글 등을 보관하던 일종의 왕실 도서관입니다. 왕권 강화를 목적으로 1793년(정조 17)에 설치된 장

용영은 궁중을 지키고 임금을 호위 · 경비하던 일종의 친위 부대고요.

정조는 양반의 자손들 가운데 첩의 소생인 서얼을 등용하고, 왕실과 국가 기관에 소속된 공노비를 해방했습니다. 서학(西學, 조선 시대에 천주교를 이르던 말)에도 관대한 태도를 보였어요. 하지만 정조가 죽고 이가환과 정약용이 서학도로 몰려 좌천되면서 다시 노론이 정권을 잡게 되었지요. 이후 서학에 대한 억압이 거세지고 개방 정책도 좌절되고 말았어요.

신미년 정주성 공위도
정주성을 두고 관군이 농민군과 대치하는 상황을 묘사했다. 홍경래는 정주성에서 죽었다.
서울대학교 규장각한국학연구원 소장

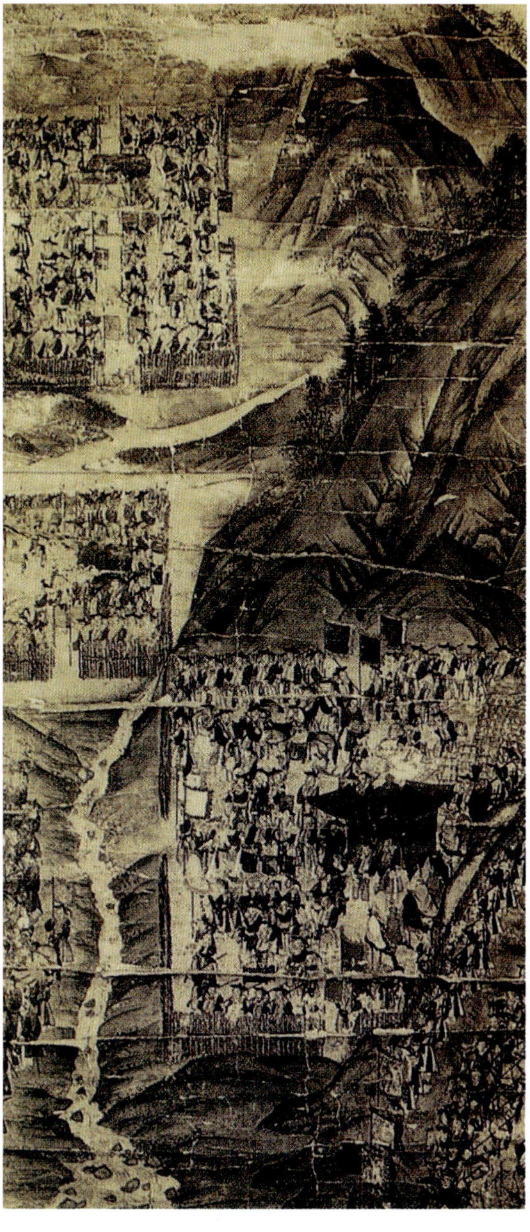

실생활에 도움이 되는 학문이 등장하다, 실학

정조가 죽은 후 조정에서는 왕의 외척에 의한 세도 정치가 이어졌어요. 세도 정치의 폐단으로 농민들의 삶은 점차 어려워졌습니다. 이에 농민들은 난을 일으키는 등 적극적으로 지배층의 부패에 대응했어요. 홍경래의 난을 비롯한 민란이 발생하면서 당시 조선 사회는 전반적으로 어수선했지요. 이런 분위기 속에서 사회적 · 경제적 모순을 해결하는 데 관심을 기울인 사상, 즉 실학이 등장합니다.

실학사상은 크게 세 가지 방향으로 전개

되었어요. 하나는 토지 제도를 개혁해 농업을 살리자는 것이었고, 다른 하나는 상공업의 진흥과 기술 개발을 추구한 것이었습니다. 마지막 하나는 경서 고증이나 금석학(金石學, 금속이나 석재에 새겨진 글을 연구하는 학문) 연구 등 실증적인 학문을 추구한 것이었어요. 상공업 진흥은 북학파를 중심으로 전개되었는데, 대표적 인물로 홍대용, 박지원, 박제가 등을 들 수 있습니다.

홍대용은 허위의식에 사로잡힌 당시 성리학자들을 풍자하고, 객관적 입장에서 사물을 바라보는 과학 정신을 강조했어요. 홍대용의 영향을 받은 박지원은 청의 기와, 벽돌, 아궁이, 굴뚝의 모습까지 세심하게 관찰해 우리 생활에 이용할 방법을 찾았습니다. 수레가 빈곤을 구제하는 데 매우 유용하다는 사실도 발견했지요. 박제가 역시 이용(利用, 물건을 편리하게 쓰는 일)과 후생(厚生, 사람들의 생활을 넉넉하게 하는 일)이 급선무라고 주장했어요. 그는 놀고먹는 선비를 국가의 큰 좀(의류와 종이 등을 갉아먹어 피해를 주는 곤충)이라고 비판하고, 이들을 상업에 종사시킬 것을 제안하기도 했답니다.

박지원(朴趾源, 1737~1805)
청의 우수한 점을 배워야 하며 상공업을 중요하게 생각해야 한다는 중상주의를 주장했다. 이덕무, 유득공, 박제가 등이 그의 제자다.

박지원, 풍자 문학의 극치인 「허생전」을 쓰다

조선 후기의 문장가이자 실학자인 박지원은 홍대용 등과 교제하면서 천문과 지리 등 서양의 자연 과학을 주의 깊게 연구했어요. 20세가 되어서는 사회 개혁을 앞장서서 이끄는 인물이자 뛰어난 문학가로 이름을 날렸지요.

정조가 왕위에 오르자 정조의 신임을 받던

홍국영이 세도를 부리기 시작했어요. 과거에 세손이었던 정조는 사도 세자처럼 당쟁에 휘말려 희생될 위험에 처해 있었습니다. 이러한 벽파의 음모를 막아 낸 인물이 홍국영이에요. 홍국영은 박지원과 그 일파가 세상을 깔본다고 여겨 벽파로 몰아붙였습니다.

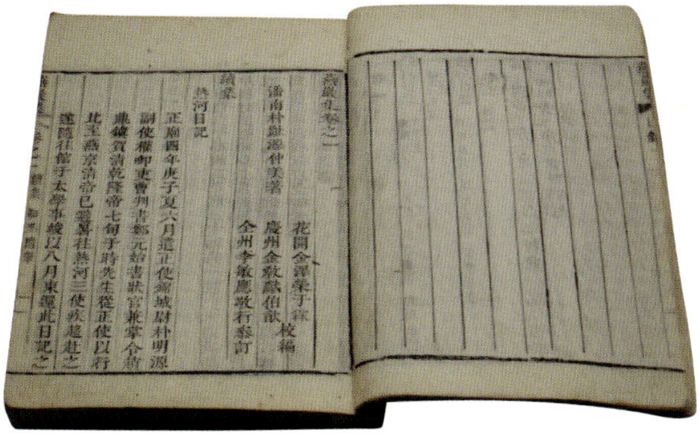

『열하일기』
박지원이 1780년에 청의 황제인 건륭제의 칠순을 축하하기 위한 외교 사절단으로 청에 다녀와 쓴 책이다. 청의 실상을 생생하게 기록했다.

이에 박지원은 황해도 금천에 있는 연암이라는 첩첩 산골로 들어갔어요. 연암에서 3년을 보낸 후 박지원은 사신을 따라 청으로 갔습니다. 그는 청의 문물과 중국인의 생활, 과학 기술을 관찰하고 많은 학자와 사귀었어요. 귀국한 후에는 그 유명한 『열하일기』를 썼습니다. 『열하일기』에 담긴 「호질」과 「허생전」은 풍자 문학의 극치를 이룬 작품으로 평가받고 있답니다. 특히 박지원은 「허생전」에서 조선의 현실을 날카롭게 비판했다고 볼 수 있습니다. 「허생전」의 주인공인 허생은 매점매석으로 큰돈을 벌어요. 박지원은 조선의 형편없는 유통 구조를 비판하기 위해 매점매석을 소재로 삼았던 것이지요.

박지원은 신이 세계를 창조했다는 식의 종교적 관념론을 비판하고, 이 세계를 물질적인 것으로 보았어요. 우주 만물은 미세한 티끌이 모여 운동하고 변화하는 과정에서 형성되었다는 게 박지원의 입장이지요. 그는 "모든 생명은 무기체로부터 유기체로 점차 발전해 간다."라는 소박한 진화론을 제기하기도 했어요. 그 밖에도 박지원은 화폐 유통과 무역, 기술 도입을 통한 생산력 증대, 빈민의 생활 안정 등 실생활과 관련된 문제에 관심을 쏟았답니다.

정약용, 화성을 건설한 뛰어난 건축가

정약용은 조선 후기의 실학자로 다산이라는 호로도 유명합니다. 정약용은 실학을 집대성한 학자라고 할 수 있어요. 정약용이 태어난 1762년에 사도 세자가 참변을 당했습니다. 이때는 사도 세자를 동정한 시파와 사도 세자를 비방한 벽파의 대립이 극에 달한 시기였어요.

1788년(정조 12)부터 1793년(정조 17)까지는 정조의 정책에 우호적인 시파가 정계에서 우위를 점하고 있었습니다. 정조는 여러 개혁을 추진하고자 당색과 무관한 인재를 선발했어요. 이 시기에 정약용이 벼슬길에 나가게 되었답니다. 그는 정조의 깊은 총애를 받아 임금의 측근이 되었어요. 하지만 반대파는 정약용이 서학을 따른다고 공격했고, 정조는 할 수 없이 정약용을 좌천시키기도 했지요.

효심이 지극했던 정조는 양주 배봉산에 있던 사도 세자의 능을 풍수지리학상 명당인 수원 화산으로 옮기기로 합니다. 정조는 원통하게

수원 화성
실학자인 정약용과 유형원이 설계를 담당했고 거중기와 같은 새로운 기기를 사용하는 등 과학적이고 독창적인 방법들을 동원해 쌓은 성곽이다. 당대 최고의 건축물로 평가받는다.

죽은 자신의 아버지 사도 세자를 찾아 일 년에 몇 번씩 능행(陵幸, 임금이 능에 다녀옴)을 나섰어요. 정약용은 능행을 위해 필요한 한강의 배다리를 훌륭하게 설치했습니다. 정조는 사도 세자를 기리기 위해 **수원 화성**을 쌓는 일도 정약용에게 맡겼어요. 그는 기하학적 방법으로 높이를 측정하고, 도르래를 이용한 거중기와 고륜차(孤輪車, 바퀴가 하나 달린 수레) 등을 만들어 성을 축조하는 데 이용했습니다. 정약용의 능력에 감탄한 정조가 다시 정약용을 중용하자 반대파들의 모함이 심해졌어요. 결국 정약용은 벼슬을 버리고 말지요. 이후 정조가 갑작스럽게 서거하고, 정약용은 신유박해(辛酉迫害, 1801년인 신유년에 있었던 가톨릭 박해 사건)에 연루되어 강진으로 유배를 가게 됩니다. 그는 강진에서 현실 정치와 일정한 거리를 유지하며 18년간 학문에 몰두하지요.

정약용(丁若鏞, 1762~1836)
정약용은 정조가 죽은 후 정계에서 배제되어 기나긴 귀양 생활을 해야 했다. 그럼에도 그는 학문 수양을 게을리하지 않았고 방대한 양의 저서를 남겼다.

정약용은 북학파의 자연 과학 지식을 받아들여 관념론적인 주자학의 공허함을 비판했습니다. 과학적이고 고증적인 태도로 학문에 임했지요. 유배 기간에 정약용은 자신의 사상을 완성했어요. 전제(田制), 세제(稅制), 법제, 병제 등 조선 사회가 안고 있는 갖가지 모순을 해결하기 위해 여러 가지 사회 개혁안을 내놓았습니다. 농업 기술, 거중기, 도르래, 축성, 총포, 심지어는 종두법에 이르기까지 광범위한 연구를 했지요.

〈화성성묘전배도〉

1795년 2월 11일에 정조가 화성에서의 첫 공식 행사로 거행했던 성묘 참배 장면을 묘사했다. 〈화성행행도팔첩병〉은 정조가 1795년 2월 9일부터 16일까지 화성의 현릉원으로 능행을 나가서 성대한 연회를 베풀었던 일을 그린 작품이다.

〈낙남헌방방도〉

1795년 2월 11일에 화성에서 과거를 치른 후 낙남헌에서 시험 합격자를 발표하고 시상하는 장면을 묘사했다. 낙남헌은 화성 행궁의 정전인 봉수당 북쪽에 위치한 건물로, 1794년(정조 18)에 건립되었다.

〈봉수당진찬도〉

1795년 2월 13일에 정조가 화성 행궁의 봉수당에서 혜경궁 홍씨의 환갑을 기념해 진찬례(進饌禮)를 올리는 장면을 묘사했다. 정조는 김홍도에게 행사의 그림과 그 풀이를 제작하게 했다.

〈낙남헌양로도〉

1795년 2월 14일 오전에 정조가 낙남헌에서 영의정 홍낙성 등 능행에 수행한 노(老)대신 15명과 수원에 사는 노인 총 384명에게 양로연을 베푸는 장면을 묘사했다.

〈서장대야조도〉

795년 2월 12일 밤에 정조가 갑옷을 입고 화성의 서장대에 행차해 군사를 훈련시키는 장면을 묘사했다. 장대란 장수가 군사를 지휘하던 곳을 뜻하

〈득중정어사도〉

1795년 2월 14일 오후에 정조가 화성 행궁 안의 득중정에서 신하들과 함께 활쏘기를 한 다음, 저녁에 어머니 혜경궁 홍씨를 모시고 불꽃놀이를 구

〈환어행렬도〉

1795년 2월 15일에 화성 행궁을 출발해 서울로 올라오다가 막 시흥 행궁 앞에 다다른 행렬을 묘사했다. 창덕궁에서 화성까지의 왕복 여정은 숭례문, 노량 행궁, 시흥 행궁으로 이어졌다.

〈한강주교환어도〉

1795년 2월 16일에 한강 남단까지 설치된 배다리를 건너는 정조와 혜경궁 홍씨의 모습을 용산 쪽에서 바라보고 묘사했다. 정조는 한강을 효과적으로 건너기 위해 정약용으로 하여금 배다리를 설치하게 했다.

거중기
수원 화성을 쌓을 때 쓰인 거중기는 정약용이 직접 고안한 것으로, 그가 쓴 『기중도설』에 그림과 함께 설명이 실려 있다. 정약용은 정조가 중국에서 들여온 『기기도설』이라는 책을 참고해 거중기를 고안했다.

정약용은 백성이 통치자를 위해 존재하는 것이 아니라, 통치자가 백성을 위해 존재한다고 생각했어요. 그러므로 백성의 뜻이라면 왕도 얼마든지 교체할 수 있다고 주장했지요. 그는 목민관이 지켜야 할 지침을 밝히면서 관리들의 폭정을 비판한 『목민심서』를 남겼습니다. 『목민심서』는 당시 양심적인 지방 수령들의 필독서였답니다. 정약용은 전남 강진으로 귀양가 있는 동안에 이 책을 썼다고 해요. 관리들의 부정과 농민들의 실태가 담겨 있어, 오늘날 조선 후기의 사회를 연구하는 데 귀중한 자료로 활용되고 있지요.

생각해 보세요

? 다른 실학 사상가들에 대해 알아볼까요?

청의 앞선 문물을 받아들일 것을 주장한 북학파에 속한 학자로는 『북학의』를 쓴 박제가, 『열하일기』를 쓴 박지원, 『담헌연기』를 쓴 홍대용 등을 들 수 있습니다. 이 밖에 홍양호, 유득공, 이덕무 등도 청의 문물에 관한 책을 썼어요. 중국 석학들과 교류한 홍양호는 고증학을 수용하고 보급하는 데 크게 이바지했습니다. 시인 유득공은 훌륭한 시를 짓기 위해 중국 서적을 섭렵했고, 한국 역사에도 애정을 가지게 되었어요. 특히 『발해고』에서는 "발해를 세운 대씨(大氏)가 고구려인이었고 발해의 땅도 고구려 땅이었다. 그러므로 발해의 옛 땅을 회복해야 한다."라고 주장하기도 했습니다. 이덕무는 정조 때 서장관 자격으로 청을 방문해 중국에 관해 자세히 기록해 왔어요. 이 기록은 중국에 관한 안목을 넓히는 데 큰 도움을 주었답니다. 북학파의 세력이 약해지자 이번에는 사실에 토대를 두고 진리를 탐구하는 실사구시(實事求是) 학풍이 일어났어요. 대표적인 인물로 김정희를 꼽을 수 있지요. 추사체로 널리 알려진 김정희는 일찍이 박제가의 눈에 띄었고, 그의 영향을 받아 청의 고증학을 공부했어요. 24세 때 베이징을 방문해 최고 수준의 고증학을 접하고 귀국한 후에는 금석학 연구에 몰두했습니다. 김정희는 서울 북한산 신라 진흥왕 순수비를 발견하고, 의미 있는 역사서를 남기기도 했지요.

서울 북한산 신라 진흥왕 순수비

5 잃어버린 나라를 되찾기 위한 몸부림 | 일제 강점기

일본이 한반도에 대한 야욕을 드러낼 무렵 조선에서는 신흥 종교가 마구 등장했어요. 동학사상에는 평등한 사회를 열고자 하는 백성들의 열망이 담겨 있습니다. 단군 신앙이나 무속 등 우리 고유의 사상은 항일 구국 운동의 구심점이 되기도 했어요. 대종교의 창시자인 나철은 일본의 탄압에 항거해 스스로 목숨을 끊었고, 제2대 교주인 김교헌은 독립 선언서를 발표했습니다. 원불교에서는 정신과 물질이 조화된 이상 사회를 건설하자고 부르짖었지요. 3 · 1 운동 이후 민족진영에서는 민립 대학 설립 운동을 벌이기 시작했어요. 일본은 이를 저지하기 위해 경성 제국 대학을 세웠고, 이곳에서 서양 철학이 처음으로 소개되었지요. 그러나 경성 제국 대학에서 가르친 철학은 일본의 '대동아 공영권'을 정당화하는 것이었어요.

- 조선의 개화기에는 위정척사 운동과 개화 운동이 함께 벌어졌다.
- 동학에서는 봉건적 신분 질서를 거부하고 인내천과 민본주의를 주장하며 새로운 세계를 열고자 했다.
- 조선 말기에는 고통에 빠져 종교에 의지할 수밖에 없는 백성들을 겨냥한 신흥 종교들이 생겨나기 시작했다.
- 식민지로 전락한 조선에서는 철학이 싹트지 못했다.

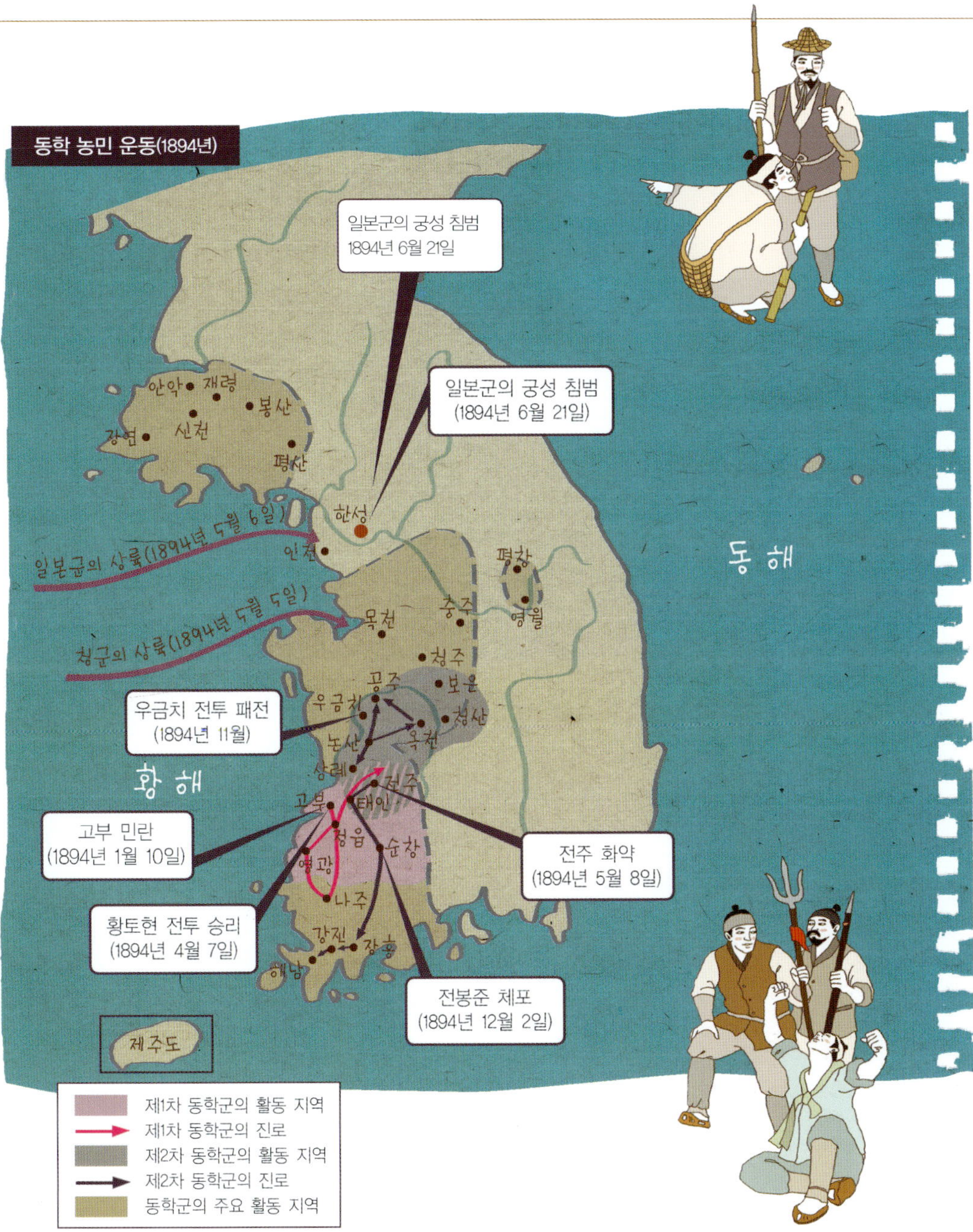

1 서양 문물을 받아들일 것인가? 말 것인가?

서양 문물을 물리쳐라, 위정척사 운동

위정척사 운동(衛正斥邪運動)은 바른 것을 지키고 나쁜 것을 물리친다는 주장을 내세운 운동이에요. '위정'은 성리학을 옹호하는 것이고, '척사'는 성리학을 제외한 모든 종교와 사상을 배격하는 것입니다. 실질적으로는 서학을 비롯한 서양 문물을 물리치고, 인륜에 바탕을 둔 중국을 섬겨야 한다는 논리로 흘러갔지요.

척화비

1871년에 흥선 대원군이 쇄국양이 정책(鎖國攘夷政策)을 국내외에 과시하기 위해 전국의 교통 요충지 200여 곳에 세운 비석이다. 척화비는 임오군란 후 일본 공사의 요구로 대부분 철거되었다.

국립중앙박물관 소장

위정척사론의 대표자인 이항로는 송시열의 '숭명배청(崇明排淸, 명을 높이 받들어 숭배하고 청을 배척함)' 정신을 이어받았어요. 이항로는 서양과 교류하면 조선인들이 오랑캐로 타락한다고 보았습니다. 그래서 서학을 따르는 자들을 가려내고 서양 문물이 들어오는 것을 막아야 한다고 주장했지요. 흥선 대원군의 가톨릭 탄압으로 1866년(고종 3)에 프랑스 함대가 강화도를 침범한 사건, 즉 병인양요가 일어났을 때 주전론(主戰論, 전쟁하자는 태도)을 펼치기도 했어요.

이항로의 제자였던 최익현은 일본을 배척하자는 상소 운동을 벌였어요. 일본과의 통상과 단발령에 격렬하게 반대했지요. 단발령이 내려졌을 때는 "목을 자를 지언정 머리카락은 자를 수 없다."라고 말할 정도였어요. 을사조약이 체결된 후에는 의병을 일으켜 국권 회복을 꾀했습니다. 하지만 일본군과의 싸움에 패해 쓰시마 섬에 유배되고 말았어요. 그는 일본군이 주는 음식을 거부하다가 죽음을 맞게 되었지요.

서양 문물을 적극적으로 받아들이자, 개화 운동

개화 운동은 위정척사 운동과는 달리 서양 문물을 적극적으로 받아들여 개혁을 이루려던 움직임이에요. 조선이 완전한 자주 국가로 성장하기 위해서는 점점 쇠퇴하는 중국에서 벗어나야 한다고 주장했습니다. 자주 국가 건설을 위해서는 영민한 양반 자제들을 선발해 교육해야 한다고 보았지요. 개화 세력에 의해 선발된 청년들이 바로 서재필, 박영효, 김옥균, 홍영식, 유길준, 김윤식, 김홍집 등이에요. 개화파는 세계의 흐름을 통찰하고 자주독립을 추구했으며 부국강병, 신교육 실시, 산업 육성, 계몽 운동 전개 등을 주장했습니다. 하지만 현실은 만만하지 않았어요. 개화파 안에서도 일제와 타협하거나 친일 분자로 전락한 사람들이 있었기 때문에 뜻을 다 이루지는 못했답니다.

〈조 · 일 수호 조규 속약 기념 연회도〉

1883년에 안중식이 그린 작품이다. 정면을 보고 늘어앉은 5명 가운데 중앙에 앉은 인물이 김옥균이고, 사각형 식탁의 좌측 변에 홀로 앉은 인물이 홍영식이다.

2 사람이 곧 하늘이다 – 동학

최제우, 동학을 창시해 새로운 세계를 열고자 하다

동학에서는 사람이 곧 하늘이라는 인내천(人乃天)을 내세웠어요. 모든 사람은 존엄하고 평등하다는 사상을 기치로 내걸었지요. 또한 동학에서는 이제 차별과 억압의 시대가 끝나고 후천 개벽(後天開闢)의 시대가 왔다고 주장했어요. 후천 개벽이란 하늘의 운이 다해 지금의 세계는 끝나고 새로운 세계가 열린다는 뜻입니다.

동학의 창시자인 최제우는 몰락한 양반 가정에서 서자로 태어났어요. 열심히 공부했지만 반상(班常, 양반과 평민)의 구분과 적서(嫡庶, 적자와 서자)의 차별이 심하던 풍조로 말미암아 과거에 응시조차 할 수 없었습니다. 여기저기를 떠돌아다니며 무술, 점술, 장사, 서당 훈장 등을 해 보았으나 신통치 않았지요.

통도사
경남 양산에 있는 사찰이다. 해인사, 송광사와 함께 삼보 사찰에 속한다. 신라 승려인 자장이 당에서 가져온 석가모니의 사리와 가사를 받들어 모셨다고 해서 불보 사찰이라 불린다.

결국 최제우는 양산 **통도사** 뒤쪽 천성산에 단을 쌓고, 천주가 강령할 것을 염원하는 49제를 올렸습니다. 어느 날, 공중에서 삼라만상을 주재하는 하늘의 신인 상제의 음성이 들렸다고 해요. 그 후 최제우는 동학을 창시하고 사람들을 인도했습니다. 동학이라는 명칭은 당시 천주교를 서학이라 불렀던 데 대해 우리의 도를 천명한 것이라는 뜻에서 붙인 것이랍니다.

최시형(崔時亨, 1827~1898)
최시형은 일찍이 부모를 여의고, 종이를 만들던 조지소(造紙所)에서 일하다가 동학 신도가 되었다. 1863년에 최제우의 뒤를 이어 제2대 교주가 되었다.

다른 종교의 교조들과 마찬가지로 최제우에 대해서도 신비한 이야기가 전해집니다. 어느 날, 빚 독촉을 하던 노파가 행패를 부리자 최제우는 분을 이기지 못하고 손으로 노파를 밀쳤습니다. 노파는 기절했고 이내 죽고 말았어요. 노파의 아들과 사위가 달려와 노파를 살려 내라고 소리쳤지요. 이때 최제우가 닭의 꽁지깃을 노파의 목구멍에 집어넣었어요. 그러자 노파는 기침하고 피를 토하더니 살아났답니다. 이 사건으로 최제우는 신령스럽다는 소리를 듣기 시작했어요. 동학 신도들은 칼춤을 추는 의식을 벌이곤 했습니다. 조정에서는 동학의 후천 개벽 사상이나 칼춤 의식이 사회를 불안하게 한다고 생각했어요. 유림 역시 동학의 전파를 막기 위해 적극 노력했고요. 결국 최제우는 조정의 명령에 따라 체포되었고 처형을 당하고 말았어요.

최제우가 죽은 후 **최시형**이 동학의 제2대 교주로 취임해 교리를 체계화하고 교세 확장에 몰두했어요. 최시형은 전봉준이 주도한 동학 농민 운동에 호응해 10만 병력을 일으켰으나 패배를 거듭하다 체포되어 처형당했습니다. 제3대 교주인 손병희는 동학을 천도교라고 개칭했습니다. 하지만 일본 제국주의 세력이 조선에 들어서면서 천도교는 쇠퇴하고 말았어요.

전봉준, 동학 농민 운동을 이끌다

전봉준(全琫準, 1855~1895)
전봉준은 농민의 힘을 결집해 봉건적 지배 체제를 깨뜨리고 일본의 경제 침탈을 저지하려고 했다. 그가 이끌었던 동학 농민 운동은 이후의 사회 변혁 운동과 민족 해방 운동의 원동력이 되었다.

동학에서 믿는 신은 초자연적인 절대자가 아니라 자연과 동일한 존재예요. 신이 곧 자연이자 인간이므로 인간이 하늘이라는 인내천 사상을 주장한 것이지요. 이런 관점에서 보면 인간은 모두 평등하고, 봉건적 신분 질서는 용납될 수 없답니다. 동학에서는 평등주의와 인도주의를 표방했어요. 개혁적인 성격의 동학은 농민들에게는 환호를 받았지만 지배 계층에게는 탄압을 받았지요.

전봉준은 '녹두 장군'이라는 별칭으로도 유명합니다. '녹두'라는 별명이 붙은 까닭은 키가 유난히 작았기 때문이라고 해요. 그는 어릴 때부터 글을 익혀 훈장을 지냈고, 동학의 교구인 접(接)의 책임자, 즉 접주를 지내기도 했습니다. 결혼한 후에는 가난에서 벗어나기 위해 약을 팔고 방술도 익혔어요.

1893년에 악명 높은 조병갑이 고부 군수로 부임해 와 온갖 폭정을 일삼았습니다. 백성들은 억울한 사정을 글로 써 군수에게 올렸어요. 이때 전봉준의 아버지인 전창혁이 맨 앞에 나섰지요. 하지만 전창혁은 뜻을 이루지 못한 채 감옥에서 매를 맞아 죽고 말았어요.

그해 11월의 어느 날, 각 동네의 집강(執綱, 동학에서 신도의 지도와 집강소의 관리를 맡던 직책 가운데 하나)들이 고부군 서부면 죽산리에 있는 송두호의 집으로 몰려들었습니다. 이들은 사발통문(沙鉢通文, 주모자를 알지 못하도록 서명에 참여한 사람들의 이름을 사발 모양으로 둥글게 돌려 적은 통문)을 만들어 각 마을에 돌렸어요. 이날 사발통문에는 '고부성을 격파해 군수 이하 악리들을 제거하고, 전주 감영을 함락시킨 후 서울로 직행할 것'이라는 내용이 들어 있었다고 합니다. 농민들은 전봉준의 지휘 아래 칼, 창, 죽창을 들고 고부성 안으로 쳐들어갔어요. 관아로 들어간 무리는 무기고를 부수고 옥사를 헐어 억울하게 갇힌 사람들을 풀어 주었지요. 벼슬아치 밑에서 일을 보던 구실아치 몇 명을 잡아 목을 베기도 했답니다. 그 후 농민군은 전주로 쳐들어가 감사 김문현을 쫓아내고 관가를 점령했어요. 상황이 이렇게 되자 조정은 청에 원군을 요청하고 농민들에게는 회유책을 써 화해를 제안했습니다. 청의 군대가 출병하고 일본군이 인천에 상륙하자 전봉준은 관군과 화약을 맺고 전주성을 나왔어요. 이후 태인 전투를 마지막으로 동학 농민군의 주력 부대는 완전히 해산하고 말았지요. 전봉준은 서울로 숨어들었다가 옛 부하인 김경천의 밀고로 붙잡혀 교수형을 당하고 맙니다. 전봉준의 반(反)침략적 애국 사상은 동학 농민 운동의 빛나는 투쟁 기치가 되었어요. 전봉준은 자기 지휘 아래에 있는 농민군에게 항상 민중의 생명과 재산을 보호해야 한다고 강조했다고 합니다. 이를 통해 그의 민본주의 사상을 엿볼 수 있지요.

만석보 유지비
동학 농민 운동 기념사업회가 건립한 전북 정읍에 위치한 비석이다. 조병갑의 각종 폭정과 과중한 세금에 허덕이던 농민들이 만석보를 때려 부수었는데 이 사건은 동학 농민 운동의 발단이 되었다.

3 새로운 종교가 생겨나다

항일 구국 운동의 구심점, 대종교

조선 말기에 국가 질서가 전반적으로 붕괴할 위기에 놓이자 백성들은 이루 말할 수 없는 고통에 빠지게 되었어요. 백성들은 민란을 일으키거나 종교에 마음을 의지할 수밖에 없었지요. 이때 고통에 허덕이는 백성을 겨냥한 새로운 종교가 생겨나기 시작했습니다. 신흥 종교들은 대개 단군 신앙, 풍류도(風流徒, 단전 호흡을 통해 몸과 마음을 단련하고, 지혜와 용기 등을 고루 갖춘 전인적 인간 양성을 목적으로 하는 수련법), 무속, 민간 신앙 등 우리의 고유 사상에 연결되어 있었어요. 또한 항일 구국 운동의 구심점이 되기도 해 쉽게 대중의 지지를 얻을 수 있었지요.

나철(羅喆, 1863~1916)
나철은 29세 때 문과에 장원 급제했다. 그러나 일제의 내정 간섭에 분개해 관직을 버리고 비밀 결사를 조직해 구국 운동에 앞장섰다. 정부에서는 그의 공훈을 기려 1962년에 건국 훈장 독립장을 추서했다.

대종교는 **나철**이 일으킨 우리나라 고유의 종교입니다. 단군 숭배를 기본으로 해서 단군교라고도 부르지요. 대종교에서는 우리 민족이 세계 변화를 이끌 것이라 믿고 민족 주체 의식을 강조했어요. 대종교 교단은 만주에서 독립운동을 주도하기도 했습니다. 박은식, 신채호, 안재홍, 정인보 등은 직접적 · 간접적으로 대종교의 영향을 받은 것으로 보여요.

대종교의 교조인 나철은 독립운동가로 활동하기도 했어요. 을사조약이 체결되기 직전에 그는 일본 궁성 앞에서 3일간 단식 투쟁을 했습니다. 귀국한 후 을사오적을 살해하려다 실패해 10년 유배형을 받았지만 고종의 특별 사면으로 풀려났지요. 나철은 일본이 대종교를 불법화하자 유서를 남기고 스스로 목숨을 끊었습니다.

대종교 제2대 교주인 김교헌은 독립 선언문 작성을 발의하고 선언하는 데 동참하기도 했어요. 대종교는 민족주의에 치우친 감성적 종교라는 비판을 받기도 합니다. 하지만 대종교 지도자들이 항일 투쟁에 적극적으로 가담한 점과 민족 주체 의식을 주장해 민족에 대한 자긍심을 회복한 점은 높이 평가할 만하지요.

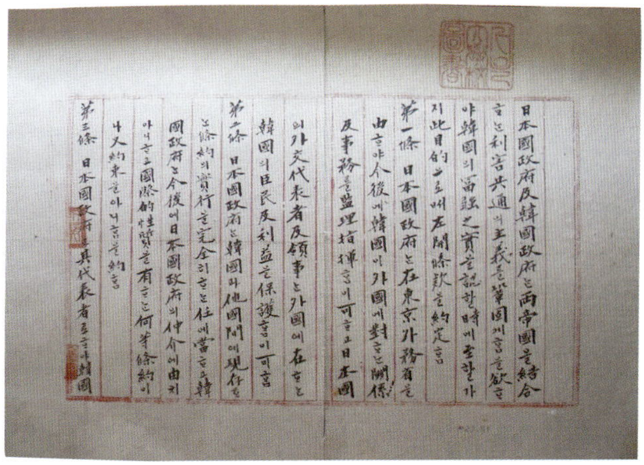

을사조약 문서
중명전에 전시된 을사조약 문서다. 을사조약은 일본이 한국의 외교권을 빼앗기 위해 강제로 맺은 조약으로, 1905년 11월에 중명전에서 체결되었다.

새로운 시대가 열릴 것이다, 증산교와 원불교

증산교 교조인 강일순은 김제 모악산 대원사에서 수도하던 중 깨달음을 얻었다고 해요. 이후 종교를 일으키고 자신의 호를 따 증산교라고 이름 지었지요. 그는 자신이 옥황상제나 미륵불이라고 말했습니다. "내 능력으로 천지를 개벽(開闢, 새로운 시대가 열리는 것을 비유적으로 이르는 말)하고 중생을 구제하리라."라고 선언하기도 했어요. 외세를 배척하고 조선을 세계의 중심이라 여긴 점에서 투철한 민족의식을 읽을 수 있습니다. 그러나 강일순이 죽자 그를 따르던 사람들이 흩어지게 되었어요. 강일순의 부인인 고판례는 흩어진 신도들을 모아 1911년에 다시 교단을 조직했고, 그 후로 여러 교단이 생겨나게 되었답니다.

만고일월비

원불교의 창시자인 박중빈이 큰 깨달음을 얻었다는 곳에 세운 비석이다. 전남 영광에 자리하고 있다. 만고일월(萬古日月)은 '영원한 세월 동안 길이 빛나는 해와 달'이라는 말로, 박중빈을 뜻한다.

원불교는 불교에서 일부 사상을 받아들여 새롭게 일어난 신흥 종교예요. 원불교의 창시자인 박중빈은 불교를 그대로 계승한 것이 아니라 비판적으로 극복하고자 했습니다. 산속에서 내면을 수행하는 것이 아니라 도시에서 대중과 함께 호흡하며 진리를 추구하는 생활 종교를 표방했지요. 박중빈은 다가올 시대를 예견하고 "물질이 개벽하니 정신을 개벽하자."라고 주장했어요. 정신과 물질이 조화된 이상 사회 건설을 목표로 한 것이지요. 원불교에서는 1924년 전북 익산에서 불법연구회를 조직하고 박중빈을 총재로 추대했어요. 최초의 원불교 교단이 창립된 것이지요.

4 식민지 조선에서는 철학이 싹트지 못하다

3 · 1 운동 이후 서양 학문에 대한 열기가 높아지자 민족진영에서는 민립 대학 설립 운동을 벌이기 시작했어요. 일본은 조선인이 고등 교육 기관을 세우는 것을 막고자 했습니다. 대신 조선인들의 교육 열기를 체제 내로 흡수하기 위해 **경성 제국 대학**을 세웠지요. 경성 제국 대학은 지금의 서울 대학교랍니다. 경성 제국 대학에서는 식민지 권력 기구에 순종하는 중간 엘리트를 양성하는 것을 교육 목표로 삼았어요. 이 무렵 서양 철학이 대학이라는 제도적 장치 안에서 강단 철학(講壇哲學, 현실적인 삶과 무관하게 대학 내에 또는 이론적 체계 속에 갇혀 있는 관념적 이론을 포괄적으로 이르는 말)으로 소개되기도 했습니다.

1933년에는 철학 연구회가 결성되었고, 「철학」이라는 최초의 철학 전문 학술지가 발행되었어요. 이때는 서양 철학이 주류를 이루고 있었지요. 그러나 1937년 중 · 일 전쟁 이후 조선 말살 정책이 강화되면서 철학 연구회 활동이 중단되고, 학술지 역시 폐간되고 말았습니다.

경성 제국 대학
현재의 서울 동대문구 청량리에 해당하는 지역에 위치했던 경성 제국 대학의 예과(豫科) 건물이다. 경성 제국 대학은 1924년에 일본이 설립한 대학이다.

6 · 25 전쟁
6 · 25 전쟁 당시 미군의 모습이다. 광복을 맞은 기쁨이 채 가시기도 전에 이념 때문에 남한과 북한으로 나뉜 한민족은 서로에게 총부리를 겨누어야만 했다.

대동아 공영권(大東亞共榮圈)
태평양 전쟁 당시 일본이 아시아 대륙의 침략을 합리화하기 위해 내건 정치 표어다. '동양 황인종은 서양 백인종의 제국주의에 저항해 연대를 이루어야 한다. 저항의 선두에는 가장 먼저 근대화를 이룬 일본이 나서야 하고, 일본의 선도 아래 모든 황인종이 뭉쳐야 한다.'는 논리를 말한다.

철학을 강의하는 곳은 경성 제국 대학이 유일했어요. 그러나 경성 제국 대학에서 가르친 철학은 대동아 공영권에서 허용하는 독일 관념론과 실존 철학이었습니다. 이는 당시 일본 철학계의 현실이 그대로 반영된 것이지요.

마르크스 철학은 1920년대 독립운동가들 사이에서 혁명 이론과 투쟁 방법론으로 받아들여졌어요. 하지만 광복 이후 민주주의 진영과 공산주의 진영 간의 사상 대립은 민족 분열로 이어졌고, 급기야 **6 · 25 전쟁**이 일어나 분단이 되고 말았지요. 남북한 철학은 냉전의 혹독한 흑백 논리 속에서 각기 다른 방향으로 치달았어요. 마르크스 철학은 반(反)공산주의 분위기인 남한에서 종적을 감추고 말았지요.

생각해 보세요

광복 정국에 철학은 어떤 모습이었나요?

일본 제국주의 교육의 목적은 조선인을 황국 신민(皇國臣民, 천황이 다스리는 나라의 신하 된 백성)으로 만드는 것이었어요. 일본인들은 판단 능력을 갖추고 민족의식으로 무장된 조선인들이 양성되는 것을 매우 경계했습니다. 호랑이 새끼를 키우는 일이나 마찬가지였기 때문이지요. 광복 이후 민족정기를 되찾으려는 선각자들은 대학을 세우기 시작했어요. 한국 철학자들은 독자적으로 논리학, 윤리학, 철학 개론 등의 책들을 출판했습니다. 한국인 철학 교수들이 교양 철학은 물론이고 전공 철학, 철학 원전(原典) 강독 등의 과목을 강의하게 되었어요. 심지어 마르크스 철학도 한국인 교수들이 강의했지요. 동양 철학 분야에서는 한국 유학을 재검토해 긍정적으로 발전시켜야 했어요. 현상윤과 이상은 등은 일본의 비판으로 단절되었던 한국 유학의 전통을 복원하자는 운동을 전개했습니다. 하지만 모스크바 3국 외상 회의 이후 민족 간 갈등은 깊어지기만 했어요. 6·25 전쟁으로 분단 체제가 굳어졌고, 본격적인 남북 대립의 시대가 열리게 되었지요. 이로써 광복 전후로 논의가 표면화되던 마르크스 철학은 남한에서 자취를 감추게 되었답니다.

독일의 철학자인 마르크스

6 마침내 폭넓게 다루어지는 철학 | 현대

한국 철학의 뿌리는 어디에 있을까요? 한국 철학만의 독창성은 과연 있는 것일까요? 사실 한국 철학은 중국의 유학, 불교, 도교에 그 뿌리를 두고 있다고 해야 할 것입니다. 다만 그것들을 한국의 풍토에 맞게 받아들인 후 독창적인 철학을 창출한 학자들이 있었지요. 이렇게 발전시킨 철학을 일본에까지 전파했다는 것은 큰 업적이 아닐 수 없습니다. 일제 강점기 이후 서양 철학은 어떻게 발전했을까요? 6 · 25 전쟁 이후 대한민국에서는 실존 철학과 독일 관념론이 주류를 형성했습니다. 1970년대 이후부터는 분석 철학과 과학 철학이 소개되기 시작했어요. 민주화 열기 속에서는 마르크스 철학을 연구하는 학자들이 하나둘 늘어 갔지요. 함석헌과 유영모는 기독교 철학을 바탕으로 여러 가지 사회 운동을 전개했어요.

• 광복 후 동양 철학에 대한 연구가 본격화되면서 현대적 시점에서 한국 전통 철학을 되살리는 작업이 이루어졌다.
• 6 · 25 전쟁 후 정신적 공황 상태를 극복하고자 다양한 분야로 관심을 넓히면서 서양 철학에 대한 연구가 이루어졌다.
• 기독교에서는 의료나 교육, 여성 인권 등 여러 분야의 개혁 · 계몽 운동을 전개해 민중의 환영을 받았다.
• 광복 후 기독교 지도자들은 기독교를 주체적으로 수용하려고 노력했다.

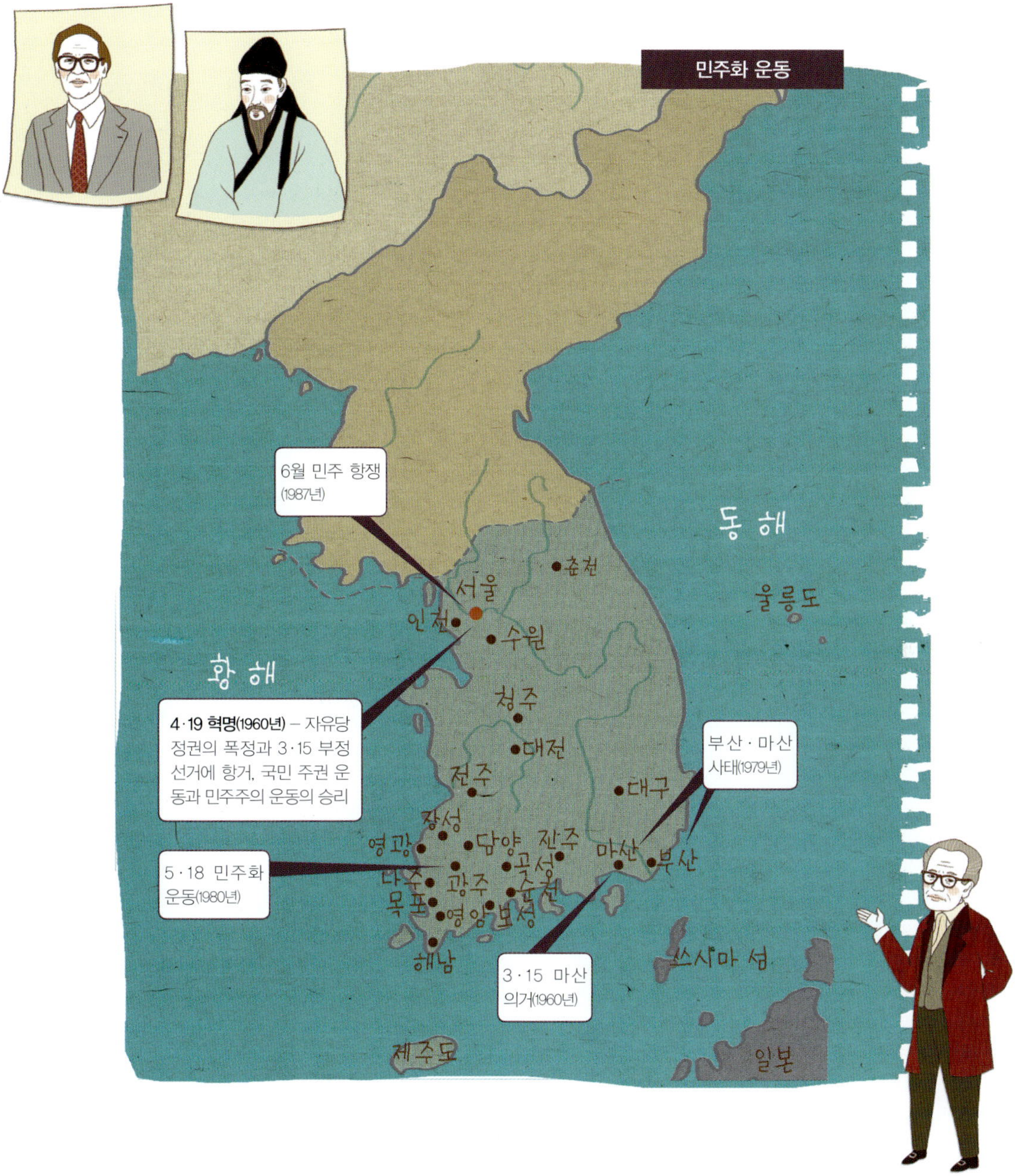

1 한국 전통 철학을 되살리다 – 동양 철학

광복 후 남한에서는 동양 철학에 대한 연구가 본격화되었어요. 일제 강점기에는 민족적 지식인들마저 한국의 유교적 전통을 봉건잔재로 보았습니다. 광복이 되자 학자들은 현대적 시점에서 전통 철학을 되살리는 작업에 매달리기 시작했어요.

현상윤은 『조선 유학사』에서, 부정적으로 평가되던 성리학이야말로 한국 유학과 철학을 대표한다고 주장했습니다. 이황의 사상이 한국 유학의 최고봉이라고 말하기도 했어요. 이상은은 이황 사상 연구에 새로운 지평을 연 인물이에요. 유교를 중심으로 한 전통 철학의 현대적 해석을 주장했지요.

1970년대로 접어들면서 전통 철학을 연구하는 학자들이 많아졌습니다. 정신문화연구원과 같은 기관이 세워지면서 국학에 대한 열의도 높아졌지요. 연구 대상 또한 양명학, 경학, 실학 등 다양한 분야로 확대되었습니다. 불교계에서도 한국 불교의 흐름을 다시 조명하기 시작했어요.

1980년대 이후 나라 안에서는 민주화 운동이 일어나고, 나라 밖에서는 개혁과 개방의 시대를 맞게 되었습니다. 이 무렵, 중국의 철학 연구가 국내에 소개되면서 동양 철학에 대해 보다 객관적인 연구가 시작되었어요. 국제 학술 교류 역시 활발해져 이황의 사상이 국제적인 차원에서 연구되기 시작했고, 이이의 학문이 해외에 소개되기도 했습니다.

현상윤의 박사 학위증

현상윤은 고려 대학교 초대 총장을 역임하기도 한 교육자이자 철학자로, 일제 강점기 때 조선 내 대학에서 최초로 문학 박사 학위를 받은 인물이기도 하다.

고려대학교 박물관 소장

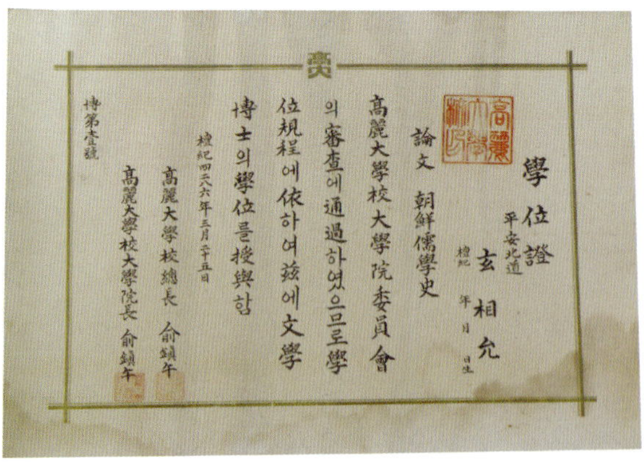

學位證
平安北道
玄相允
檀紀 年 月 日生
論文 朝鮮儒學史
高麗大學校大學院委員會
의審査에通過하였으므로學
位規程에依하여玆에文學
博士의學位를授與함
檀紀四二八六年三月二十五日
高麗大學校總長 俞鎭午
高麗大學校大學院長 俞鎭午
博第壹號

1990년대에는 한국 철학과 중국 철학을 전공한 박사들이 학계로 대거 쏟아졌어요. 철학 연구의 정량적 발전이 이루어진 것이지요. 하지만 연구 성과의 질에 대한 반성도 있었어요. 불교계에서는 불교의 인문학적 기반이 약하고, 사회적 쟁점에 대해 다소 무관심했다는 문제의식을 느끼기도 했지요.

2 다양한 분야로 관심을 넓히다 – 서양 철학

광복 이전부터 서양 철학계를 이끌던 독일 관념론이 1960년대까지 남한 철학계를 지배했습니다. 그런데 6 · 25 전쟁 이후 한국 사회는 정신적 공황 상태에 빠져요. 이런 사회에서는 개인의 실존과 불안에 대한 관심이 높아질 수밖에 없지요. 남한에서는 실존 철학이 유행하기 시작합니다. 세계 대전(世界大戰)의 쓰라림을 두 차례나 맛본 황폐한 상황 속에서 유럽의 실존 철학이 등장한 것과 마찬가지였지요. 경직된 냉전 체제 속에서 사회주의나 민족주의는 완전히 배제되었고요.

1950년대 말에는 많은 철학자가 미국과 독일에서 공부를 마치고 돌아왔습니다. 이들은 과학 철학이나 현대 논리학 등 다양한 철학 분야에 관심을 두었어요. 연구 활동은 개인이 아닌 학회 중심으로 이루어졌지요.

분석 철학은 1970년대에 본격적으로 도입되었어요. 분석 철학에 대한 연구는 철학의 개념과 논의의 틀을 새롭게

야스퍼스(Jaspers, 1883~1969)
독일의 철학자인 야스퍼스는 하이데거와 함께 실존 철학을 대표하는 인물이다. 그는 『철학』에서 세계 정립과 실존 해명, 그리고 형이상학을 다루었다.

베를린 장벽
동·서 베를린 사이를 막기 위해 세웠던 벽이다. 냉전의 상징물로 여겨졌으나 1990년에 동독과 서독이 통합되면서 제거되었다. 대부분 헐리고 일부만 기념물로 남아 있다. 냉전 시대에 희생된 사람들을 기리는 낙서, 평화를 기원하는 낙서, 예술가들의 작품 등으로 뒤덮여 현재는 문화 공간으로 활용되고 있다.

존 롤스
(John Rawls, 1921~2002)
미국의 철학자로 미국 매사추세츠 공과 대학(MIT)과 하버드 대학 교수를 지냈다. 1958년에 「공정으로서의 정의」라는 논문을 발표한 후부터 정의 문제를 다룬 여러 논문을 발표했다.

점검하는 계기가 되었지요. 고도성장으로 말미암은 부작용이 커지면서 존 롤스의 사회 정의론이나 마르크스 철학이 새롭게 조명되었어요. 1980년대에 민주화 운동이 활발해지면서 마르크스 철학은 더욱 주목을 받았지요. 이때의 마르크스 철학은 학문이 아닌 활동가들의 실천 이념으로 받아들여지는 경우가 많았습니다. 소련과 동유럽 사회주의 국가가 무너지면서 마르크스 철학은 비로소 학술 연구의 대상으로 자리를 잡게 되지요.

3 한국 사회에 뿌리내리다 – 기독교

광복 후 남한에서 가장 호응을 많이 얻은 종교는 기독교였습니다. 6 · 25 전쟁을 치른 후 한국에 주둔하게 된 미군의 영향으로 세력이 급속도로 팽창한 것이지요. 초기 기독교 세력은 한국에서 의료나 교육, 여성 인권 등 여러 분야의 개혁 · 계몽 운동을 전개해 민중의 큰 환영을 받았어요.

유영모, **함석헌** 등은 기독교를 주체적으로 수용하기 위해 노력했습니다. 이들은 기독교를 동양 사상에 접목하고 자신들의 신념을 몸소 실천했어요. 교육자이자 종교인인 유영모는 일본 유학 도중 갑자기 귀국해 종교 철학을 독학으로 탐구해 나갔습니다. 이후 기독교를 비

함석헌(咸錫憲, 1901~1989)
일제 강점기에는 독립운동가, 교육자로 활동하다가 해방된 조국에서는 사회 운동가, 종교인으로 활약했다. 민주화 운동을 진행하는 등 개혁적인 활동가였다.
함석헌 기념사업회 사진 제공

퀘이커파
호주 시드니에 위치한 퀘이커파의 건물이다. 퀘이커파는 17세기에 폭스가 창시한 기독교의 교파다. 함석헌은 1960년 이후 퀘이커파의 한국 대표로 활동했다.

롯한 동서양의 진리를 끊임없이 설파했지요. 그는 하루 한 끼만 먹는 금욕 생활을 하기도 했답니다. 함석헌은 스승 유영모의 영향을 받아 씨알(씨알) 사상을 펼쳤어요. '씨알'은 '민(民)'을 의미합니다. '민'을 '씨알'이라 옮겨 적기 시작한 까닭은 '민'이라는 말 속에 '지배와 피지배'라는 봉건 제도의 흔적이 남아 있다고 보았기 때문이에요. 씨알 사상에 따르면 사람 안에는 불멸하는 심적 생명이 있어서 사회적 규정이나 신분과 관계없이 사람 그 자체가 역사와 사회의 바탕이자 주체라고 합니다. 씨알 사상은 하늘과 인간의 합일, 홍익인간, 인내천과 같은 인본주의에 뿌리를 둔 것이지요.

함석헌은 인간이 고난을 이겨 내는 것을 '창조적 수고'라고 표현했습니다. 난관을 헤쳐 나감으로써 비로소 인간이 되고 자유에 이르게 된다고 보았던 것이지요. 그는 창조적 수고자들에 의해 장차 하나님의 나라가 올 것으로 생각했어요. 따라서 우리 민족은 창조적 수고를 통해 평화의 주인이 되어야 한다고 강조했지요. 이런 견해는 민중 사관과 연결되어 "민중은 고난을 이겨 내고 정의와 평화를 이루어야 한다. 즉 풀뿌리 민주주의가 되어야 한다."라는 주장으로 이어졌습니다.

생각해 보세요

한국의 현대 철학은 어디로 흘러가고 있나요?

보통 서양 철학이 본격적으로 들어온 20세기 초를 한국 현대 철학의 기점으로 삼습니다. 1950년대까지는 철학을 연구하는 사람 수가 매우 적었어요. 역사적 혼란과 경제적 빈곤 속에서 철학을 연구하기란 쉽지 않았지요. 구한말의 사상가인 전병훈은 칸트의 영구 평화론에 근거해 "전 세계가 화합해 하나의 자유로운, 선의지(善意志)의 민주 국가를 건설하자."라고 제안했습니다. 이회영은 만주로 망명해 항일 독립운동을 펼쳤지요. 일제 강점기의 학자인 박은식은 독립 협회의 영향을 받았어요. 성리학과 위정척사 사상을 따르던 박은식은 개화사상으로 전환했지요. 그는 "국권을 회복할 실력을 양성하기 위해 신학문에 힘써야 한다."라고 주장했습니다. 칸트와 헤겔의 철학을 연구한 박종홍은 독일 관념론을 섭렵했어요. 광복 후에는 실존 철학, 분석 철학 등을 폭넓게 공부했지요. 특히 이황과 이이의 학설을 깊이 탐구해 한국 사상의 독자성을 정립했답니다. 함석헌은 종교적 초월성과 서민적 평등성이 담긴 '씨올 사상'을 주장하며 일본 제국주의와 독재 정권에 맞섰어요. 일반적으로 '한국 철학'은 '한국의 전통 철학'을 나타내고 '현대 철학'은 '서양 철학'을 가리킵니다. 한국 철학이 '한국의 현대 철학'으로 거듭나기 위해서는 한국 철학 속에 오늘날 한국인들의 생각이 녹아들어야 해요. 이 과제를 해결한다면 한국의 현대 철학은 올바른 방향으로 흘러가게 될 것입니다.

'씨올 사상'을 주장한 함석헌(오른쪽)

참고 문헌

강성률, 『2500년간의 고독과 자유』, 형설출판사, 2005

『철학의 세계』, 형설출판사, 2006

『청소년을 위한 동양철학사』, 평단문화사, 2009

『한 권으로 읽는 동양철학사 산책』, 평단문화사, 2009

『철학스캔들』, 평단문화사, 2010

『위대한 철학자들은 철학적으로 살았을까』, 평단문화사, 2011

『청소년이 꼭 읽어야 할 동양고전』, 아주좋은날, 2013

강신주 외, 『동양의 고전을 읽는다』, 휴머니스트, 2006

강영계 편저, 『철학의 흐름』, 제일출판사, 1987

강영계, 『철학의 이해』, 박영사, 1994

김길환, 『동양윤리사상』, 일지사, 1990

김영수, 『제자백가』, 일신서적, 1994

박은봉, 『(한권으로 보는) 한국사 100장면』, 가람기획, 1994

박정하 외, 『동서양 고전 읽고 쓰고 생각하기』, 세종서적, 2002

반덕진 편저, 『서울대 선정 동서고전 200선』, 가람기획, 2006

석인해, 『장자』, 일신서적, 1991

신일철, 『한국의 사상가 12인』, 현암사, 1976

안광복, 『청소년을 위한 철학자 이야기』, 신원문화사, 2001

안동림 역주, 『다시 읽는 원전 〈장자〉』, 현암사, 1993

영남철학회, 『위대한 철학자들』, 이문출판사, 1984

이영재, 『재미있는 중국철학 이야기』, 박우사, 1992

임어당, 『공자의 사상』, 현암사, 1990

장기균, 『중국철학사』, 일지사, 1989

장유교, 『중국근대철학사』, 서광사, 1989

차마고도 편저, 『청소년을 위한 세계의 문학』, 큰곰자리, 2010

철학교재편찬회, 『철학』, 형성출판사, 1991

토오도오 교순 외, 『중국불교사』, 대원정사, 1992

한국공자학회, 『공자사상과 현대』, 사사연, 1986

한국철학회, 『한국철학사』, 동명사, 1997

현상윤, 『조선유학사』, 민중서관, 1954